历史新阅读丛书

汉朝那些事儿

第四卷

飘雪楼主◎著

草根历史学家白话正说大汉帝国兴衰史
全景再现中国最争议王朝的兴衰与没落

中国工人出版社
北京

图书在版编目(CIP)数据

汉朝那些事儿．第四卷／飘雪楼主著.—北京:中国工人出版社，2010.12

ISBN 978－7－5008－4914－8

Ⅰ.①汉…　Ⅱ.①飘…　Ⅲ.①中国－古代史－汉代－通俗读物　Ⅳ.①K234.09

中国版本图书馆 CIP 数据核字(2010)第 254144 号

出版发行：中国工人出版社
地　　址：北京鼓楼外大街 45 号
邮　　编：100120
电　　话：(010)62350006(总编室)　82075964(职工教育编辑室)
发行热线：(010)62045450　　62005042(传真)
网　　址：http：//www.wp－china.com
经　　销：新华书店
印　　刷：北京市密东印刷有限公司
版　　次：2011 年 1 月第 1 版　　2024 年 1 月第 24 次印刷
开　　本：700 毫米×1000 毫米　1/16
字　　数：180 千
印　　张：16
定　　价：28.00 元

漢朝那些事儿

目录

目录

第一章　以和为贵

张骞的第二次西游

话说卫青和霍去病联手给匈奴重创后，连年的征战，加上连续的作战失败，匈奴内部矛盾进一步激化，从此，一个强大无比的匈奴变得四分五裂，说白了就是“解体”了。汉武帝终于可以长长地舒一口气了，大汉皇朝迎来了和平安定的时代。

然而，汉武帝没有高兴多久，随着卫青和霍去病双双伤逝和病去，他的烦恼马上又涌上心头。在对匈奴大大小小十余次的“军事行动”中，他已深深地体会到这个对手的强大，虽说这个对手暂时被自己打败，但不管怎么说，他依然尊重这个对手，因为他明白，只要有一口气在，这个对手就不会倒下。

汉武帝“居安思危”，为防患于未然，不让这个可怕的对手有东山再起的机会，他决定走“联合”的政策路线，说白了就是团结一切可以团结的力量，使匈奴孤立，以解除后顾之忧。也正是因为这样，被汉武帝贬为“布衣”的张骞又浮出水面来，有了再次展现自己的机会。

元鼎二年（公元前115年），张骞被封为中郎将，踏上去西域之路，开始了他人生之中的第二次西游。

张骞第一次“西游”的目的地是大月氏，结果，正值壮年的他一路历尽艰辛，在经过爱情的洗礼、十年的磨难后，最终还是凭着一腔热血到了大月氏。然而，踌躇满志的张骞不会想到，大月氏女王对这位不远千里而来的张骞并不欢迎，绝口不提联合的事，结果不死心的张骞耗在大月氏一年多，原本以为女王会看在他一片诚心上“回心转意”，不料，女王始终不为所动。最终耗不起时间的张骞只得踏上归程。

张骞回来经过匈奴境内时，顺便想去接他的妻子阿双一起回国，结果换来了四年禁锢的“铁窗生活”。但不管第一次西游路途如何艰难，张骞能在十年之后活着回来，就是成功，即使无功而返。赐封博望侯，不单单是汉武帝对他的肯定，也是对他的尊重。

也正是因为这样，第二次西游，已是两鬓斑白的张骞依然是热血澎湃，处处洋溢着“青春”的气息。

当然，鉴于第一次西游失败的教训，张骞这次西游的目的地不再是大月氏，而是乌孙国（今新疆温宿县以北、伊宁县以南的地区）。

张骞把目标定在乌孙国，自然有他的目的。乌孙国本来是匈奴的一个“附属国”，每年都得按时交给匈奴牛羊及一些其他财物作为“保护费”。原因很简单，乌孙国当时很弱小，而匈奴国太强大，乌孙国不得不委曲求全。但乌孙国在给匈奴好处的同时，也得到了好处，在匈奴国的庇护下，乌孙国一天比一天强大，一天比一天富有。而此时的匈奴却接连被汉朝的双子星座卫青和霍去病打得落花流水，此消彼长，两国关系发生了微妙变化。

乌孙国就是这样一个极具战略性合作关系的国家，张骞把目标直指乌孙国，足以证明其眼光的独特。用张骞的话来说就是，只要搞定了西域的实力派国家——乌孙国，其他小国如大宛、康居、大月氏等自然会闻风而动，想建交也就是一句话的事了。

应该说张骞想得很美，但事实证明，想得很美和看上去很美根本不是一回事儿。乌孙国面对从天而降的汉使，又惊又喜。惊就不用说了，喜的是他们见到了丝绸、帛画等未曾见过的东西。

乌孙国国王昆莫接见张骞，说出了心中的疑问："无功不受禄，不知贵国不远万里送这些贵重东西给寡人有何所图啊?"

俗话说，真菩萨面前烧不得假香，面对乌孙国国王的直言相问，张骞也就不再遮掩，他回答了昆莫两个字："结盟。"

随后说出了昆莫和汉朝结盟的好处：

一、把汉朝的公主嫁给大王为夫人。

二、每年赠送给大王大量财物。

面对财色的双重诱惑，昆莫虽然有些心动，但他还是很难一下子做出决定的。于是他最后来了一句：让我考虑考虑。

张骞原本以为这样的考虑也只是走过场而已，哪里会料到，昆莫考虑来考虑去，最后还召集了朝中大臣商议，但结果是：悬而未决。原因是财色固然重要，但匈奴却像一块阴影一样，令他们挥之不去，虽说此时的匈奴已是江河日下，但瘦死的骆驼比马大，这个道理，昆莫还是懂的。

张骞在等昆莫考虑的同时，也没有闲着，他派副手到大宛、康居、大夏、安息、大月氏、身毒等国去联络"结盟"的事。

昆莫最后还是不能做决定。于是他决定派人到汉朝，去看看汉朝究竟强不强大。昆莫派出了使者和张骞一同回汉朝，礼尚往来，还精心挑选了十多匹上等良马作为谢礼送给汉武帝，而汉武帝一生最大的嗜好就是马，这十多匹绝世好马让汉武帝爱不释手，随后他安排了"军事演习"。

使者把汉朝的强大转告给了昆莫，然而，昆莫还是拿不定主意，他知道汉朝强大，但强大又如何？远水解不了近渴，他最终还是不敢签下盟约，和匈奴彻底决裂。但他答应双边进行贸易来往，只谈经济不谈政治。

至此，可以说张骞的第二次西游仍然以失败告终，然而，张骞的努力并没有白费，他的二次出访增强了与西域各国的交流和沟通，其影响是深远的。在张骞和副手的努力下，从此，西域都知道了这样一个事实：古老的东方有一条龙，他的名字叫中国；古老的东方有一条河，他的名字叫黄河。

随后汉朝和西域各国交流日益频繁，西域的良马是汉武帝所垂涎的，而汉朝的金银珠宝、丝绸字画等奇珍异品亦是西域各国人所渴望的。特别是汉朝的丝绸“纤细如蛛丝、灿烂若云霞，色泽之鲜艳可爱赛过野花”，被西域人视为“神品”。从此，汉朝的丝绸从长安开始，经过甘肃的河西走廊，穿过塔里木盆地，越过帕米尔高原，直抵西域各国，再往西就经过中亚和西亚，到达欧洲所在地——地中海。这就是闻名世界的丝绸之路。

而丝绸之路的开创者张骞，却因为疲劳过度，于元鼎三年（公元前114年），也就是第二次西游的第二年，离开了人世，结束了其光辉的一生。但张骞的努力没有白费，他两次西游的壮举和丰功伟绩永载史册，在人民心中树立了一座丰碑。

昆莫的烦恼

昆莫没有答应和汉朝结盟的请求，是有难言之隐的。除了畏惧近在咫尺的匈奴之外，他还有自身的烦恼。他生了十多个儿子，大凡帝王将相，生子多的唯一好处就是传宗接代。

昆莫本来早就立了大儿子为太子，无奈大儿子命太薄，年纪轻轻就到阎王那里报到去了，太子死则死耳，但他还是不心甘的，于是临死前对昆莫说了一句遗言：请父皇立岑陬为太子。

岑陬是太子的儿子。太子的意思很明显，既然他这个做太子的命薄，但让他儿子来继承他的太子位置才没有遗憾。但是昆莫的二儿子大禄就不干了，他心里是这么想的，从禅让的角度来说，既然兄长命薄，太子一位理应由他这个“老二”来做，岑陬是孙子辈了，怎么能越长而立为太子呢?

也正是因为这样，昆莫就着急啊。手心手背都是肉，他时刻担心着儿孙之间的“武力冲突”，因此，根本就无暇和汉朝结盟。

而张骞第二次西游强烈要求联盟的事，被匈奴人知道了。匈奴人很生气，扬言要踏平乌孙国。昆莫一听吓得屁滚尿流，为了避免让匈奴人的豪言实现，他决定接受汉朝联盟的请求。

面对乌孙国的请求，汉武帝自然高兴了，欣然接受，为了让这次联盟天长地久下去，他决定以美人来拴住昆莫的心。

元封三年（公元前108年），也就是张骞第二次西游到达乌孙国的第七个年头，昆莫送上了几十匹绝世佳马作为聘礼，正式迎娶汉朝的公主，两国结为百年之好。

江都王刘建的掌上明珠细君公主不幸成为这次联盟的“牺牲品”。昆莫对这位貌美如花的公主宠爱不已，立马封为右夫人。

按理说事情到这里，可以暂告一段落了。但后知后觉的匈奴人直到昆莫抱得美人归时，才知道他们自己的愚蠢，居然对两个对手结盟起到了推波助澜的作用。他们的四肢虽然明显比头脑发达些，但此时也终于开窍了，他们决定如法炮制，于是也选了一位秀色可餐的公主，向昆莫提出了“和亲”的要求。

面对这样的桃花运，昆莫虽然心里诚惶诚恐，但最终还是不敢得罪匈奴人，于是采取了来者不拒的政策，接纳了匈奴的公主，并且封为左夫人。

列位读者看到这里，对昆莫的人品肯定有个大致了解了，他属于典型的“小人”角色。但这样的好处是使得乌孙国暂时平静下来。

乌孙国是平静了，昆莫也有两国美女侍奉左右，但细君公主却不满了。而且远在他乡的生活也不习惯，她时刻梦想着回中原。有她的《黄鹄歌》为证：

吾家嫁我兮天一方，
运托异国兮乌孙王。
穹庐为室兮旃为墙，
以肉为食兮酪为浆。
居常思土兮心内伤，
愿为黄鹄兮返故乡！

但嫁出去的女儿泼出去的水，细君公主回中原那只是一个遥远的梦想了，只能在长吁短叹中度日。不久，昆莫去世，岑陬继承了王位，而昆莫的唯一遗言竟是要求细君公主再嫁给岑陬，这明显有违人伦道德。细君公主反对，但是反对声如此的苍白无力，不久，她也在郁郁寡欢中离开了人世。

随后汉武帝为了稳住乌孙国，又把楚王刘戊的孙女解忧公主嫁给了岑陬。通过一系列的和亲政策，汉朝和乌孙国的关系得以维持下去。而中乌的建交也带动了西域其他各国与汉朝的交流和往来。

世上没有免费的午餐

汉朝和西域加强交流和贸易往来后，汉朝的丝绸一直是西域各国争相抢购的对象，而西域的良马也是汉武帝所垂涎的。这其中包括大宛的汗血宝马。

汗血宝马只因这种宝马跑起来，流出的汗是红色的而闻名。汉武帝为了得到汗血宝马，每年派往大宛的使者一批接着一批，络绎不绝。按理说，汉朝这样大量收购大宛的宝马，可以增进汉朝同西域各国的贸易往来。然而，这却苦了两个国家——楼兰和姑师。

楼兰和姑师这两个小国正好处在通往西域的交通要道上。每当汉使经过时，他们都要提供吃住等免费服务。一两次倒也罢了，但每年经过这里的汉使多达数十批，这两个小国热情地招待几次后，发现这样下去，只怕国内的粮食都要用于汉使，自己喝西北风去了。他们终于忍无可忍，于是，当汉使再经过他们的贵地时，他们摇身一变，变成江洋大盗了。

楼兰和姑师之所以敢和汉朝翻脸，原因有二：

一、汉使有辱使命。

为什么这么说呢？可以说，张骞时期的汉使是汉朝最忠诚、最仁义、最和善的汉使，他们真正地起到了“传播和平和文明”的作用。但随着中乌两国的建交以及和西域各国的经济贸易的往来、汉使的增多，导致汉使的素质已经在不知不觉中发生了改变，出使各国的不再是一些素质过硬、品德端正的人，而是一些道貌岸然夸夸其谈的“滥竽充数”之辈了。他们到了西域各国干的不是和平交流的事，而是投机倒把强买强卖的勾当。这让汉朝的形象大打折扣。

二、匈奴的唆使挑拨。

狡猾的匈奴人看到了西域各国渐有对汉朝“敢怒不敢言”的态势，于是派使者专门去“攻心”。他们无非是抓住汉使的把柄，到处宣扬汉使的丑恶行径，说出西域人心里想说的话。最后还给西域各国吃了颗定心丸：汉朝要是敢欺负你们，我们匈奴人是不会袖手旁观的。

有了匈奴人的唆使和挑拨，西域各国对汉朝的不满情绪终于爆发了。首先站出来的就是楼兰和姑师两个小国。

这两个长期为汉使提供免费食宿的小国，因为有匈奴人的撑腰，没有再选择沉默，他们非但不再给汉使提供免费的食宿，而且还要抢汉使的财物据为己有。

楼兰和姑师的倒戈无疑像是平地起了一声惊雷，震得汉武帝惊愕不已，也震得他怒不可遏，连楼兰和姑师两个小国都敢公然和他大汉皇朝作对，这是无论如何也不允许的。更何况这两个小国不摆平，他派汉使到大宛抢购汗血宝马就只能是一个遥远的梦想了。为此，汉武帝采取了惯用的对外政策：出兵匈奴！ 停息了近十年的“武力革命”再次发动，一场暴风骤雨即将到来。

忧伤的代价

元封三年（公元前 108 年），又是一个寒冷的冬天。汉武帝派出了赵破奴和王恢，率兵再次对匈奴兴兵，只是为了打击匈奴人的挑衅行为。然而，匈奴人早就被卫青和霍去病打怕了，闻说汉朝又兴师动众，一夜之间撤了个干干净净。

赵破奴和王恢原本以为他们此番必将和匈奴进行一场恶战，但一向强悍的匈奴人的表现让他们始料未及，赵破奴和王恢面临着进退两难的境地。

他们劳师动众，此时如果打道回府，无半点功绩可言，汉武帝脸上定然无光。但若不回去，想要去千里荒漠寻找匈奴人，无异于大海捞针。赵破奴和王恢坐在一起进行了协商，达成如下协议：向楼兰和姑师进军。

如果按汉武帝的意思，只要把匈奴打败了，楼兰和姑师自然会重新和汉朝和好。但计划赶不上变化，汉武帝的如意算盘落空了，匈奴人吃一堑长一智，不再和汉军硬碰硬了，他们把“游击战”运用得炉火纯青，让汉军找不着北。

赵破奴和王恢既然决定先把不安分的楼兰和姑师连锅端了，于是做出了佯装班师回朝的样子，只是为了迷惑楼兰和姑师。

眼看赵破奴和王恢挥师回朝了，一直处于高度紧张的楼兰国终于放下悬着的心，认为可以睡个安稳觉了。然而，他们不会料到，这一睡再醒来时，美梦变成了噩梦，汉军从天而降，把包括楼兰王在内的所有人变成了俘虏。

赵破奴和王恢以迅雷不及掩耳之势拿下楼兰后，大军接着开向姑师。姑师听闻楼兰被汉军拿下后，国家虽小，但并没有因此就放弃抵抗。相反，他们一方面组织人马进行顽抗，另一方面派人去请求匈奴派兵来支援。

然而，面对数万汉军，小小姑师的抵抗是无济于事的，向匈奴送求援信的使者前脚还没走远，姑师国的城门就被汉军攻破了，而姑师王不甘成为阶下囚，在心腹的保护下，拼死杀出一条血路而逃。姑师国亦被汉军占领。

扫平不安分的楼兰和姑师，不但打击了匈奴人的嚣张气焰，而且对西域其他各国起到了震慑的作用。这种“杀鸡儆猴”的举动，使得西域各国不敢再对汉朝有“大不敬”的举动。也正是因为这样，赵破奴和王恢班师回朝后，汉武帝对他们进行了重赏，封赵破奴为浞野侯，封王恢为浩侯。

第二章　平定大宛

再起波澜

搞定楼兰和姑师两国、赶走了匈奴后，汉朝和西域的贸易往来又得到了稳定发展。汉武帝以为他可以随心所欲地得到他想要的汗血宝马了，因此，大宛成了他重点扶植的对象。然而，这些汉使陋习又复发了，强买强卖，哪个不服就以大汉国的身份和地位来征服哪个。也正是因为这样，大宛对汉使仍然是一种排斥的态度。

汉使买不到马，回来对汉武帝说大宛的宝马要价太高，他们无力购买。此时的汉武帝对汗血宝马显然已到了痴狂的地步了。为了得到这珍贵的汗血宝马，汉武帝特派以韩不害为首的汉使，带着一座用黄金打造的马匹雕像出使大宛。他的喻义很明显，以金马换你们的汗血宝马，这样你们总算不吃亏了吧？

韩不害满以为，这次去大宛一定会马到成功。然而，事情的发展却出乎他的意料，大宛国王拒绝了汉朝以金马换汗血宝马的请求。

大宛国王毋寡拒绝的理由有二：

一、咱有靠山，咱怕谁？大宛国在西域好歹也算是一个大国，和匈奴的关系虽然若即若离，但毕竟交往甚密，他们不愿意拿出自己的国宝献给汉朝。

二、山中无老虎，猴子称大王。汉朝虽然强大，但远隔千山万水，中间又有戈壁沙漠，拿自己也没办法。

话虽如此，但国王毋寡对韩不害的回话却还是相当客气："汉朝皇帝的心意我们领了，但汗血宝马是我们的国宝，不能随便给人的。请贵使节回去向大汉皇帝转达我们的歉意。"

韩不害大感意外："这么说，贵国不想要我们带来的金马了？"大宛国王哈哈大笑："谁说我们不要了，把你们所带来的东西统统留下来。"

话说到这个份儿上，连傻子也明白了，这个毋寡非但不跟汉朝做这笔交易，反而想强占汉使所带来的金马。

韩不害万万没想到，这个弹丸小国，竟敢对汉朝使节如此无礼。他大声喝道："尔等草芥小国，不交出汗血宝马，已是触犯天条，犯下滔天大罪，现在还敢强占我大汉的金马吗？"

毋寡冷笑一声，从牙缝里挤出了八个石破天惊的字："交出金马，饶你不死。"

面对毋寡的逼供，韩不害没有退缩，反而拿起金马狠狠地砸在了地上。

毋寡哪里料到韩不害会敢在他的地盘做出这般举动来，怔了半晌才回过神来，瞪着一双仇恨的双眼，咆哮道："不要以为你们汉国强大，我就不敢杀你！"

韩不害正声答道："我跨越大漠盐泽，走过白骨累累的死亡之路，天底下还有什么能够吓倒我？可笑尔等小国今日尚不知大祸将至，天朝大军一到，尔等男女都被屠尽，尔等国土、财产皆化乌有！"说完扬长而去。大宛君臣被他话震慑住，待到他走出宫门，才醒悟过来。

韩不害一出宫门就立即率领部下逃离大宛都城，一口气跑出百里之外，见后面没有追兵追来，才慢慢放下心，来到一个叫郁成国的小国补充粮食。韩不害怎么也想不到走到这里便是他人生的终点。

原来这郁成国竟是大宛的属国，郁成国国王得知消息，于是将韩不害等人诱进城来，然后来了个一锅端。只剩一个楼兰向导失魂落魄地逃回楼兰。此时的楼兰国国王一朝被蛇咬，十年怕井绳，对汉朝奉若神明，哪里敢隐瞒军情，立即赶赴敦煌，将韩不害等人被害的消息，报告了汉朝。

汉武帝得知韩不害及其使团全部罹难，勃然大怒。自张骞通西域以来，大汉使节无论出使何方，皆受上国之礼遇。即使是与匈奴往来，也不至于被斩尽杀绝！ 这次“金马事件”实为奇耻大辱，汉武帝决心报复匈奴，给他们点颜色瞧瞧。

太初元年（公元前 104 年），汉武帝任命李广利为贰师将军，率领六千羽林军，发各郡国囚徒恶少年共两万人开始了远征大宛的战争。这有点类似于陈胜吴广起义时，秦二世在万不得已下放出囚徒奴隶来打仗的情形。

也许大家对此次的征西将军李广利还感到陌生，此时朝中的“双子星座”卫青和霍去病早已仙去，汉武帝在万不得已下，只能重用李广利这样的后起之秀了。而李广利之所以能“不鸣则已，一鸣惊人”地成为主帅，原因在于，李广利是汉武帝一个宠姬李夫人的哥哥。至于李夫人是何许人，后面会有详叙，这里先卖个关子，暂且按下不表。

年轻没有失败

李广利率大军出征时，时正值深秋收获的季节，然而，天有不测风云，这一年关东发生了罕见的大蝗灾。集结到敦煌的大军没有得到充足的“粮草”，就匆匆忙忙踏上了征程，就此埋下了安全隐患。

由于缺少军粮，汉军只能沿途向西域各国筹集。筹集，说得好听点是借，说得不好听就是强索。但凡有拒绝交粮的，一律视为大宛的盟国，李广利会送给他们六个字的咒语：破其城，灭其族。

拒不交粮的，能攻下来就有饭吃，不能攻下来就没有饭吃，而汉军又不愿将精力过多地停留在这些小国身上，也正是因如此，粮食问题还是一直困扰着汉军。如此走走停停，李广利率兵到达大宛边界的时候，已经是初冬时节。由于水土不服，粮食缺乏，一路跋涉大漠荒滩，饿死、病死、被沙漠吞没的人不计其数，两万大军损失了一大半，马匹也伤亡殆尽。士兵们一个个面黄肌瘦，像从地狱里逃出来一般，但他们总算是看到了大宛的都城。

郁成国王杀了韩不害等汉使后，早已做好了迎接汉军报复的准备。此时面对阵容不整的汉军，废话免了，直接开打。

然而，这仗一开打，郁成国王就后悔起来，这一群貌似叫花子的军队，居然比他们这些养精蓄锐，占据天时、地利、人和的军队更勇猛、更强悍。他们哪里知道汉军此时身无立足之地，又没有粮食吃，不拼命拿下郁成国就没有活路可言。

最后的结果是，郁成军怕了这一群不要命的叫花子，丢盔弃甲地躲进郁成城里“成一统”了。

汉军并没有就此善罢甘休，接下来对郁成城进行了“围城”。面对汉军一浪高过一浪的攻击，面对这一群上刀山下火海都不怕的拼命三郎，面对震耳欲聋的劝降声，已陷入“十面埋伏”的郁成王几乎绝望了，想逃跑没门，想自杀又没有这个勇气，想投降又没有这个胆量。

正当他想来想去时，汉军却突然不攻自破了。郁成王揉了揉几乎不敢相信的眼睛，这才发现大宛骑兵在国王毋寡的带领下雄赳赳气昂昂地杀来了。汉军本来孤注一掷地围城就是为了赌一把，赌在大宛军队来之前拿下郁成国，只要占领了郁成国，他们就有立足之地，就可以和大宛相对抗了。

然而，毋寡的及时到来让汉军的宏愿刹那间灰飞烟灭，腹背受敌的汉军结果可想而知，两个字可以概括随后汉军的一切进程：溃逃。

溃逃的结果是征西大元帅李广利逃回敦煌时差不多成光杆司令了，去时浩浩荡荡数万人，回来时稀稀拉拉不过数百人。

汉武帝闻得李广利失利的消息，心中的震撼是无法形容的。曾几何时，他的双子星座卫青和霍去病和匈奴交战数十年，都无这样的大败仗，此次面对小小的大宛居然败得这般惨烈，败得这么彻底，这无论如何都无法让他接受。于是他给李广利下达了这样一道命令，只有四个字：不得入关。理由同样只有四个字：就地反省。

当然，本着人道主义精神，李广利在反省的同时，汉武帝也没忘记给他将功补过的机会：调兵遣将支援李广利。

他令桑弘羊负责军需，调十万匹军马、十万头牛和骆驼运输物资，同时还有五十万只羊作为随军的肉食运往敦煌，至于调用的军队足足有二十万，全国各地各郡的无赖恶少年、罪犯也发往参军，很快这些物资和军队就从四面八方源源不断地往敦煌汇集。

汉武帝听说大宛人饮水都是接自城外，还特意派了几名水利专家同行。事实证明，汉武帝这些准备没有白费，为第二次出征大宛的胜利加了重要的砝码。

以暴制暴

经过一年的准备，太初三年（公元前 102 年）夏天，李广利第二次西征大宛。此时已是今非昔比了，二十几万大军，数万运送辎重的民夫，浩浩荡荡地在沙漠中行进，好像一股势不可挡的洪流。

当然，这次李广利吃一堑长一智，不再走楼兰这条老路，而是绕道盐泽以北，来了个迂回的战术，本意是打大宛一个措手不及。这次汉军西征声势浩大，沿途各小国无不臣服，纷纷打开城门，以“欢迎，欢迎，热烈欢迎”的标语把汉军迎进城里，免费提供食宿，其他娱乐活动一个也不少。

然而，尽管如此，还是有一些不识时务的小国非但不对汉军的到来开绿灯，而且还大放侮辱之辞。俗话说枪打出头鸟，轮台便是这样一只很不识时务的“出头鸟”。李广利一听小小的轮台竟敢公然跟汉军作对，心中很生气，后果很严重。严重到了什么程度呢？

血洗轮台，轮台数万人口即被屠戮一尽。其实这也怪不得李广利，对于急着去找大宛复仇的他来说，任何小国对他的不敬他都无法容忍，更重要的是他这样血洗轮台，也是为了“杀鸡儆猴”。若想早点到达大宛，与沿途各小国的支持是密不可分的。

果然，血洗轮台的消息一传十、十传百，很快在沿途各国传开来，各国无不又惊又恐，没有哪个小国再敢对汉军“怠慢”，汉军一路顺风顺水地很快直抵郁成城下。

然而，期待复仇的李广利在这里并没有迎来他期待中的恶战。因为这郁成城也和沿途其他各国一样城门大开，大有恭迎汉军到来之意。李广利这次没有直接进城，为了防止敌人的“空城计”，特派了十多个“通信员”去城里探清虚实，结果，不到一盏茶的工夫，通信员的回报是：这郁成城里面的确是一座实实在在的空城。

原来郁成王得知汉军前来，早已率领部族逃离家园、迁往大宛了。李广利这次没有进城，而是放了一把愤怒的火，把郁成城烧了个灰飞烟灭。然后他大手一挥，带领大军马不停蹄地朝大宛都城进军。

大宛被蜂拥而来的汉军围得水泄不通，黑压压一片望不到边。汉军每天从朝至暮，四面不断地攻城，冲击各个城门。城外的壕沟几乎塞满了汉军的尸体，城内的大宛人也已经筋疲力尽，男女老少全上了城头，他们知道如果城破，等待自己的将是什么。城在人在，城破人亡，只有坚守才是唯一的出路。

一个强攻，一个死守，如此相持了数日，李广利朝那几个水利专家发话了：“该你们上了。”

水利专家也不是吃素的，经过他们细致地查找和努力，终于找出了大宛城的水道，大宛城内没有水井，吃水全靠从外面河流引进来，虽然开战前做了巧妙的隐蔽，但还是逃不出水利专家的火眼金睛，于是，在一个伸手不见五指的夜晚，汉军悄悄地切断了大宛城的水源。

行军打仗有两个必要的因素：粮食和水。两者相辅相成，缺一不可。对于困守城内的人来说，缺水比缺粮更要命。大宛的王公贵族们首先坚持不住，他们秘密找到李广利要求谈判，表示只要汉军退兵，他们愿意献出汗血宝马。李广利提出了自己的条件：必须先处死大宛国国王和郁成国国王。

大宛的王公贵族们为了自己活命，想也没有想就答应了李广利的条件。牺牲两个人，成全所有人，毋寡、郁成王，对不起了，为了大宛的美好明天，只好委屈你们两个了。

他们果然没有食言，第二天，毋寡和郁成王就被他们绑缚到了汉营，汉军于是在大宛城下将两人斩首。接着李广利立一个一向“亲汉”的大宛贵族昧蔡为大宛新国王，“傀儡”新国王昧蔡此后对大汉毕恭毕敬，后来死于国内政变，这是后话，这里暂不多表。

而李广利实现了完美的复仇后，接下来便开始选马了。他精挑细选，左挑右选，挑选出几千匹汗血宝马，最后以胜利者的高姿态，雄赳赳气昂昂地踏上了回乡路途。

汉武帝见汉军打败大宛、夺回了汗血宝马，心中怎一个喜字了得，有《天马歌》为证：

天马徕，从西极，涉流沙，九夷服。
天马徕，出泉水，虎脊两，化若鬼。
天马徕，历无草，径千里，循东道。
天马徕，执徐时，将摇举，谁与期。
天马徕，开远门，竦予身，逝昆仑。
天马徕，龙之媒，游阊阖，观玉台。

接下来，该是论功行赏的时候了。李广利被封为海西侯、赵弟被封为新峙侯、军正赵始成被封为光禄大夫、上官桀被封为少府、李哆被封为上党太守。其他被封为三卿九公的人更是数不胜数，自愿出征的进行物质和官爵的嘉奖，罪犯囚罪一律免刑免罪。总之一句话：皆大欢喜。

汉武帝对大宛的战争前后两次，四年。第二战过后，汉朝的威望达到了新的高点，几十年内西域诸国都不敢妄动，后世班超等出使西域，几个人几匹马就能降伏一个国家，甚至汉朝的使节可以随时废立其国君，调发几国军队攻打敌对国，皆莫敢不从。

第三章　吞并南越

南越的历史遗留问题

前面已经说过，秦始皇统一天下之后，在南越地区设置了桂林、南海、象郡。刘邦建立汉朝后，南越和汉朝分分合合，起起落落，一会儿密如情侣，一会儿又疏如仇敌，总之南越的态度让人看不懂。

高帝十一年（公元前196年），刘邦对南越的态度是以“和”为贵，外交官陆贾凭着一张三寸不烂之舌使“不安分”的南越王赵佗臣服。赵佗立下了永为汉臣的承诺，陆贾不废一兵一卒成功搞定南越这个刺头。然而好景不长，刘邦死后，刘惠继位，吕后专政。蛮横霸道的吕后是因为下达了禁止和南越进行双方贸易往来，而惹怒赵佗的。

汉惠帝五年（公元前190年），认为吕后“为妇不仁”的赵佗正式扯出造反的大旗，并且主动和汉朝设在南越的缓冲地长沙郡干上了。吕后也不是吃素的，任周灶为将军去征服南越，然而路上一场瘟疫让吕后的征服之旅变成了喋血之旅，还没到南越边境的阳山岭，汉军就死伤过半。随后，吕后病死，汉军这才以“奔丧”为借口班师回朝。赵佗也正是因为靠“天兵天将”挡住了汉军而称雄，南方周边小国无不对其臣服，据说当时南越东西势力跨越万余里，赵佗威风地当起了一方之王，行必车朝必礼，一派老大的作风。

前元元年（公元前 179 年），仁厚的汉文帝上任后，恢复了刘邦对南越以“和”为贵的政策方针，又是修缮赵佗在老家真定的祖坟，又是安排赵佗的亲戚朋友到朝中去当公务员，不想去的每年可以拿到不菲的“最低生活保障金”，总之是无所不用其极。

磨刀不误砍柴工，汉文帝随后再派外交官陆贾第二次出使南越。

事实证明陆贾就是陆贾，他没有令汉文帝失望，凭着一张利嘴，居然使得赵佗来了个“悬崖勒马”。赵佗被汉文帝的诚恳态度所感动，第二次对陆贾许下承诺：不再和汉朝对抗。

事实证明，赵佗这次果然没有再食言，随后南越一直向汉朝称臣，逢年过节向汉朝进贡派人朝觐，两国关系日益趋于平和。直到建元六十四年（公元前 137 年），赵佗死后，赵佗的孙子赵胡继位，两国关系才又再掀起波澜。

此时南越的闽越国和东瓯国因为七国之乱时吴濞儿子的挑拨离间，开始相互搏杀。而赵胡也因为害怕武乱殃及自己而对汉朝更为倚重，于是他特遣太子赵婴齐到长安去当人质，以示对汉朝的忠心。汉武帝对南越的友好态度很满意，派王恢和韩安国平定了闽越的动荡局势。

按理说，事情到这里就可以暂告一个段落了。然而，后来的发展却并非这样一帆风顺。南越王赵胡继承赵佗的王位后，他没有胡来，但他派去长安当人质的儿子赵婴齐却胡来了。

其实赵婴齐胡来也没有什么大不了的事，只不过是到了长安整天足不出户，就等于是“软禁”了。用他的话来说就是：寂寞，寂寞啊。于是，他在寂寞中偷偷地出了一次门，结果就遇到了改变他一生的女人。

这个女人就是长安城红透了半边天的风云人物——樛氏，这樛氏生性风流，和赵婴齐惊鸿一瞥后，一个是干柴一个是烈火，一点就着，很快，这个嫪氏就为赵婴齐生了一个儿子——赵兴。

赵婴齐走了桃花运，而赵胡却走了倒霉运——身子好好的，却突然一病不起，大有到阎王那里报到之意。于是，赵胡派使者到长安请求汉武帝放赵婴齐回国。

汉武帝自然很快给赵婴齐发了通行证。赵婴齐如同一匹脱缰的野马，归心似箭，来时无牵无挂，落寞至极；去时却是一架豪华马车、身伴两个最爱的人——嫪氏和儿子赵兴，有脸有面，风光至极。

事实证明，赵婴齐的风光还在继续，他前脚刚到，父亲赵胡就像了却了心愿一般含笑而去。他风风光光地继承了王位，然后干了两件风风光光的事：

1．立嫪氏为王后。

2．立赵兴为太子。

都说一个成功的男人背后必定有一个默默支持他的女人，同样的道理，一个短命的男人背后必定有一个花枝招展的女人。赵婴齐无疑就是这样的人，在他人生最寂寞无助的时候，嫪氏给了他无尽的温柔和无尽的爱。当了南越王的他知恩图报，对嫪氏更是宠爱有加，他虽后宫佳丽三千，但他认为只取嫪氏一瓢足矣。

都说痴情没有错，但有的时候却比错更可怕。赵婴齐不会料到，就是这一瓢却要了他的命。赵婴齐因为爱嫪氏爱到骨子里去了，不理朝政，天天守在后宫与嫪氏厮混。

结果，元鼎三年（公元前 113 年），赵婴齐就去阎王那里报到去了，死因羞于启齿：纵欲过度。

赵婴齐走了，小小年纪的赵兴却开始风光，他一下子成为人们关注的焦点，原因是他理所当然地继承了父亲的王位——南越王。

当了南越王的赵兴凭空多出来的三姑子、六婆子、七大姑、八大姨，数不胜数，他脸上笑开了花，于是，封官的封官，奖赏的奖赏，总之一句话，无限风光在王位。

然而，赵兴很快就体会到了什么叫“人在高处不胜寒”的苍凉感，原因是他接到了汉武帝的祝贺函。

老账新仇一起算

套用鸿门宴中的“宴无好宴”，汉武帝的祝贺函是“贺无好贺”：他祝贺是假，探访是真。他害怕“人事变动”后的南越不听大汉的话了，以祝贺的名义去试探虚实。

谏大夫终军和安国少季有幸成为去南越的“祝贺使者”。谏大夫终军为了不辱使命，一到南越，就教了新南越王一句话：顺我者昌，逆我者亡。

可怜的赵兴刚刚爬上南越王的宝座，小屁股都还没有坐稳，被终军的这句话一吓，差点没有把尿尿到裤裆里，忙回了一句：如有三心二意，天诛地灭。

南越王赵兴几乎不费吹灰之力就搞定了，接下来该安国少季登场了。按照汉武帝两步走的方针，终军负责搞定空有王位无实权的赵兴，而安国少季则是负责搞定“实力派”的太后嫪氏，责任之大可想而知。

当然，既然汉武帝钦点安国少季，自然有选他的理由。事实证明，安国少季见到嫪太后显得从容淡定，并没有一点紧张的样子，然而，见过嫪太后之后，他的心跳突然加快起来，因为受到了隆重的接待，像是迎接凯旋的将军一样。

接待仪式搞完后，两人随即进行了“座谈会”。如果诸位认为他们是就大汉和南越的双边关系在进行谈判和交流，那就大错特错了。国事，不谈；军事，不谈；天下事，不谈；谈，只谈家事。

“一别几年，你还好吗?”安国少季一往情深地望着嫪太后，幽幽地道。

“不好。”嫪太后突然满脸红晕，如少女般嗔怨道：“你说过两天来看我，结果一等就是几年。你心里根本就没有我……”

“我……我有我的苦衷啊。”安国少季顿了顿，满是疚意地道，“我，这不是来了吗！”

接下来两人心有灵犀一点通，“座谈会”马上由大厅转到了内室，然后由内室转到床上。

大家看到这里，肯定看出端倪来了。不错，这个安国少季在长安时就和嫪太后有一腿了。只是后来“第三者”赵婴齐插足，生性风流且“势利眼”的嫪太后就顺势倒向了赵婴齐为她铺来的“钱罐里”。安国少季和嫪太后这一对“拍拖”多年的野鸳鸯就这样“分道扬镳”了。鉴于此次搞定南越实际只要搞定嫪太后就行了，于是，汉武帝审时度势，决定从细微处着手，于是选择了让安国少季出征，目标直指嫪太后。

事情果然朝汉武帝所期望的那样发展，“铁面无私”的终军以“硬”对付尚且年少“软”弱的越王赵兴。而“少女杀手”安国少季以“软”来征服强“硬”的嫪太后。结果，终军和安国少季不负汉武帝厚望，双双告捷。按理说，事情到了这里已毫无悬念可言，南越已是“煮熟了的鸭子”飞不出大汉的手掌心了。

应该说汉武帝就是汉武帝，对赵兴和嫪太后两个对症下药，时机把握得非常好，可谓药到病除。然而，百密一疏，这一次汉武帝大意失荆州，却漏看了一个人——吕嘉。

吕嘉，性别：男；年龄：不详；籍贯：不详；绰号：千年老二。

他是南越的三朝元老，一直位居相位，一人之下万人之上的大人物，故有千年老二之称。

吕嘉为了在南越打造“吕氏春秋”，他做出了这样匪夷所思的规定，说白了就是两个“凡是”：凡是吕家男性都要娶王室的“公主”为妻；凡是吕家的女性都要嫁给王室的“阿哥”为妻。吕嘉这样的做法，虽然苦了吕家的儿女，但却让南越从此多了一个谈虎色变的词语：吕氏天下。

也正是因为这样，这个被汉武帝“小看”了的吕嘉很生气，后果很严重，严重到使得汉武帝精心布置的搞定南越的“两步走”计划产生了变数。

因为昔日情郎的到来，急着再续前缘的嫪太后几乎是想都没想，就对汉朝给出了十六个字的承诺似的答复：废除边关，位列诸侯，三岁一朝，年年进贡。

简单地来解析一下这十六个字，就是：废除和汉朝的边关（有利于双方开展贸易往来)，愿向汉朝称臣；地位相当于汉朝的诸侯国；三年去大汉首都长安朝拜一次；年年向汉朝纳贡……

终军接到嫪太后的答复，一向严峻冷漠的脸上终于露出了笑容，他哪里料到就在他火急火燎地打道回府向汉武帝邀功时，南越国马上就遭遇到一场前所未有的变革。

挑起变革的人自然离不开吕嘉。原因很简单，他对嫪太后的“卑颜屈膝”和“卖国求荣”之举表示不同意。并且对嫪太后提出了“收回成命”的请求。

那吕嘉在南越是啥人物，说出的话分量自然是重于泰山的。这下嫪太后也是骑虎难下，她对汉朝的公开信已经发出去了。吕嘉让她收回成命，无异于让她自己打自己耳光子。于是，她硬着头皮给吕嘉作出如下回复，八个字：“成命已出，覆水难收。”

吕嘉啥时碰到过这样的钉子，就这样和嫪太后决裂了。当然，吕嘉就是吕嘉，决裂前，他还对吕后进行了最后一次劝说，与其说是劝说，不如说是赤裸裸的威胁更恰当些，只有一句话：“望三思而后行。”

面对吕嘉肆无忌惮的威胁，嫪太后颜面扫地，于是决定上演“新鸿门宴”。聪明的嫪太后怕吕嘉“不给面子”，推托不来，还特意找了这样一个借口：宴请汉使，请你作陪。

眼看自己的威胁起到了显著效果，嫪太后大有“回心转意”的迹象，吕嘉心中的气不由消了大半。即使如此，去还是不去，对于吕嘉来说，是一个难以抉择的问题。

去，或许可以从嫪太后那里得到一个“满意”的答复，但这是不是一场“鸿门宴”呢？而不去，一来是一种示弱的表现，二来嫪太后设宴招待汉使，是看得起自己，才叫他去作陪，不去找不到拒绝的理由啊。

思来想去，吕嘉最终做出决定，不管这次嫪太后设下的是不是一场“鸿门宴”，这场宴会他是去定了。

单刀赴会

《三国演义》中关羽单刀赴会的故事，想必大家都耳熟能详。殊不知早在三国之前的汉朝时期，吕嘉上演的单刀赴会同样精彩纷呈。当然，鉴于“一个好汉三个帮”原则，关羽赴会其实也不是一个人，是带了周仓和八名勇士，而且还有他的儿子关兴带了兵马在江对岸待命，准备随时接应，在关羽、周仓、鲁肃及关兴的联合表演下，才完成这单刀赴会的。而吕嘉不是傻子，他的单刀赴会，自然会考虑到自己的“安全问题”，于是找了个“为了汉使的安全问题”的理由，让自己的弟弟带兵“荷枪实弹”地在宫外进行“巡逻”。

闲话少说，下面就来看这场旷世的“新鸿门宴”。

因有弟弟带兵在外做后盾，吕嘉赴宴的底气十足，他昂首阔步地走进大殿，甚至都不跟这次宴会的主人嫪太后打招呼，就目空一切地坐在了首席的位置上。那么，宴会的另一主角之一的汉使只能屈居次席了。随着一些“重量级”官员的到齐，宴会随后就开始了。

然而，宴会开始后，在场的众人都只是默默喝着杯中酒，场面静得有点可怕，只有杯碗的碰撞声飘荡在大殿中。

“来，来，来，喝完这杯，还有三杯。”嫪太后站出来，打破了这压抑的气氛，举着杯对吕嘉道。

“不，不，不。喝完这杯，四大皆空。”面对太后的主动敬酒，吕嘉虽然骄横惯了，但也有一种受宠若惊的感觉，心中的气势自然矮了一截。只是他自知酒量有限，不敢接嫪太后的“三杯”，只接“一杯”。

“举世皆清你独浊，众人皆醒你独醉，为何?”嫪太后眼中突然射出一道寒气逼人的光芒来。

“这……”吕嘉心中一凉，一股寒意直涌心头。

“南越归汉，利国利民，乃是千秋万代的大好事，众人皆赞成，为何只有丞相你一个人反对呢?”嫪太后不再拐弯抹角，直奔主题。

“我……”吕嘉手一颤，只听见“啪”的一声响，握在手中的酒杯便掉落在地上。

安国少季听到酒杯响，本能地拔出汉朝符节，直奔吕嘉而去。

“你想干什么……”吕嘉临危不乱，厉声喝道。安国少季本来是按嫪太后宴前早就定好的暗号，她摔杯，他就拔出汉朝符节，用“降龙十八掌”当场解决吕嘉。哪知安国少季宴前听说吕嘉的弟弟就带着禁卫军在宫外巡视，心中的底气早已不足了，吕嘉这惊世骇俗的“狮子吼”。那根原本要挥向吕嘉的汉朝符节，竟然对向了地上那些破酒杯的残壳，并且说了这样一句话来：“这酒杯的质量也太差了，吕相国好好地握在手，怎么说破就破了呢?”

吕嘉想不到安国少季会帮他解了围、圆了场，当下握着安国少季的手直呼“缘分，缘分”，只差没磕头跪谢了。

面对这始料未及的一幕，一旁的嫪太后气得差点没有吐血。但气归气，她一个妇道人家，手无缚鸡之力，又能怎样呢?

虽然喝了不少酒，但吕嘉的头脑还是清醒的，他感觉到了情况不妙，因此，他在握完安国少季的手后，便说了句“肚子疼”，然后也不管嫪太后答不答应，就来了个擅自离席。

眼看吕嘉在自己的眼皮底下就要开溜了，急得嫪太后像热锅上的蚂蚁，她不甘心让到手的鸭子飞走了，她恶从胆边生，怒从心头起，也不知从哪里来的勇气，一把抓起身边的一根长矛，准备对吕嘉来一个“最后一击”。这一击如果能把吕嘉来个“一矛穿心”那倒也罢，如果只是给吕嘉弄点皮外伤，或者说来个“擦身而过”，那么嫪太后的阴谋就会彻底败露，等待她的将是一场不可避免的“暴风骤雨”。

赵兴眼看母后要做出傻事来，一个“饿虎扑食”紧紧地抱住了嫪太后，这才使得吕嘉得以扬长而去。

吕嘉的单刀赴会就此画上一个句号。结果嫪太后非但自己赔了酒水钱，而且还弄了个“打草惊蛇”的下场。

先下手为强

吕嘉从悬崖边上走了一回后，心有余悸的他对目前的局势进行了分析：赵兴并没有杀他的心，安国少季是个窝囊废，剩下的嫪太后孤掌难鸣。因此，他得出的结论是：自己暂时还是“安全”的。

于是吕嘉选择了“忍一时风平浪静，退一步海阔天空”的战略方针，并没有立马和嫪太后撕破脸，而是先从弟弟掌握的军队中调了一部分保卫丞相府，然后又托病不再入宫，大有“躲进小楼成一统”之势。

而“成事不足败事有余”的安国少季眼看把事情弄砸了，惶惶不可终日的他只得把南越国的情况飞马传到了汉廷。接到安国少季的“急报”，汉武帝的第一反应是怒，第二反应是大怒，第三反应是怒不可遏，于是怒极了的汉武帝也不顾堂堂一国之君的身份，破口大骂安国少季太没用。直把安国少季祖宗十八代骂得差不多了，汉武帝这才叫了一个人来为他分忧。

被汉武帝召来的人叫庄参，汉武帝丢给他两千人马，叫他去协助嫪太后摆平南越的内乱。

然而，汉武帝不会料到，他钦定解忧的人非但没能给他解忧，反而给他增添了新的忧愁，因为庄参面对这个在别人眼里可以一举“扬名立万”的大好机会，非但没有马上去立功，反而是“废话连篇”：“陛下，您是叫我去谈判还是动武?”

“以目前南越局势，你还想做陆贾第二吗?”汉武帝一向是动武派，对庄参的提问不由眉头微蹙。

“如果是以友好姿态去谈判的话，带几个人就够了；如果去动武平乱的话，这两千人根本不够塞牙缝。”庄参很不识时务地继续道。

对话到此结束，汉武帝没有再给庄参任何交谈的机会，直接让他回家抱孙子去了。

庄参搬起石头砸中了自己的脚，一举失去了建功封侯的机会。一个庄参沉下去了，而另一个叫韩千秋的人又浮出水面来。韩千秋，郏县（今河南省郏县）人，曾担任过济北王的丞相。眼看机不可失，时不再来，马上来了个“毛遂自荐”：“臣愿带三百人到南越取吕嘉的首级来见陛下。”

汉武帝对韩千秋的勇气大为赞赏，马上就批下了一个大大的“诺”字。给了他两千精兵，并且还配了一个颇为重量级的副将嫪乐——这个嫪乐是嫪太后的弟弟。汉武帝这样安排的目的自然是不言而喻了。

然而，汉武帝这次动武，却把犹豫不决的吕嘉逼上了绝路。吕嘉听说汉军大兵压境，立马又找到弟弟，两人就目前局势进行了紧急协商，达成如下共识：与其坐以待毙，不如先下手为强。公元前112年，吕嘉和弟弟率军在南越宫中发动了政变，政变的结果是：毫无兵权的嫪太后、赵兴，以及胆小鬼安国少季皆死于乱刀之下。

吕嘉发动宫廷政变后，马上给出了理由：国王年少无知，而嫪太后原本是汉人，只图眼前利益，哪管我南越国的前程？本人身为南越丞相，有责任也有义务铲除国贼，别立嗣主，以保我南越世代相传下去。

另立的嗣主是赵婴齐和南越籍妻子所生的儿子赵建德。吕嘉发动政变，竟没有一个人对他的喋血行动站出来反对。而吕嘉平定南越内政后，并没有舒一口气，相反他将面对韩千秋和嫪乐的“兴师问罪”。

话说韩千秋和嫪乐虽然只带了两千人，但接连摧破了几座小城，竟一路势如破竹直抵南越边境。一路顺风顺水的韩千秋也因此自鸣得意起来，露出轻蔑的神情：南越的反军原来不过如此啊！ 而嫪乐急于为嫪太后报仇，不断鼓动韩千秋一鼓作气把吕嘉彻底打败。接来的事实证明，越军和汉军根本不是一个等级，开始还稍稍抵抗一下，到后来非但“不设防”，而且沿途还有备好干粮等东西。

面对这样的奇怪情况，非但没有引起韩千秋的高度重视，反而更进一步助长了他的傲气，他手一挥，大军就呼啦啦直奔南越的都城番禺（今广东广州市）。直到这时，吕嘉终于露出了狰狞的面目，他大手一挥，早就隐藏好的越军呼啦啦地奔出来，给汉军来了个关门打狗。

离番禺短短四十里距离的地方，却是韩千秋“千秋梦断”之处，可怜的韩千秋还在做他的千秋事业大梦，就到另一个极乐世界去了，留下了“壮志未酬”的遗憾。

汉武帝终于为他的“轻敌”付出了惨重的代价。韩千秋全军覆灭，这对心高气傲的汉武帝来说简直是奇耻大辱。他怒发冲冠地发誓：血债血还。

龟兔赛跑

元鼎五年（公元前 112 年）秋，汉武帝派十万大军分五路平定南越：一路以卫尉路博德亲自挂帅，他被封为伏波将军，行动方针是由长沙国境内的桂阳下湟水，入广东连州攻石门；二路以主爵都尉杨仆为楼船将军，从江西入南雄，顺北江而下攻番禺；三路、四路以归义侯郑严为戈船将军，由湖南湘江攻灵渠，再入漓江；五路以驰义侯何遗率巴蜀罪人及夜郎国军队，沿牂牁江直下逼番禺。

总之，五路大军的目的地只有一个——番禺。汉武帝为了提升士气，给几位将军立下了“得番禺者，封侯高薪”的誓言。

在高官厚禄的诱惑下，汉武帝的“出发”令刚刚下达，“二路军”杨仆便带兵浩浩荡荡由豫章（今江西）出发，建功心切的他并没有中规中矩地选择陆地层层推进的方式进攻，而是选择了风险很大的“水路”。从浈江顺水一路“飞流直下”，特别是进入南雄县境的横浦水后，地势险要，水流湍急，杨仆所乘的庞大兵船，稍有不慎，就有沉舟之危。但他临危不乱，指挥船队得以顺利通过。为此，后人作了这样的词来赞扬杨仆：“周游瀑布岩前，看树影波光，横浦楼船怀汉将；稍憩蒲团石上，听松声泉韵，空山琴笙忆苏诗。”

就这样，经过三天三夜的奔波，杨仆的大军如天兵下凡般出现在寻峡（今清远中宿峡）。而寻峡过去就是石门，石门再过去十余里就是番禺。杨仆的二路军似乎看到了曙光，杨仆离成功似乎只有一步之遥了。

相对于二路军的顺风顺水，其他几路军却是接连受挫。

首先，与杨仆不顾命地向前冲形成鲜明对比的是驰义侯何遗。别人向前冲，何大帅所率领的第五路军队刚起兵就仿佛被孙悟空点了定身法一样，总在“原地踏步”。捆住何大帅及手下士兵脚的不是绳子，而是真金白银。都说有钱能使鬼推磨，夜郎国本来是答应帮汉军共同打击南越的，但夜郎国君却中途变卦，原因是夜郎国君被吕嘉的“糖衣炮弹”俘虏，于是以“恐远行，旁国虏其老弱”为借口，拒不远征，非但如此，在“原地踏步”一阵后，还反戈一击和何大帅干上了。

而第三、四路的统帅归义侯郑严原是越将，后投降汉朝被封侯的。此时“回家看看”，他却是感慨万千。心有千千结的他带领军队走得很慢。走得慢倒也罢了，关键是他手下的人却很急，于是还没到南越，就在广西与西瓯人干上了。西瓯人也不是吃素的，本着我的地盘我做主的原则，和汉军就干上了。结果这一路军是打打停停，停停打打，打完就谈判，谈完又开打，如此周而复始地循环着。

除了以上两路军，唯一能和杨仆竞争的就是伏波将军路博德所带领的一路军了。路博德的一路军是汉武帝这次军事行动的“重中之重”，自然不甘落后，接到汉武帝的出发令后，唰的一声拔脚就朝前冲，端的如离弦的箭一般。只是一马当先了好一阵，路博德才感到“高处不胜寒”。当他回过头来才发现，其身后只稀稀拉拉地跟着一帮气喘吁吁的士兵。点了半天的人头数，也只停留在一千多的这个数字上。

数万精兵居然被这一阵长跑跑得只剩下一千多人，看来“大浪淘沙”这句话一点都不假啊！ 路博德这才发现他犯了一个致命的错误就是，他只顾“前途”，却忘了他手下的士兵大都是刚刚从狱中放出的罪犯，更需要“钱途”，他们从狱中出来突然重见阳光，眼见有一条生路可逃，自然跑得飞快，只是他们跑的方向和路博德相反罢了。

欲哭无泪的路博德没有灰心没有气馁，他明知这一点点兵此去南越，无异于飞蛾扑火。但他已无路可退，如果退缩，那结果只有死路一条，所以他带领这一千多名士兵继续跑“马拉松”。

路博德还在进行“马拉松”长跑，杨仆却在进行“马拉松”攻防战。他以“天兵天降”的速度直落在寻峡后，不费吹灰之力就攻下了这座“不设防”的城市。接着马不停蹄地直抵石门，石门却仿佛是假石头做成的门，一攻即破。石门一破，番禺便如婴儿般暴露在外面了。杨仆认为攻破番禺将是弹指一挥间的事情，他甚至在幻想攻破番禺后的风光，汉武帝那高高的奖赏，高高在上的官位，白花花的银子，花枝招展的美女……

然而，事实证明，这只是他一厢情愿罢了，他在番禺城下，左攻右攻上攻下攻前攻后攻，攻来攻去，结果是：番禺城还是那座番禺城，毫发无损。

直到这时，杨仆才知道自己好“孤单”，想起其他几路同盟军来，如果有他们在，就不会显得这么势单力薄了。然而，他左等右盼，连其他几路同盟军的影子都没有看见，无奈之下，他只能在城下进行蛮攻，一场马拉松似的攻防战就此展开了。

番禺城没有攻下来，杨仆的脸上却露出了笑容，因为他终于等来了援军——路博德和他稀稀拉拉的一千多号敢死队。

路博德不会料到，他硬着头皮带着这么一点士兵，原本是无奈之举，但是他的到来，却让杨仆如同溺水的儿童抓住了一根救命稻草，热泪盈眶，欢欣鼓舞。

读者也许就会问了。这个路博德只带来区区一千多士兵，对战场并没有什么影响吧？然而，杨仆之所以欢欣鼓舞，自然有他欢欣鼓舞的理由。杨仆走水路出奇招一路顺风顺水直抵南越的首都番禺，但面对吕嘉的顽强抵抗，他士气受挫后，明显有颓废之势。路博德来后，带来的不仅是人数上的支持，更是精神上的支持。

有了必胜的信念，还有什么困难能阻挡其前进的脚步呢？于是他和路博德两人分东西两路同时攻城。并且向被困在城里的南越士兵发出了这样的通告：汉朝的大部队在后面，希望你们能坚持到他们的到来。

路博德的到来，本来就让南越士兵心有余悸，此时听说汉军还有大部队殿后，原本坚信吕嘉“城在人在，城破人亡”的信念破灭了。

信念就是人的灵魂，一旦信念没了，就是意志没了，也正是因为如此，随着路博德的到来，原本牢固得像一股绳的南越军，此时已变成了行尸走肉的“僵尸”了。结果可想而知，在杨、路两人集中火力的猛攻下，番禺毫无悬念地被攻下了。

而事实证明，吕嘉除了夜郎自大（以井底之蛙的眼光，认为汉朝拿他这个边陲之王没有办法）这个超级优点外，还有一个特长就是脚下功夫了得。就在城破的同时，吕嘉并没有组织手下士兵来个“誓死保卫战”，而是脚底抹油，三十六计走为上策，这一走就走到了海岛（现在的海南岛）。

吕嘉满以为他这万水千山的“遁隐”，从此可以在海岛这个世外桃源度过他的残余光阴。然而，他不会料到，海岛成了他的人生尽头。

杨仆进城后，目标很明确，直奔“贼王”吕嘉，然而，他“梦里寻他千百度”，那人却早已不见了踪影。后来，当听说吕嘉逃到海岛后，立功心切的他决定来个“千里大追踪”。然而，路博德却制止了他前进的脚步。杨仆问为什么，路博德说穷寇莫追，自然会有人将吕嘉的人头送上门来。

杨仆开始时半信半疑，但他很快就对路博德佩服起来。路博德果然神机妙算，海岛大王马上就献上了吕嘉和伪越王赵建德的人头。

至此，吕嘉的“反叛”画上了一个圆满的句号。汉武帝接到喜报后，把南越划为九个郡：南海（今广州）、合浦（今广西北海）、苍梧（今广西梧州）、郁林（今广西贵港）、交趾（今越南北部）、九真（今越南中部）、日南（今越南广冶）、儋耳（今海南西部）、珠崖（今海南东部）。

等确定好各郡县人手后，路博德和杨仆方才雄赳赳气昂昂地班师回朝。结果可想而知，汉武帝对已是符离侯的路博德进行了“厚禄”的奖赏；另一位功臣杨仆则是“高官”的奖赏，被封为将梁侯。而识时务投降的将领苍梧王赵光被封为随桃侯，揭扬县令史定为安道侯，桂林部临居翁为湘成侯。

汉武帝高兴之余，不但赦免了韩千秋的罪过，反而认为他“明知道不可为，而为之”的精神所感动，立他的儿子韩延年为成安侯。而嫪太后弟弟嫪乐的儿子嫪广德因为是“忠良之后”，被封为龙元侯。一句话：皆大欢喜。

第四章　打通西南

连锁反应

平定了南边的南越，汉武帝并不满足，接下来把目标瞄向了西部的巴蜀之地。四川，古称巴、蜀，秦汉时，为巴郡和蜀郡。为了行文的需要，这里有必要把巴蜀的来龙去脉简单地叙述一下。

一、巴的由来。

“巴”原本是一个古老民族的名称，其活动范围包括今重庆、川北、陕南、鄂西乃至洞庭湖一带的广大地区，而鄂西是其中心。在此地域内的民族各有分支且不断迁徙，巴族是其主体，其活动的地区也被称为巴。于是，“巴”就由民族名演变成为地域名，如“司神于巴”“巴蛇食象”。殷周之际，巴人参与了伐纣战争，后被封为巴子国。“巴师勇锐，歌舞以凌殷人”“武王即克殷，封其宗姬于巴，爵之以子”。周恒王十七年（公元前

703 年），“巴子使韩服告于楚，请于邓为好，楚子使道朔将巴客以聘于邓，（邓）杀道朔及巴行人……邓师大败”。这是巴作为一个诸侯王的军事、外交活动初见于文献记载。春秋时期，巴国的活动范围主要在汉水流域。春秋末年，巴、楚两国兵戎相见，在“楚主夏盟，秦擅西土”的情况下，巴国的统治中心逐步向南转移，先至鄂西南的清江流域，然后沿清江西上进入川东。到战国初年，其统治中心已在川东，而且不断迁徙，“巴子时虽都江州（今重庆），或治垫江（今合川），或治平都（今丰都），后治阆中（今阆中）。其先王陵墓多在枳（今涪陵）”。直至公元前 316 年秦并巴蜀，俘虏巴王，巴国宣告灭亡。先秦时期的“巴”，具有多重含义，主要是用作国名。

周慎王五年（公元前 316 年），即开明氏的晚期，秦国按照“得蜀则得楚，楚亡而天下并矣”的战略，先灭蜀，接着灭巴。在巴蜀旧地建立了巴郡和蜀郡。在巴国原地设置的巴郡，治江州，“其地东至鱼复（今奉节），西至僰道（今宜宾），北接汉中，南及黔、涪”。辖境大致包括今重庆嘉陵江、涪江、南溪县以东至奉节县，大巴山以南，贵州东北部地区。巴郡之设，汉、晋因之。之后，刘宋设置巴渠郡（今达县），齐置巴州（今奉节），梁又设置了东巴州（今南江）、宁巴郡（今东林）、巴中郡（今开江）、开巴郡（今普光）。北周设置了巴县（今重庆）、三巴郡（今宣汉普光），唐代设置了巴川郡（今合川）。所有这些行政区划的设置，充分表明了“巴”作为一个地名在古巴国范围内使用之广。正由于“巴”作为地名的普遍使用，当唐代不再设巴郡之后，人们仍习惯于将川东地区称巴。“巴”就从行政区划之称，逐渐转化为普遍使用的对特定区域的代称。

二、蜀的由来。

“蜀”首先是地域名，专指四川西部。在这片地域中，其主体民族是蜀族，这个地域被殷人称之为蜀，是源于蜀族。蜀族早期活动地域在岷江上游的山谷之中，逐渐发展到成都平原与陕南，长期以成都平原为根据地。在今天川西至陕南的广大地区的古老民族，则都被称为蜀人或蜀族。川西的蜀族很早就建立了古老的国家，有了蜀王。关于蜀国的历史轮廓，

《蜀王本纪》里是这样记载的："蜀之先，称王者有蚕丛、柏濩、鱼凫、开明。是时人萌椎髻左衽，不晓文字，从开明以上至蚕丛，未有礼乐，凡四千岁。"距今2500年以前，开明氏在开明九世时从樊乡（今彭州）迁往成都（今成都）。先秦时期，蜀的含义十分地广泛，成了地域名、族名、国名的代称。

蜀郡的建制从秦代一直延续到唐代。秦时，蜀郡的疆域"东接于巴，南接于越，北与秦分，西奄峨嶓"，管辖有今四川西部江安长江上游以北，涪江上游地区及陕西西南部。汉初，在巴、蜀增设广汉郡（今金堂），武帝时，在西南夷设置犍为、沈黎、汶山、牂牁、越嶲五郡，属益州部。

夜郎自大

前面已经说了，南越一直是个刺头，用一句话来形容它和大汉的关系就是，分久必合，合久必分。南越一会儿宣布"回归"汉朝的怀抱，一会儿又宣布独立，总之和汉朝的关系是若即若离。也正是因为这样，汉武帝没少花费精力来处理南越的事情。也正是因为这样，建元六年（公元前135年）汉武帝令番阳县令唐蒙出使南越，希望南越归附汉朝。

但也就是唐蒙这次出行，又惹出些许是非来。

尽管南越极不安分，但面对汉使唐蒙的到来还是以真诚友好的态度表示了热烈的欢迎。当然南越王只停留在扯家长上，绝口不谈国事，而且还在吃的方面下功夫，希望通过美食来堵住唐蒙的嘴巴。事实证明，在美酒佳肴的刺激下，唐蒙的话语却更多起来，他还吃到了一种从没吃过的水果。这种水果闻起来香，吃起来也香，吃下去更香，总之，入口生津，沁人心脾。

《西游记》里的人参果，千年开一次花，千年结一次果，千年才成熟一次，从而有吃了"长生不老"一说。而此时唐蒙吃到了这种特殊水果后，像是吃到了人参果一样，惊问道：这是什么？

招待的官员回答道：枸酱。

唐蒙叹道：此物只应天上有，人间无啊。

官员回道：此物天上地下都没有，只有夜郎有。

回到长安后，唐蒙交给汉武帝不是什么报告之类的文件，而是一个古色古香的小木匣。汉武帝不明所以，只是怔怔看着唐蒙，显然是在期待他的下文。

“南越是个刺头，非人力可以说服，要平定南越，非武力不可。”唐蒙淡淡地道。

“搞不定南越，你带这个稀奇古怪的玩意儿回来干什么?”汉武帝怒道。

面对汉武帝的“发飙”，唐蒙没有慌张，只见他不慌不忙地打开小木匣，然后，很小心翼翼地拿出一串枸酱，喃喃地道：“臣这一次虽然无功而返，却有意外的发现。枸酱是稀世之果，产于夜郎，却能流通到南越，说明夜郎和南越是相通的。我们可以沿着夜郎的枸酱运往南越的路线，出奇兵智取南越啊。”

然后，他说出了早已策划好的“预谋”：要想武力解决南越，必须经过长沙成豫章（今江西南昌）。这里的条条大路虽然通水路，但条条水路却是十八弯，浅滩暗礁多如牛毛，在这里行船如履薄冰，稍有不慎就会弄得船毁人亡。如果绕道西南地区的夜郎国，一来可以借夜郎国的十万精兵共同抗敌，二来可以从牂牁江顺流而下，直捣南越的寻峡，然后经石门直抵南越的城都番禺。如此一来，搞定南越将是易如反掌。

汉武帝被唐蒙精辟的分析折服了，马上就批了一个大大的“诺”字。于是乎，唐蒙以“中郎将”的身份，带着几千人马，带足了干粮，从汉朝的西南边境——巴郡的笮关（今四川省合江县南）浩浩荡荡地出发了，开始了体验“原始森林”之旅。

这样的冒险之行虽然刺激，但是个中的艰辛却是常人难以想象的。唐蒙经过了大大小小不下八十一道磨难后，终于到达了夜郎。

夜郎王竹多同坐拥一方，哪里知道天外有天，人外有人，因此，一开始听说东土大汉唐蒙的到来，先是略感惊讶，随后就是不屑一顾：哪里来的野和尚，敢来我这里撒野。因此，和唐蒙见面的第一句话不是问好，而是问：唐长老，不知是夜郎大，还是汉朝大啊?

面对夜郎王这样的“夜郎自大”，唐蒙没有直接回答，而是以实际行动来告诉夜郎王答案。他马上就拿出此次来夜郎所带来的礼物：丝绸字画，金银珠宝。这些东西在夜郎王竹多同的眼里都是旷世之珍宝，闻所未闻，见所未见。他的脸马上就由阴转晴了，态度马上就由“不友好”转变成“友好”了。

收了唐蒙的礼，竹多同作为“回报”，主动问唐蒙“有什么需要帮助的”。唐蒙不再拐弯抹角，提出了让夜郎归附大汉的请求。竹多同表示可以考虑考虑。因为他还想征求各大酋长的意见，然而，他的犹豫是多余的，各大酋长见了唐蒙送上的奇珍异宝，个个都表示愿意对汉朝投怀送抱。

夜郎国就这样被唐蒙的金钱外交搞定了。唐蒙出使夜郎取得了圆满的成功，回到长安后，汉武帝心中欢喜，封夜郎国为郡，并把整个南夷都划在他们的管辖之内。

紧接着，唐蒙又开始了第二次西征夜郎之旅，这一次汉武帝除了派他去协管刚刚建郡的夜郎外，还有一个重要的任务就是——修路。

按照唐蒙的“计谋”，从牂牁江的水路直抵南越，打南越一个措手不及。但牂牁江也不是说过就能过的，还得修缮才能通行。于是，唐蒙这次到达夜郎后，马上征集数万夜郎军民参与到了牂牁江的修缮中去了。

这边的军民挥汗如雨，崇山峻岭中，因劳累和瘟疫而牺牲的人数不胜数。而那唐蒙却跷起二郎腿，嘴里吃着枸酱，非但不体恤军民，反而一再催他们快点，快点，再快点。

死，不管；伤，不管；快，才是他要的，唐蒙为了赶“工程”的进度，根本就不给他们一点点休息时间，如有人怠工就要挨鞭子，如有人逃跑，抓住一律砍头颅。

哪里有压迫，哪里就有反抗，被逼急了的夜郎人没有选择“自大”，而是选择了自卫，结果监军的酋长成了他们的泄愤对象。就这样，革命之火点燃后，各地的百姓纷纷响应，竹多同虽然极力镇压、百般安抚都无济于事，刚刚归汉的夜郎顿时处于一片水深火热中。

而事实证明，唐蒙除了“蒙人”有一套本事外，面对夜郎国的叛乱，他却是眉头深锁，慌了手脚。他能想到的唯一办法就是派人快马加鞭地去长安向汉武帝求救。

汉武帝接到报告大为震惊，本着大局着想，他没有选择派千军万马去镇压的强硬政策，而是决定以柔克刚，这次，他只派了一个人前往夜郎。

搞定夜郎，一人足矣。

汉武帝是这么认为的，也是这么做的。事实证明，汉武帝就是汉武帝，他派出的这个人胜似千军万马，仅凭一人之力就搞定了夜郎。

那么这个人究竟是何方神圣？他就是风流倜傥、玉树临风的巴蜀才子司马相如。

风流才子司马相如

遐迩一体，中外禔福，不亦康乎？

——班固

“子虚乌有”“文君新寡”这是我们常用常听的成语，前者意指实际上不存在的虚构人物和事物，后者则用于指年纪轻轻就守活寡的青年女性，这两个意思风马牛不相及的成语典故的起源其实都来自同一个人身上——汉朝的辞赋名家司马相如。

司马相如蜀郡（今四川成都）人，原名司马长卿，因为仰慕战国时代的名相蔺相如遂改成这“山寨版”的名字。他少年时喜欢读书练剑，也正是因为这样，二十多岁就做了汉景帝的警卫（武骑常侍），虽然这和小时候练剑的“专业”对上了口，但一肚子经纶却得不到施展。

“千里马常有，而伯乐不常有”，为了寻到心中的“伯乐”，司马相如孤注一掷，做出了常人无法想象的惊人之举，主动炒了汉景帝的鱿鱼，投靠了梁王刘武。用现代的话来说，这等于放弃了铁饭碗，选择了“下海”。

然而，海水深不深，只有下了水的人才知道。司马相如在“海水”中虽然没有找到“伯乐”，却找到了“知音”，和当地的俊杰之士邹阳、枚乘、庄忌组成了“四人帮”。从此，四人吟辞作赋，谈笑风生，个中乐趣不言而喻。

然而，对于心怀大志的司马相如来说，谈笑的背后是酸楚，对饮的背后是苦涩，他分明在感叹光阴虚度和人情如纸。为此，他的“百感交集”，“子虚赋”便新鲜出炉了。

然而，正是这篇《子虚赋》却改变了司马相如的一生。

都说机会留给有准备的人，煎熬过后，司马相如时来运转，他的伯乐终于出现了，他便是刚刚上任的汉武帝。汉武帝刚上任，实权被王皇后霸占，他只能靠打猎和游山玩水打发时间，也就是这期间，他无意中看到了司马相如的《子虚赋》，大为赞赏，称是“惊世之作”，他惊喜之余马上召司马相如进京。

当汉武帝询问司马相如这篇《子虚赋》是怎样写成时，司马相如说《子虚赋》写的只是诸侯打猎的事，算不了什么，请允许他再作一篇天子打猎的诗赋。

于是《上林赋》就新鲜出炉了，这篇《上林赋》不仅内容可以和《子虚赋》相衔接，文字辞藻也更华美壮丽。正处于人生低谷的汉武帝对司马相如这样的诗赋很有感触，连一句多余的废话也不多说了，立刻封他为侍从郎。

事实上司马相如虽然有点大器晚成，但这并不影响他当“新郎官”。前面已经说了，司马相如在汉景帝时仕途受挫后，曾回到蜀地。然而，正所谓，祸兮福所倚，司马相如事业上受挫了，但爱情却丰收了。在县令王吉的帮助下，寒酸的流浪汉司马相如，仅凭一张旧琴，便把川蜀一枝花卓文君迷倒，在经过了“午夜私奔后”，将生米煮成熟饭，一代富豪卓王孙不得不痛心疾首地认了这个“穷女婿”。

然而，从表面上来看，绝世美女卓文君下嫁给落魄才子司马相如虽然有点“屈就”，但却是典型的“才子配佳人”。如果说《子虚赋》和《上林赋》还不足以展示司马相如的才能，下面我们就先来看看他这一次到夜郎“出差”的表现吧。

筚路蓝缕

话说汉武帝派司马相如去解决夜郎的内乱，自然是对这位才华横溢的才子寄予厚望。事实上，司马相如就是司马相如，他到了夜郎后和唐蒙的做法大相径庭，唐蒙主张的是“枪杆子里出政权”，而司马相如却是“一支秃笔行天下”，他大手一挥，洋洋洒洒地写了一封妙笔生花的檄文，全文如下：

“告巴蜀太守：蛮夷自擅，不讨之日久矣，时侵犯边境，劳士大夫。陛下即位，存抚天下，辑安中国，然后兴师出兵，北征匈奴，单于怖骇，交臂受事，屈膝请和。康居西域，重译请朝，稽首来享。移师东指，闽越相诛；右吊番禺，太子入朝。南夷之君，西僰之长，常效贡职，不敢怠慢，延颈举踵，喁喁然皆乡风慕义，欲为臣妾，道里辽远，山川阻深，不能自致。夫不顺者已诛，而为善者未赏，故遣中郎将往宾之，发巴蜀士民各五百人，以奉币帛，卫使者不然，靡有兵革之事，战斗之患。今闻其乃发军兴制，警惧子弟，忧患长老，郡又擅为转粟运输，皆非陛下之意也。当行者或亡逃自贼杀，亦非人臣之节也。

“夫边郡之士，闻烽举燧燔，皆摄弓而驰，荷兵而走，流汗相属，唯恐居后，触白刃，冒流矢，义不反顾，计不旋踵，人怀怒心，如报私仇。彼岂乐死恶生，非编列之民，而与巴蜀异主哉？计深虑远，急国家之难，而乐尽人臣之道也。故有剖符之封，析珪之爵，位为通侯，居列东第。终则遗显号于后世，传土地于子孙，行事甚忠敬，居位甚安佚，名声施于无穷，功烈著而不灭。是以贤人君子，肝脑涂中原，膏液润野草而不辞也。今奉币役至南夷，即自贼杀，或亡逃抵诛，身死无名，谥为至愚，耻及父母，为天下笑。人之度量相越，岂不远哉！ 然此非独行者之罪也，父兄之教不先，子弟之率不谨也，寡廉鲜耻，而俗不长厚也。其被刑戮，不亦宜乎！

“陛下患使者有司之若彼，悼不肖愚民之如此，故遣信使晓谕百姓以发卒之事，因数之以不忠死亡之罪，让三老孝悌以不教之过。方今田时，重烦百姓，已亲见近县，恐远所溪谷山泽之民不遍闻，檄到，亟下县道，使咸知陛下之意，唯毋忽也。”

司马相如这篇名为《喻巴蜀檄》的檄文大致分为三点：

首先宣扬汉武帝的威德。称他即位后北伐匈奴、西征康居、东讨闽越，都取得了重大胜利。西南夷君长仰慕倾心，都表示要归附朝廷，只因路途遥远，山川阻隔，为了奖赏这些君主，才派中郎将对这些地区进行礼节性的访问。皇帝这样做是为了达到“存抚天下，辑安中国”的宏伟目标。

其次解释在巴、蜀二郡征兵只是为了保护财物和使者的安全，不存在进行战争的忧患。责备唐蒙擅自启用“军兴法”，“警惧子弟，忧患长老”，郡中官吏又征调大量军民为他转粟运输，这些都是他个人的过失。但民众也要“急国家之难”，被征调的人，以逃亡自杀来抗拒，“亦非人臣之节也”。

最后以当时的忠义、荣辱观来开导民众。先树正面典型，说过去边境上有人一听说烽火燃起，就扛起武器，迅速跑来参加战斗。其中一些人立了大功，因而做了大官，过上了美好生活，封妻荫子，流芳百世。巴蜀之民与边境之民都同属一个国家，同敬一个皇上，现在才干点实事，就自杀或者逃跑，这太愚蠢了，不忠不义，连累父母也受耻辱。强调父母和基层小吏都要对年轻人进行教育，还要率先垂范，缺少好的品德和荣辱观，就会受到处罚，甚至被杀头。

这篇文章虽然不长，但语言畅通，层次分明，密致有力，具有很强的说服力。也正是因为这些特点，檄文在夜郎一经发行，便如同给夜郎人下了一剂灵丹妙药，结果是，夜郎人的武力行为得到了缓解，谣言得到了控制，取而代之的是“理解”和“原谅”之声。总之一句话，檄文得到的效果立竿见影。

小试牛刀取得不错的效果后，司马相如由“动手”马上改为“动口”了，他用他的“笨嘴笨舌”（司马相如有口吃的毛病）和巴蜀的上层人物及几个县的县令进行了“友好的”访谈，做说服工作，在他的“恩威并施”下，结果夜郎的高层领导官员被成功搞定，动口取得的效果同样立竿见影。

就这样，司马相如“动手”和“动口”双管齐下，成功搞定了夜郎。当真是高手一出手，就知有没有。随即，司马相如马上就夜郎的局势向汉武帝打了个小报告，提出了具有建设性的意见：“邛、筰、冉駹这些夷族靠近蜀郡，如再行开通，设置郡县，胜过南夷。”

汉武帝见司马相如不费一刀一枪就平定了夜郎内部的动乱，对司马相如早已刮目相看了，因此，对他的“金玉良言”，几乎是想都没有想就同意了。

元光六年（公元前 129 年），汉武帝拜司马相如为中郎将，作为建节往使去和南夷各国“建交”。其实，明眼人一看就知道，去搞定野蛮粗鲁的“南夷”并不是一件美差，而是一次苦旅。但司马相如既然能轻轻松松搞定夜郎，对付南夷也难不倒他。他审时度势，这次采取了三步走政策：

一、说服。这一次司马相如费尽口舌，采用“攻心”政策对付南夷人。鉴于众所周知的原因，一代才子司马相如的“口”不如“笔”，因此他的副手壶充国有幸成了“演讲大师”，他声情并茂地对司马相如写的演讲稿一番照本宣科后，效果同样是感天动地，也感动了南夷人。据说这位壶充国老兄此次亮相，得到了汉武帝的刮目相看，后来被封为大鸿胪卿（即相当于今天的外交部长），真可谓一“说”成名。

二、赠礼。这一点不难理解。有钱能使鬼推磨，古往今来，用金钱开路，基本“通杀”。

三、武力。司马相如在安排壶充国进行“说服”工作，以及用“糖衣炮弹”对付南夷的同时，还派副使王然带领汉军进行军事演习，大有“扬我国威”之意。

就这样，“三管齐下”后的结果也毫无悬念：“搞定南夷。”

搞定南夷看似轻轻松松、简简单单，似乎只在弹指一挥间，但实际上却困难重重。司马相如是以高瞻远瞩的眼光，坚忍不拔的意志，顶着压力，克服困难，冲破阻力来完成这一艰巨任务的。当然，他之所以能成功，除了自身实力外，还离不开一个人的帮助。

这个人便是他的“岳丈”卓王孙。

衣锦还乡

前面已经说过，司马相如的“岳丈”卓王孙起初并不同意他的宝贝女儿嫁给司马相如，原因有二：

一是他女儿卓文君长得太好看了。这里且引用古文赞美卓文君的原话来说：“眉色远望如山，脸际常若芙蓉，皮肤柔滑如脂。”长得美倒也罢，更重要的是才华横溢，她纤纤柔指却能弹出旷世之曲。这样集才华美貌于一身的奇女子自然是“蜀道一枝花”了。

二是他卓家在川蜀一代是有名的“富豪”。用史书的话来说就是“临邛自古称繁庶”，其大致意思就是赞美秦汉时期的古临邛。而造就临邛繁庶的杰出人物，主要是卓、程二贾，尤其是卓氏货殖世家。临邛卓家，本是赵国人，以冶铁致富。卓氏移家临邛，应在嬴政称“始皇帝”之后。秦始皇统一中国后，为了巩固政权，消除六国旧民的反抗，强力推行“徙民”和“迁富豪”的政策，把六国的“不良分子”下放到各个边区去“劳改”。而富豪之家，则强迫迁移到秦国旧地，一则便于监视，再则利用他们的资本发展经济。卓家就是这样被流放到巴蜀。老谋深算而又具有冶铁生产经营经验的老卓，听说“汶山之下，沃野。下有蹲鸱，致死不饥。民工于市，易贾”。于是要求远迁致临邛。到了临邛，果然大喜。这里除了沃野，还有铁山、铜山、盐井。于是“运筹策，倾滇蜀之民”，开矿冶炼，生产经营。其盐和铁制军械、农具等产品，畅销西南夷和中原各地。如果不是铁器容易锈蚀的话，今天从川滇到燕、赵、吴、越的土地中，都可以掘出卓家所制的锄头和镰刀来。

卓家不仅冶铁煮盐，而且还与邓通合作铸钱。汉文帝不愧为中国历史上有作为的皇帝之一，他和他的儿子汉景帝一起实现了汉初的“文景之治”。但是汉文帝沉溺于男色，宠幸邓通，恩赐邓通严道铜山，并允许他自由铸钱。而邓通远在京城服侍皇帝，又不懂冶铸业务，于是以铜山为资本，借卓王孙的技术，合伙求财。其实“邓氏钱遍天下”，一大半是卓王孙制造发行的。与邓通合作铸钱，卓家的盛运，更是发展到了一个巅峰。卓家经过三世经营，传到卓王孙这一代，已是“富致僮千人，田池射猎之乐，拟于人君”。其奢华程度可以同皇帝相比，真正是“富可敌国”。

总之一句话，如果在汉初搞个“福布斯排行榜”的话，那么卓家当之无愧地排在“榜首”的位置。而司马相如是出名的“穷酸秀才”，衣不遮体食不果腹，当真是一个在天上，一个在地下，门不当户不对，完完全全是两个相差悬殊的档次。

也正是因为这样，当年司马相如用琴以一曲《凤求凰》挑得卓王孙的女儿卓文君来了个“午夜私奔”后，卓王孙又急又气又怒，为了卓家的声誉，卓王孙对外通告：不认这个女儿了。

不但不认司马相如这个穷酸女婿，而且连女儿也权当“白养”了，由此可见卓王孙的愤怒。然而，生米早已煮成了熟饭，当看着女儿带着司马相如落拓地回来，且在家乡开了一个“新龙门客栈”时，在万般无奈下（卓王孙身为川蜀一代的富豪，怎么能眼睁睁地看着女儿女婿做开小酒店的小本生意呢），在“面子”和“亲情”的双重压力下，最终卓王孙原谅了女儿，认了司马相如这个不成器的女婿。然而，卓王孙很快就发现，他这一次看错人了。

龙岂池中物，暂时的落拓并不代表永远落拓，司马相如仅靠一篇《子虚赋》便赢得了雄才大略的汉武帝的“芳心”，随即，落拓书生一跃进龙门，被汉武帝调入京城在他身边担任了秘书（汉称郎官）一职，真可谓时来运转。

而真正让司马相如名留史册，是因为他在“蜀身毒道”作出了极其重要的贡献。

因为唐蒙的“不中用”，汉武帝派出了司马相如下山。原因有二，除了司马相如是公认的才子，还有一个原因就是司马相如是成都人。按照“以夷制夷”的说法，他便是“以蜀制蜀”，出山名正言顺，当真值得期待。果然，司马相如仅凭一纸檄文就搞定了夜郎国的“动乱”。随后司马相如向汉武帝提出了“邛榨冉马恁者，近蜀，道亦易通。秦时尚通为郡县，至汉兴而罢。今诚复通，为置郡县，愈于南夷”。这一建议，不战而屈人之兵，汉武帝自然欢喜。于是汉武帝便封司马相如为中郎将，建节往使西夷。所谓“建节”，就是担任天子的特使，即后世所谓的“钦差大臣”。驷马赤车，威风非凡。自秦开郡以来，成都还是第一次有这样一位显要莅临。所以蜀人对司马相如的衣锦还乡，表示热烈欢迎，达到万人空巷的程度。司马相如到了临邛，更被奉为上宾，真是无上荣耀。

就连他的富豪老丈人卓王孙，顾盼得意之余，也不免愧悔，喟然而叹：“唉！我应该早点把文君嫁给他。”

佛争一炷香，人争一口气。这话绝对没错。卓王孙发完这句惊世感叹后，接着就对“金龟婿”进行无私的帮助。

司马相如此行的使命是以安抚为原则，办的是“送礼外交”。但是他的官队和礼物要畅达各夷部，体现天子的威严和恩泽以及特使的威风，必须有畅通的道路承载他的大队人马。于是在司马相如的主持和蜀郡地方以及他老丈人卓家的大力支持下，进行了西夷“官道”的开拓。他们千辛万苦，“关沫若，徼柈柯，镂零山，梁孙原”，逢山开路，遇水搭桥，把天威和恩泽带到西夷各部。在西夷这片土地上，“创道德之鋆，垂仁义之统”。促成南夷内附，实现民族融合。于是，临邛以西，北起汶山，南迄云南，这一片约三万五千平方公里的土地，从此归入汉家版图。

司马相如的这一历史功绩，并不亚于他在辞赋文化方面的贡献，同样永载史册。之后，随着历代官方和民间的不断开拓、延伸，终于形成了“蜀身毒道”，也就是延续至今的南方丝绸之路。

从一而终

纤云弄巧，飞星传恨，银汉迢迢暗度。金风玉露一相逢，便胜却人间无数。

柔情似水，佳期如梦，忍顾鹊桥归路，两情若是久长时，又岂在朝朝暮暮。

——秦观《鹊桥仙》

司马相如搞定南夷后，终于站在了人生的顶峰，很多人都对这个才气过人的才子大呼“仕途不可限量”。司马相如也有飘飘然的感觉，这次来川蜀前就已经是“中郎将”了。立此大功，他的仕途再度青云直上，看似已毫无悬念，是板上钉钉的事了。

然而，世事无常，这话一点都不假。事实上，司马相如凯旋，汉武帝也不怠慢，亲自站在城门口来迎接，对司马相如的待遇不可谓不高，只是司马相如脸上的笑容马上就僵住了，还没明白是怎么回事，手上已多了副手铐，紧接着汉武帝极其友好地请他进了一个特别的地方——牢狱。

汉武帝给出的原因是：受贿。功成名就遭人妒忌也是正常的。有人告司马相如在搞定南夷期间收受他人钱财，而且数额巨大。汉武帝最痛恨的就是“腐败”，最注重的就是“反腐”，于是，司马相如一入京便被“双规”纯属正常。

司马相如入狱，却急坏了一个人，这个人就是西汉的美女加才女卓文君。然而，卓文君脸上的泪水很快就被笑容代替了。原因是司马相如出来了。“保释”司马相如出来的是他的岳父卓王孙，有钱能使鬼推磨，这话一点不假。

然而，司马相如出是出来了，但头上却少了一样东西——乌纱帽。汉武帝本着死罪可免，活罪难逃的原则，给“腐败分子”司马相如开出的处罚令是——革除官职，提着行囊，回家建设新农村去。

伴君如伴虎，面对仕途的起起落落，人生的变幻无常，官场的尔虞我诈，朴衣素装的妻子卓文君，司马相如长吁短叹，心中似有千千结，昨日的风光还历历在目，今日却已成“明日黄花”。

而与司马相如的落寞成鲜明对比的是，妻子卓文君却欢欣鼓舞，一路上蹦蹦跳跳，仿佛又回到了不谙世事的孩提时代。

当然，卓文君之所以在相公司马相如发“辛辛苦苦几十年，一夜回到解放前”这般凄凉无助的苍凉之声后，她却一副“采菊东篱下，悠然见南山”的样子，除了看淡功名利禄的豁达外，还是有其他原因。

卓文君不会忘了，在她十七岁那年，她经历了人生的冰火两重天，她原本是被许配给了“皇孙”，一个公子哥。却不料这个公子哥英雄难过美人关，婚礼还没有举行，人却到阎王那里报到去了。于是如花似玉，花一样年华的卓文君有一个新的代名词——寡妇。从此，漫漫长夜，青灯相伴，寂寞谁人知?

难道自己就这样孤零零地过一辈子，来换得一个冰冷冷的贞节牌坊?

一切的一切似乎在印证这么一句话：红颜命苦。直到有一天，一曲婉转悠扬的琴声，如丝如麻般传入她的耳畔，直透她干枯已久的心田，一阵阵涟漪荡得她心中的小鹿活蹦乱跳。司马相如就凭着一曲《凤求凰》走进她的世界：

凤兮凤兮归故乡，遨游四海求其凰。
时未遇兮无所将，何悟今兮升斯堂!
有艳淑女在闺房，室迩人遐毒我肠。
何缘交颈为鸳鸯，胡颉颃兮共翱翔!
凰兮凰兮从我栖，得托孳尾永为妃。
交情通意心和谐，中夜相从知者谁?
双翼俱起翻高飞，无感我思使余悲。

都说心动不如行动，她放下了富家女的身份决定与他私奔，在一个朦胧的月夜，他们夜奔（有人说这是历史上最美丽的私奔）来到了成都。夫君的家到了，果然是典型的知识分子家庭：家徒四壁。（这个倒与中科院的宅男们差不多）爱情是精神的，婚姻是物质的。他们不能总是沉浸在琴声的欢愉中，毕竟还是要正儿八经地过日子。只是这样的日子实在艰辛，她是个聪明的女人，她要改变目前的生活窘境，她想到了一个她可以利用的资源，她的父亲大人，她要拿到她应该得到的。

于是他们又重新回到了临邛，他们并没有直接找卓王孙要钱，只是开了一家小小的酒店，才子当起了酒保，才女当起了卖酒妹。卓王孙一向爱面子，他的女儿当然知道，终于，他打消女儿私奔的怒气，向他们举双手投降，那毕竟是他疼爱的女儿。于是父亲分给文君仆从百人，钱百万，及其嫁时衣被财物。卓文君与司马相如高兴地回到成都，买良田，置豪宅，过起了富人的生活。

汉武帝即位，男人终是不能在家吃软饭的，司马相如拿着《上林赋》献给新帝王，一朝天子一朝臣。新皇帝对他的赋赞赏有加，拜郎官。文君一生的豪赌似乎以大获全胜告终。

高官得做，骏马得骑。人可以改变环境，环境也可以改变人。只可惜男人有钱就变坏了，更何况还是一个多情的才子。春风得意的司马相如，集万千宠爱于一身，灯红酒绿中早就忘记了当年的糟糠之妻，于是，他考虑良久，做出了一个大胆的决定——离婚。

当然，离婚是现代用语，古人不叫离婚，他们管这叫休妻。和我们现代的夫妻离婚一样，离婚都得有理由。比如说性格不合，第三者插足（婚外情）。司马相如萌生休了卓文君这个“糟糠之妻”的想法后，便写了一纸休书，当然，聪明的司马相如没有直接说要休了她。而是变通了一下休书的内容，我们先来看一下休书的内容就知道了。信里居然没有一个字，只有十三个数字：“一二三四五六七八九十百千万。”

这是典型的打哑谜，但司马相如相信聪明的卓文君会明白他的意思的。

而我们的卓文君小姐，自从司马相如走后，那是天天等夫君来接她，夜夜盼夫君来接她，五年的光景一晃而过，她等到花儿都谢了，还是不见夫君的身影。然而，值得庆幸的是，她没有等来夫君，却等来了他的信，接到信的她同样是激动无比，只是，当她打开信时，满心的欢喜立马就被一种叫忧伤和绝望的东西代替了。

卓文君是何等聪明的女人，自然知道夫君哑谜的意思，这句话里每个数字都有，唯独没有亿，无亿便是无义，意思已不言而喻。

伤心也罢，痛苦也好。卓文君就是卓文君，她很快从伤痛中走出来，她决定用尽全力来挽救这段濒临破碎的婚姻。她同样回了一封信，信的内容却很独特，只是将司马相如这十三个数字正写了一遍，又反写了一遍，作了一首数字诗：

“一别之后，两地相思，说的是三四月，却谁知是五六年。七弦琴无心弹，八行书无可传，九连环从中折断。十里长亭望眼欲穿。百般怨，千般念，万般无奈把郎怨。万语千言道不尽，百无聊赖十凭栏。重九登高看孤雁，八月中秋月圆人不圆。七月半烧香秉烛问苍天，六月伏天人人摇扇我心寒，五月榴花如火偏遇阵阵冷雨浇花端，四月枇杷黄，我欲对镜心意乱，三月桃花随流水，二月风筝线儿断。噫！ 郎呀郎，巴不得下一世你为女来我为男。”

卓文君眼看口口声声说爱他一生一世的夫君“变心”后，她并没有用最俗的那些“忘记你我做不到”之类的话来挽留司马相如的心。而是以“暗讽”的方式来刺激司马相如的良心。

果然，司马相如看到卓文君的回信后，用四个字可以形容：羞愧难当。回想起自己穷困潦倒时卓文君的种种好，他的良知终于复苏过来，于是来了个浪子回头，决定不再休妻。

当然，司马相如不“休妻”，但这并不代表他就不再“续妻”，于是，“喜新不厌旧”的司马相如回了这样一封信，信的内容不再打哑谜，而是实话实说了，他以商量的口吻对卓文君说，念在夫妻一场的分儿上，婚可以不离了，但纳妾总可以吧……

这对眼里揉不进一粒沙子的卓文君来说，纳妾比休妻更难受，于是，她真的愤怒了，为何自己的丈夫，总是三番两次地要“花心”呢？她想过一哭二闹三上吊，但是那样的结果很有可能覆水难收，万劫不复。她决定以其人之道还治其人之身，用司马相如最擅长的文字来作为最后的武器，进行反击。一首流传千古的《白头吟》就这样顺应形势新鲜出炉了：

皑如山上雪，皎若云间月。
闻君有两意，故来相决绝。
今日斗酒会，明旦沟水头。
躞蹀御沟上，沟水东西流。
凄凄复凄凄，嫁娶不须啼。
愿得一心人，白头不相离。
竹竿何袅袅，鱼尾何簁簁。
男儿重意气，何用钱刀为！

卓文君怕《白头吟》这一剂猛药的威力不够，还附加了一曲凄伤的《诀别书》：“春华竞芳，五色凌素，琴尚在御，而新声代故！锦水有鸳，汉宫有水，彼物而新，嗟世之人兮，瞀于淫而不悟！朱弦断，明镜缺，朝露晞，芳时歇，白头吟，伤离别，努力加餐勿念妾，锦水汤汤，与君长诀！”

卓文君以四川烈女的刚强性格表示，自己只能“愿得一心人，白头不相离”的决绝，如果你司马相如还是要将“花心”进行到底，那么我跟你也就走到了尽头，大家以后桥归桥，路归路，各不相干……

司马相如看后，震惊之余，大为感动，想起往昔的恩爱，种种美好，种种甜蜜，种种幸福，纳妾的念头终于被拔节而出的道德和正义浇灭了，在说出“诵之嘉吟，而回予故步。当不令负丹青感白头也”后，立马高车驷马，亲自登门迎接卓文君入京了。

卓文君的放手一搏，终于让这个风流多情的男人回心转意了，后人有藏头诗《望江亭》以咏此事：“当垆卓女艳如花，不记琴心未有涯。负却今宵花底约，卿须怜我尚无家。”

此诗句首四字连起来为：“当不负卿。”写的喻义也很深，也耐人寻味。

俗话说一朝被蛇咬，十年怕井绳，官场的诱惑早让卓文君心有余悸，因此，当司马相如搞定南夷，功成名就回长安时，她并没有半点欢喜，对于她来说，司马相如越成功，她就越没有安全感，丈夫丈夫，一丈之内是丈夫，出了一丈就可能什么都不是。

因此，当汉武帝对“受贿”的夫君给出革职回家查看的处罚后，早就想远离灯红酒绿的城市生活，去过逍遥自在的田园生活的卓文君，怎一个喜字了得。在她看来，隐居林泉，青山为伴，绿水相随，坐看日出日落，笑看云卷云舒，双飞双宿，甜甜蜜蜜，缠缠绵绵，岂不优哉美哉快哉乐哉善哉。

一年后，卓文君的“田园”梦碎，汉武帝昭雪平冤，宣布司马相如的“受贿”罪名不成立，又把司马相如调回京都入职，武帝元狩六年（公元前 117 年），一代杰出的辞赋大家司马相如悄然殒世。临终前，除了对妻子卓文君的恋恋不舍外，唯一的遗书是写给汉武帝的《封禅书》。总之，为了报答汉武帝的“知遇”之恩，司马相如当真做到了兢兢业业，鞠躬尽瘁，死而后已。

第五章　东西南北征

不安分的朝鲜

汉武帝在北、南、西部都进行了赤裸裸的武力征讨，当真是剑锋所到之处，所向披靡。而汉武帝是一个极富野心的人，并不满足现在取得的成绩，他的眼里容不下一粒沙子，他的终极目标是：四海臣服，唯我独尊。

于是，在这个时候，东边的朝鲜因为“不安分”又成了汉武帝的眼中钉。这里先来简单地介绍一下朝鲜的由来。

一、祖先。据朝鲜史书《三国遗事》记载：传说在公元前2333年，天神桓雄和“熊女”（本意是熊变成的女子，可能是以熊为图腾的部落女子）所生的后代檀君王俭在现在的平壤建立王俭城，创立古朝鲜国——檀君朝鲜（意思就是“宁静晨曦之国”）。

二、发展史。西周灭商之后，商朝遗臣箕子到朝鲜半岛与当地土著建立了“箕氏侯国”。他把商代的礼仪和制度介绍到了朝鲜半岛北部，被那里的人民推举为国君，并得到周朝的承认而成为诸侯，史称“箕子朝鲜”。

箕子朝鲜在朝鲜半岛统治了近一千年。根据朝鲜《太原鲜于氏世谱》记载，朝鲜的鲜于氏源自箕子朝鲜的后人。而他们从箕子开始，一共经历了41代君主，直到公元前2世纪才被燕人卫满取代。

汉初，燕王卢绾叛汉后逃至匈奴，其部将燕国将军卫满率千余人进入朝鲜，并成为箕子朝鲜的宫相。公元前194年，他在王险（今朝鲜平壤一带）建立卫氏政权，推翻了箕子朝鲜的政权。这是朝鲜历史上第二个王朝，史称“卫氏朝鲜”。

汉惠帝（吕后专政）时期，辽东郡太守奉吕后之命，与卫满达成协约。主要内容有三：

一、尊位有别的关系。朝鲜是汉朝的“特别行政区”（附属国），卫满是汉朝的“行政区的特首”（外臣）。

二、权利和义务：卫满有管理塞外蛮夷的权利；有阻止其他种族部落的“骚动”和积极指引其他部落酋长到汉朝拜见的义务（换句话说就是不能限制和阻拦他们的上访和进献）。

三、工资和待遇。汉朝为了回报卫满的协助和支持，每年给予不菲的“恩赐”做报酬，逢年过节还会送上“特别的礼物”作为奖励。

总之，一句话：朝鲜是汉朝“倒贴”（付年薪）的附属国。

卫满以称臣的名义得到的实惠是看得见的：依靠强大的汉朝的支持，先后把邻国真番、临屯都小国都征服了，国土面积比以前也扩张了许多。

到汉武帝即位时，卫氏朝鲜已传到了第三世的卫右渠。这时的朝鲜国土面积虽然没有增加多少（三面环海，也增加不了什么了），但经济增长每年却飞速发展。

经济发展了，国家富强了，但卫右渠胆子也大了，野心也足了，因此想摆脱汉朝的束缚了。为此，聪明的卫右渠采取了四步走战略：

一是单方毁约。首先把协约撕个稀巴烂再说，什么白纸黑字，祖先们签的字也能算数吗？

二是拒不朝觐。每年按时按外臣之礼去长安朝觐，那已经是“黄鹤一去不复返”的事了，男儿膝下有黄金，只跪苍天和父母，要想我堂堂一方之王跪拜在你汉朝天子脚下，两个字：没门。

三是广招义士。经济强了，本钱足了，武力也得到加强了，卫右渠广招天下豪俊，为了加强军事力量，他们甚至为汉朝的一些亡命之徒提供了条件和待遇都不菲的收容所。

四是谢绝路过。朝鲜半岛的另一个叫辰国的小国想和汉朝交好，但去长安必须过朝鲜境内（可以走水路，但条件有限），于是，辰国国王不断点头哈腰地说：借光，借光，路过，路过。结果遭到了卫右渠的严词拒绝：不借，不借，绕道，绕道。绕到哪里去，还不是绕回本国？结果辰国国王只能“望汉兴叹”。

卫右渠实行“四步走”战略后，汉武帝很生气，他认为他的权威受到了严重的威胁和挑战，认为这是对汉朝的极大侮辱和蔑视。

赫特菲尔德曾说：“任何东西，只要它能用音乐影响人们的生活，我就会加入。音乐让我的生活就像孩子一样。它（吉他英雄）是宣传音乐的新媒体。”这句话用在汉武帝身上就是：“任何国家，只要它敢公然表示对我大汉不服，我就会打击。武力让我的生活就像吃鸦片一样。它（武力）是镇压一切反动势力的新武器。”

当然，动武前，汉武帝还是先礼后兵，先派人到朝鲜和卫右渠进行和平谈判。按照汉武帝的意思，谈得拢最好，谈不拢再打也不迟。

元封二年（公元前109年），那是一个炎热的夏天，涉何作为和谈大使，带着一颗火热的心到王险城和卫右渠进行双边紧急会晤。

谈判一开始，涉何的心就掉进了冰窟窿里，由火热变得冰冷。他原本以为挟汉朝令四海臣服之威，到王险城只是来一次免费旅游罢了，搞定卫右渠只不过是几分钟的事。然而，事实证明，这只是涉何一厢情愿的想法，对于谈判，卫右渠根本就不“欢迎”，你说东，他说西；你扯南，他扯北；你软，他硬；你硬，他更硬。总之，最后双方的谈判归结为四个字：不欢而散。

接连几天都是这样，涉何终于明白，这样谈下去，根本就没有任何结果可言。与其在这里浪费口水做无用功，不如回去向汉武帝报告。

涉何走的时候，卫右渠没有挽留，只是派了一个稗王相送。这个稗王送了一程又一程，大有把涉何亲自送到长安之势。当涉何说请回时，稗王是这样回答的：山野之地，不说流匪强盗，单是猛虎野兽就足以吃人不吐骨头的。不把你送出国去，我放心不下啊。

涉何是明白人，知道稗王名为相送，实为监督，他选择了沉默。“回去如何向汉武帝交代？”涉何心里在琢磨复命的事，两个字可以形容他的心情：郁闷。

“怎么遇到这样一个闷骚男啊？”稗王眼看涉何对自己的热情相送不理不睬，倒也显得很配合，不再多说一句多余的话，两人一路无语，大有将沉默进行到底之势。

沉默啊沉默，不在沉默中爆发就在沉默中灭亡。涉何终于还是选择了爆发，他爆发的地点选择在坝水，坝水是两国的交界地，涉何在“此”做出这样的选择应该说是没有办法的办法，过了河就什么机会都没有了。

“青山不改，绿水长流，送君千里，终有一别……”稗王眼看就要到了汉朝的边境了，卫右渠交代他的任务完成了，他长长地舒了一口气，教条似的吟了几句老掉牙的告别的话，然而，他正要准备华丽地转身打道回府时，突然一阵钻心的痛楚袭遍了全身，接着便是满天的血光笼罩开来……

涉何割下稗王的人头，这下可以去复命了：朝鲜不愿归附我汉朝，我已斩杀了他们的名将。

听到朝鲜不愿归附的消息，汉武帝满脸阴霾，随后听说涉何竟然在朝鲜境内如入无人之境，斩杀了朝鲜名将，脸色马上由阴转晴。随后连调查取证之类的过程都免了，直接对“功臣”涉何进行了嘉奖，直接迁升他为辽东都尉，负责那里的军事和防务。

汉武帝的意思已经很明显了，就是要让你涉何当边防总司令，让你去守边疆了。

然而，涉何不会知道，自从他离开长安去辽东上任的那一刻起，已是“风萧萧兮易水寒，壮士一去兮不复返”。

将忽悠进行到底

花开两朵，各表一枝。

稗王死了，卫右渠很生气。原因是在他的地盘居然被名不见经传的“外来客”杀了自己的人。于是乎，为了挽回面子，他决定报复。

冤有头，债有主。就在他苦于寻找不到涉何时，涉何却主动送上门来了。面对这个“近在咫尺”的新上任的辽东都尉，卫右渠很是给面子，人家刚上任不久，就派人火急火燎地去表示了“慰问”。

半夜时分，涉何睡眼惺忪，但还是接待了这一批不速之客。只是当脖子突然感觉到一种死亡般的冰凉时，涉何才知道半夜三更的客人是来者不善善者不来，这个时候草率地接待客人是要付出代价的——人头。

涉何死了，汉武帝很生气，他也决定报复。

欲加之罪，何患无辞，欲兴之兵，何患无由。涉何的死正好让汉武帝找到了出兵的理由，他不再走“偷偷摸摸，鸡鸣狗盗”的路线，决定用光明正大的“一本道”路线直接对朝鲜动武。

于是一支由犯人死囚为主组成的东征军马上就成立了。汉武帝的用意很明显：让这些人戴罪立功。

接着两名统军的将领也浮出了水面。一位是平定南越劳苦功高的楼船将军杨仆；另一位是后起之秀左将军荀彘。两人分海陆两路进军，目标直指朝鲜的政治文化经济军事中心——王险。

前面已经说过了，楼船将军杨仆在平定南越时，因为铤而走险走水路，从而出其不意地立下了大功。因此，这次对朝鲜，他自然负责走水路了。行家一出手，就知有没有。这话果然不错，杨仆率舟师七千人，直接穿越广阔的海上，以迅雷不及掩耳之势直抵王险城下，真如天兵下凡一般。

但卫右渠也不是吃素的，他敢和汉朝翻脸，自然有强大的实力作后盾。因此，面对这支从天而降的汉军，卫右渠并没有惊慌也没有畏惧。他早已在要塞之处做好了防御工作，眼看杨仆只有区区数千兵马，于是乘他们刚上陆，立足未稳之际，就发动了猛攻。

杨仆所带大军以前到哪里都是他们打别人，别人只有防守挨打的份儿，哪里料到卫右渠吃了豹子胆，敢先下手为强，结果猝不及防，兵败如山倒。幸亏附近的崇山峻岭成了他们天然的逃难之处，才没落得“全军覆灭”的凄惨下场。

与水军出师不利相比，另一队走陆路的汉军的情况也不容乐观。荀彘率大军才出了辽东，在渡坝水时就遇到了朝鲜人的顽强抵抗，接下来四个字可以形容他们的进程：寸步难行。

汉武帝原本以为水陆并进，拿下朝鲜只是“弹指一挥间”，哪里料到朝鲜也是块难啃的骨头，在水陆两军皆受挫的情况下，汉武帝决定再谈判，硬的不行，就来软的，所谓软硬兼施。

事实证明，卫右渠就是卫右渠，既然敢公开闹“独立”，自然不是等闲之辈，软硬皆吃，你来硬的，我奉陪，你想来软的，我还是奉陪。谈就谈，没什么大不了，在我的地盘，谁怕谁啊？卫右渠嘴里当汉朝的第二位和谈大使卫山抵达王险时，他马上换了另一副嘴脸：强颜欢笑，热烈欢迎，盛情招待。

客套过后，正式开谈。也许都是姓“卫”的缘故，会谈一开始，卫右渠就对卫山许下这样的承诺：我愿意归附汉朝。

卫山丈二和尚摸不着头脑，来时他还以为这个卫右渠如何难以搞定，路上还不时瞄儿眼随身所带的《演讲与口才》，现在看来，这些都成了无用功了，根本就用不着嘛。

“识时务者为俊杰，你有什么条件尽管说。”卫山想不到自己不费吹灰之力就把卫右渠搞定了，心里那个激动自然没法说了。

“我很想投靠汉朝，只是心里有点害怕。”卫右渠开始玩深沉了。

“怕什么，你我都姓卫，五百年前是一家，有我卫山在，谁也不敢动你一根毫毛。”卫山拍着胸脯说。

“我得罪了杨仆和荀彘，只怕他们不会轻易放过我。”卫右渠继续施压。

“战场无父子，更何况你这属于正当防卫。战场这点事不算什么，怕什么呢！”卫山接着安慰。

“话虽如此，但我只有看到汉武帝亲笔写的赦免手谕，我才敢归附。”卫右渠继续忽悠。

卫山把卫右渠忽悠的话当真了，于是请卫右渠和他一起去长安见汉武帝。但卫右渠自然不会自投虎口了。可是话又说到这个份儿上，难以圆场了。于是，他派太子和卫山一起去面见汉武帝。

太子乃是千金之躯，卫右渠又以“防身”为借口，派了一万人相随。卫山见太子相随的人这么多，就说太子一个人去就足够了。

但卫右渠是这样解释的：我派太子带一万人马去长安，这不正可以显示我的一片赤诚之心吗？

卫山无奈，只得应允。但卫山和朝鲜太子一行人马浩浩荡荡刚到坝水，还没进汉朝的境内就出问题了。

此时在边境上的荀彘虽因两国的谈判，暂时停止了进攻，但面对朝鲜太子“荷枪实弹”的一行人马的到来，他的要求很简单现实：解除武装，方可通过。

对于荀彘八个字的要求，朝鲜太子回了四个字：“不可理喻。”卫山眼看苗头不对，马上以“中介人”的身份和荀彘进行了沟通，希望荀彘不看僧面看佛面，多多照顾，多多谅解。但荀彘对卫山的态度也很坚决：原则如此，不能更改。

就这样，结果还是维持原话：解除武装，方可通过。

就在荀彘和卫山争论不休时，朝鲜太子却没有这么大的精力站在河边苦等，手一挥，调转马头，呼啦啦地走了，啥时候有了结果，再来告诉爷一声。

朝鲜太子走了，卫山急了，心想煮熟的鸭子飞了，没办法，只好向汉武帝汇报了。汉武帝听后大怒，心想，这样成事不足败事有余的人坚决不能留了，于是叫人推出去，把头砍了。

卫山死了，谈判宣告彻底破灭。既然谈判不成，那就接着开打了。开打前，汉武帝给荀彘下达了死命令，不平定朝鲜你就不要回来了。

话说到这个份儿上，已没有丝毫的回旋余地，该是荀彘玩命的时候了。人的潜能总是在困境中才能展现出来，荀彘在被逼无奈下，带领士兵发挥了不抛弃不放弃的优良传统作风，强渡坝水后，一路过五关斩六将，以锐不可当之势直抵王险城下，和那里的“游击部队”杨仆胜利会师。

杨仆带领七千水军登陆后，被卫右渠打得遁隐山林后，已是一支支离破碎的残兵部队。在汉朝和朝鲜谈判时，他才得到了喘息的机会。战火重燃时，他又只好东躲西藏，过起了钻山豹的生活。因此，荀彘的到来无异于雪中送炭，杨仆终于重见天日。

荀彘说咱们合围王险城吧。你负责东南两边，我负责西北两边，咱们城里会合。

按理说荀彘和杨仆两军在异国他乡最关键、最紧要的时候会师，自然士气大振，合围王险城自然是手到擒来，得来全不费工夫。然而，这一围竟然围了好几个月，结果还是两个字：围城。

王险城之所以久攻不下，除了城墙牢固，卫右渠拼命死守外，更重要的一个原因就是：杨仆和荀彘度过“蜜月期”后，很快就进入了“审美疲劳期”。

荀彘所带的士兵大多是燕代地区的精锐之师，英勇而善战，军事素养过硬，攻城拔寨，毫不退缩。因此，包围王险城后，他们便每天坚持高举高打，猛烈攻城，两个字：玩命。

但杨仆的情况就大不相同了。他所带的大多是齐地囚犯，这些死囚本来有戴罪立功的机会，个个士气高昂，勇不可当。然而，登陆后被卫右渠来了个“当头一棒”后，便如霜打的茄子——蔫了。所谓一朝被蛇咬，十年怕井绳。因此，在围攻王险城时，他们采取和而不战、战而有节制的方针，能打就打，不能打就休息，如果想要他们玩命去攻城，两个字：没门。

卫右渠从汉军炮火的密集度和强硬度看出些端倪来，于是故伎重演，马上派出密使去和“雷声大雨点小”的杨仆进行谈判。谈判主要围绕投降的条件和细则等问题，造成真心归汉的假象。

因为在平定南越时，路博德凭着“智取”，结果很快把南越这个刺头给剃了头，拿了头功，结果我们的杨仆杨大将军只能屈居其后，也正是因为这样，吃一堑长一智的杨仆这次也想学路博德，以智取战术拿下王险，立下头功。也正是因为这样，面对卫右渠的忽悠，杨仆采取的方针是来者不拒，来了就谈，谈不拢再打。结果谈来谈去，最后什么实质性的东西也没有谈出来。

而那边荀彘拼死拼活的攻城，迟迟不见杨仆这边有动静，就派人来问杨仆，什么时候大家一起发动总攻啊。杨仆想也不想，攻城还不容易，明天呗。结果到了第二天，荀彘磨刀霍霍，率众“冒着敌人的炮火前进前进前进进”时，杨仆那边却还是一点动静都没有。情急之下，荀彘又派人去杨仆那里询问是怎么回事。杨仆拍着脑袋做醒悟状：不好意思，我忘了，明天一定打。

结果第二天还是一样，你荀彘打你的，我杨仆坐山观虎斗，恕不奉陪。如此周而复始，荀彘发出这样的感慨来：明日复明日，明日何其多！我生待明日，万事成蹉跎。

于是，孤掌难鸣的荀彘也不打了。因为他有一项新的任务要做：调查杨仆的作风问题。

荀彘认为杨仆之所以不打，是因为和朝鲜人有不正常的关系。于是荀彘再派人去杨仆那里时，不再是询问，而是质问：你到底是何意?!

杨仆回答得简洁有力，只有十个字：“仁义废，霸者出，而尚智力。”

这句话是什么意思呢？就是指“不战而屈人之兵”，杨仆的意思已经很明白了，你打你的，俺玩俺的，咱们井水不犯河水，互不干涉。

荀彘意识到了形势的严峻，马上把杨仆的情况向汉武帝进行了汇报，称杨仆有反叛之心。理由是：杨仆前有马失前蹄之过，后又与朝鲜大臣私通，而朝鲜只谈不投，这分明是在勾引杨仆上他们的贼船。

荀彘的话引起了汉武帝的高度重视，本着没有调查就没有发言权的原则，他派出了济南郡太守公孙遂去明访。并给他这样的特权：必要的时候可以自行处理。说白了就是有“先斩后奏”的权力。

公孙遂不会料到，就是汉武帝这句极具权威的话，使他付出了惨痛的代价——生命。

逝者如斯夫

公孙遂赶到前线后，马上就展开了调查。他到荀彘军中，对荀彘进行了亲切友好的问话，结果荀彘自然是知无不言，言无不尽。把杨仆如何失约不按期会师共同破敌、如何和朝鲜进行勾三搭四的事如竹筒倒豆子般倒了出来，最后的结论是：形势非常危急，如果杨仆心怀二心，和朝鲜联合起来对付我军，我军危如累卵矣。当断不断，必受其乱，请公孙大人定夺。

公孙遂也不是吃素的，立马反问道："对待卖国求荣的人该如何办？"荀彘自然回答："杀。"

公孙遂点了点头："你去把杨仆给我叫来。"随即把符节交给荀彘。

那厢的杨仆正和朝鲜谈得如火如荼，荀彘的到来让他大吃一惊，不是说好了井水不犯河水的吗？你来干什么？荀彘一句多余的废话也没说，直接拿出公孙遂的符节，说是奉命来请杨大人去商议军事。

这下，杨仆没办法，只得跟荀彘去了。结果这一去就被公孙遂擒了起来，然后公孙遂就对杨仆进行了突审，要求他交代卖国求荣的全部罪证。杨仆没有做贼，心里不虚。问来问去，他只是反反复复说这十个字："仁义废，霸者出，而尚智力。"

"而尚智力，而尚智力，我看你是智力过了头。"公孙遂没有再和杨仆进行辩论，而是直接带着他回长安去请汉武帝定夺。

绑了杨仆，公孙遂闯祸了。前线正是需要人的时候，汉武帝先是一惊，然后勃然大怒："我是叫你在最危急的时候可以自行裁决，不是叫你先斩后奏，滥用职权。"结果，震怒下的汉武帝马上就砍了公孙遂的头。

杨仆走了，公孙遂死了，荀彘如果不尽快拿下王险城，离死期也不远了，他不玩命也不行了。

两军合并后，他依然发挥他高举高打的作战风格，对王险城进行了一轮又一轮的地毯式进攻，效果还是显而易见的，王险城太坚固了，没攻下来，但却攻下了一些朝鲜大臣的心。

朝鲜的国相路人、韩阴、尼溪相参、大将军王唊四位重量级人物眼看这样“烽火连三月”下去，家书都可以抵万金了，于是坐在一起开了个碰头会：“我们开始要是投降楼船将军杨仆就好了，如今楼船将军被捕，只有荀彘率领合并的军队，现在战争越打越紧张，王险城被攻破是迟早的事，国王又不肯投降，咱们不逃，只有死路一条啊！”

达成“战则必死”的结论后，韩阴、王唊、路人三人选择了“三十六计，走为上计”策略，以百米冲刺的速度朝汉军奔去。

只有尼溪相参迟迟不见动静，他在等，等一个机会，等一个立下大功的机会。机会终于来了，元封三年（公元前 108 年）夏，离汉武帝对朝鲜动武整整一周年之际，一直没动静的尼溪相参开始行动了，他不动则已，一动惊人，以迅雷不及掩耳之势直奔王府，对着手无寸铁的卫右渠就是几剑。

割了卫右渠的首级投降，这是他苦等的最佳结果，结果功夫不负有心人，他做到了。搞定了卫右渠，也就等于搞定了王险城了。然而，当尼溪相参宣布投降汉军时，他不会料到还会有一个人站出来表示不同意。

这个叫成已的朝鲜大臣接过卫右渠手中的大旗，在王险城继续做垂死抵抗。尼溪相参功败垂成，只怪自己粗心大意，后悔不已。

仗打到这个份儿上，荀彘没有再强攻，而是学来了杨仆的“而尚智力”，派卫右渠的儿子长降、路人的儿子路最唆使民众杀死了成已，至此汉朝终于平定了卫氏朝鲜，武帝之后在朝鲜故地设立了四个郡：真番、临屯、乐浪、玄菟。至此朝鲜也被并入了汉朝疆土。

一切都尘埃落定了，该是对有功之臣嘉奖的时候了。本着外来是客的原则，汉武帝首先亲切接见了朝鲜降将，然后封尼溪相参为澅清侯、韩阴为荻苴侯、王唊为平州侯、长降为几侯。路人虽已经逝世，但他的儿子路最也被封为温阳侯。

接下来该轮到内部人员的封赏了，汉武帝自然不会忘记两名征东大元帅荀彘和杨仆。荀彘满以为平定朝鲜，最后皆是他一人之力，没有功劳亦有苦劳，加官封侯自然是没得说了。然而，汉武帝的宣判让他的满心欢喜顿时化为乌有。

汉武帝开的奖励单如下：荀彘和杨仆格杀勿论。

理由如下：荀彘犯了争功而相互忌妒、违背作战计划之罪。杨仆犯了率军队到达洌口（今朝鲜大同江入海口南岸）后、应当等候左将军，但却擅自抢先攻击敌人、致使汉军伤亡过多之罪。两人数罪并罚，皆被判处死刑。

两人不服，皆提出了上诉，但最终的结果是：荀彘不但维持原判，而且罪加一等，得到“弃市”（汉朝时期在闹市砍头后，将犯人暴尸街头的一种刑罚）的惩罚。而杨仆却成功改判，他走出了监狱，走进了老百姓的行列，成了芸芸众生中的一员（降为平民）。

平定朝鲜，汉朝四将三死一伤，代价不可谓不惨。

第六章　人才的教练

贫富无常

话说汉朝处于全面扩张之势，南边和西边搞定了西南夷，东边设置了沧海郡，北边正在修建朔方郡。真可谓：东西南北中，全面开花。

就在汉武帝穷兵黩武时，北边正在修建的朔方郡却引出了朝中两位重量级人物的口水战：朱买臣和公孙弘。两人进行了一场唇枪舌剑的辩论，辩论的主题是：朔方郡是该建还是不该建？

正方：朱买臣。他的观点是：该建。理由是：为国为民。

反方：公孙弘。他的观点是：不该建。理由是：劳民伤财。

在辩论的结果出来之前，我们还是先来简单地介绍一下这两位重量级人物。

提到公孙弘的大名，想必大家对他并不陌生了。前面已经说过，这个公孙弘当年大器晚成，通过常人难以想象的隐忍才最终得到汉武帝的慧眼认可，随后的仕途可谓是青云直上，最后官抵一人之下万人之上的丞相之位。

当然，公孙弘一路青云直上，是踩在两大才子身上上去的：主父偃和董仲舒。结果是同样很受汉武帝宠爱的主父偃因为“自作孽不可活”，被汉武帝挥泪下达“杀无赦”的命令。而朝中另一大才子董仲舒被公孙弘排挤而流浪他乡，最后客死他乡。如果说公孙弘“火拼”主父偃是“自卫”的需要（当时两人谁胜谁就是皇帝身边第一红人），那么排斥董仲舒便是“文人相轻”。因此，这里可以用十六个字来形容公孙弘这个人：为人疑忌，外宽内深，表面伪善，暗中报复。

但最后他的下场也是“客死他乡”，看来世上善恶有报，这话一点不假。

说朱买臣之前，我们还是先来听一个有关宋朝很经典的故事吧。

有一次，两名书生慕名去拜访宋代大文豪欧阳修。途中，不偏不巧，正好与欧阳修坐在同一条船上，但是他们都不认识欧阳修。

这两位书生对诗也略知一二，但他们自认为是行家。这时，一只白鹅突然跳进了水中，两人忍不住诗兴大发，一个吟道：“岸上一只鹅。”另一位接了一句：“扑通跳下河。”两人口里都念念有词，但总也吟不出下面的诗句，无法凑成一首诗。欧阳修见他们着急的样子，就帮忙吟了一句：“白毛浮绿水，红掌拨清波。”

两位书生见欧阳修说出了这么好的诗句，感到万分惊讶，但转而一想，觉得有点不对劲儿。其中一个冲着欧阳修吼道：“你脸皮不薄啊，这诗是你的吗?”欧阳修笑道：“这诗确实不是我的，它是初唐四杰之一骆宾王小时候写的。”二人听后哈哈大笑：“我说呢，就凭你这模样，也能对诗?”欧阳修笑而不答。

不久，三个人下了船，两位书生见岸上有一堆灰，便想露一下诗才。一个吟道：“远望一堆灰。”另一个接了一句：“近望灰一堆。”由于才力不够，二人又接不下去了。只见欧阳修在一旁不慌不忙地吟道：“一阵狂风起，满天作雪飞。”二人听后一惊，明知欧阳修吟的是好诗，却不愿甘拜下风。其中一个故作姿态地说："不算妙句，马马虎虎。"另一个则说："接是接上了，只是有点勉强。"

他们继续往前走，不一会儿看到了路旁的一棵枯树，一个书生吟道："路旁一枯树。"另一个吟道："两股大丫杈。"两人想再吟下去，却又想不出词儿，只好反反复复地吟着这两句，眼珠子直往上翻。欧阳修在旁边看不过去，又给他们续了两句："春至苔为叶，冬来雪是花。"二人听后仍不服输，要继续与欧阳修比下去。两人又吟道："二人同登舟，去访欧阳修。"欧阳修听后暗自发笑，立刻吟道："修已知道你，你还不知修（羞）。"

闲话少说，下面就来讲朱买臣"不知羞"的爱情故事。朱买臣，会稽吴人，十二个字可以形容他的一生：年少落寞，中年贫寒，晚年富贵。

他是一个胸有大志而不在乎财富的人，引用《三字经》对他的评价，简单明了：如负薪。他有很好的心理素质，不在乎别人对他的耻笑，一边砍柴，一边大声朗诵诗书。

朱买臣的妻子很是反感丈夫的所作所为，每次和他一起回娘家的时候，都受到姐妹们的嘲笑和白眼，就极力地劝朱买臣不要再那样放纵自己。

朱买臣没有听从妻子的话，反而更大声地朗读诗书，并且对妻子说："我命中注定到了五十岁发迹，现在我已经是不惑之年了，距离成功没有几年了，我知道你跟着我受了苦，等我成功以后，会好好地报答你对我的情义的。"

妻子听了，认为他又在痴人说梦，冷笑道："跟了你不饿死就是好事了，我哪里有穿金戴银、荣华富贵的福气？我跟着你受够了邻舍的白眼，耳朵塞满了人家的冷嘲热讽，嫁汉嫁汉穿衣吃饭，我自从嫁了你可曾吃过饱饭？可曾穿过华衣？看人家衣食鲜活，我却为你蹉跎了岁月，你别提报答我的事情了，爱情和婚姻是要讲究实际的，是要落实到咱们生活中的每个细节里，如果你真的爱我，报答我，就给我写封休书休了我吧。"

朱买臣听了，心里很是难受，他知道妻子跟自己受苦了，有怨言是在所难免的，但眼看功名富贵已经在向自己招手了，怎么这么着急地要离开呢？他苦苦挽留自己的妻子说：“我曾经发过誓言，要一生一世地爱你，答应我，不要离开我，我们再熬几年吧。”妻子却似早已铁了心，头摇得像拨浪鼓。原来她早已“移情别恋”，和邻村的木匠对上了眼。以她的妇人之见，认为木匠走南闯北，有手艺，衣食无忧。如此这般的丰衣足食对她来说已足矣。

于是，朱买臣越是想挽救这段感情，妻子就越是铁了心要离开他。朱买臣最终无奈，只好写了休书，与其说是“休妻”，不如说是被“妻羞”，书的大致内容如下：依然记得从你口中说出再见坚决如铁，昏暗中有种热泪灼伤的感觉。昏暗的地平线，说出一句离别，相爱已经幻灭……

“不知羞”的妻子得了休书欢天喜地地走了，并且和那个木匠很快就结合到了一起，过起了优哉游哉的小康生活。

历史上很少有这样“休夫”的记载，尤其是这样无厘头的休。根据史书，朱买臣的妻子之所以敢以一介农村妇女的身份，反其道而行之，挑战男人的底线，进行前无古人的“休夫”之举，只缘一个“羞”字。她长得不是羞花闭月，但却很怕羞。

我们无从判断在朱买臣生活的时代，一个男人在大街上疯疯癫癫地吟诗或唱歌究竟有多丢人，更无从知晓他的行为举止究竟会让他的结发妻子感到多么耻辱多么丢人，但是正如俗话所说，人活一张脸，树活一张皮，你丢什么都行，就是不能丢人啊。结果朱买臣的妻子羞愧难当，选择离开他投入别人的怀抱，即使朱买臣搬出富贵注定就要来临的天意加以诱惑，也不能阻挡其离开的步伐。

然而，世上的事就是这样，变化无常，无法预料。朱买臣的妻子走时是“无怨无悔”，但等回过头再看来时的路时，很快就“有怨有悔”了。原因是朱买臣的努力没有白费，就在他“知天命”这一年，他“天子的命令”果然到了，他被汉武帝“不拘一格”地召到了朝中去做“中大夫”去了。

沉与浮

介绍完这两个重量级人物后，该是开打的时候了。事实上，开打前，众人都认为这是一场势均力敌的辩论对抗赛。然而，比赛的进程却让人大跌眼镜，经过精心准备的正方朱买臣不负汉武帝的厚望（汉武帝也主张修朔方郡），以三寸不烂之舌口若悬河，直说得“木讷”的公孙弘如同进了水的炮火——哑口无言。

眼看风头不对，聪明的公孙弘马上就来了个“顺风倒”，他本着“以退为进”的让步姿态，对汉武帝做出的“最后陈述”是：“微臣本是鄙陋之人，不知筑朔方郡居然有这么多好处，只是希望陛下能做通西南夷和置沧海郡之事，集中力量经营朔方郡城。”

汉武帝知道这是公孙弘在找台阶下，也就不再为难这个当朝红人了。于是同意了他“折中”的建议。

辩论的结果是朱买臣胜了，但真正的胜利者却是公孙弘，原因是他升官了，他被“不拘一束”的汉武帝直升为丞相，并且封为平津侯，公孙弘也因此成为汉朝的第一位布衣丞相。

相比公孙弘的一步登天“上”到丞相的位置，大器晚成的朱买臣就明显逊色了许多，这一辩后，他被“下”放到会稽当太守。但对朱买臣来说，他的脸上却笑开了花，这才是他梦寐以求的“衣锦还乡”和“荣归故里”啊。

汉武帝恩宠臣子，有很多种方法。要么封侯拜相，比如说公孙弘。要么赐人衣锦还乡，比如说朱买臣。“富贵不还乡，如锦衣夜行。”这是汉武帝对他的臣子们的一大礼遇，做臣子的也因此乐意为他效劳。

当然，汉武帝这么做，一个原因是为了让朱买臣“衣锦还乡”，另一个原因就是想让他再立功（汉武帝想平定东越，让他作为备战官，先去准备战船、粮草、武器之类的）

事实上，一年之后，朱买臣随同横海将军韩说等人击破东越，这个白发老人在家乡只是风风光光地转了一圈，然后又潇潇洒洒地回到了京城，这一次，他达到了仕途的最高峰——直升为九卿之一的主爵都尉。

看来是金子总会发光的这句话一点都不假。

报恩

朱买臣站在仕途的最高峰后，他并没有目空一切，他知道，他之所以能有今天，离不开在他最穷困潦倒时帮助和关心他的人。滴水之恩，当以涌泉相报，于是他开始了报恩之旅。

这里主要讲他报恩的两个人，一个女人和一个男人的故事。

一、他想报答的女人就是他的“休妻”。

前面已经提到，朱买臣的老婆当年因忍受不了别人的羞辱而改嫁他人。然而，命运最会捉弄人，穷困潦倒的朱买臣卧薪尝胆，几年后终于发迹了，官至太守，衣锦还乡的时候，他念念不忘自己的结发妻子，因为他觉得她付出了很多，即使她后来忍受不了贫穷，改了嫁，也是情有可原的。于是，他派手下人把前妻和前妻的后夫接到他的“朱府”里，想让他们过着真正的衣食无忧的富裕生活。

朱买臣之所以富贵之后仍然不忘这位前妻，是因为前妻狠心离开他后，也并非对他就无情无义，史书中有这样的一段记载：前妻离开他之后，朱买臣仍然打柴唱歌，苦中作乐，有一次在坟地里砍柴时，遇到了来上坟的前妻和她的后夫，前妻见朱买臣可怜，立即把他招呼过来吃喝一顿。这与南宋陆游沈园遇唐婉的“红酥手，黄滕酒”相比，别是一番滋味。早已饿得奄奄一息的朱买臣没有拒绝这个“嗟来之食”，他不动声色地吃完饭，对前妻的后夫说了声“谢谢”，也正是因为这件事，朱买臣发迹后，首先想到的便是对他们两个“知恩图报”。

朱买臣原本想帮前妻过上锦衣玉食的生活，然而，他万万没有想到，这反而害了前妻。前妻当年眼中的朱买臣是一块废弃了的电池，无法给自己供电，为了不“腐蚀”自己的生命，她寻找了新的电池——邻村的木匠。那木匠的确是块新的电池，使她光鲜了几年，但她着实没有想到朱买臣是一块可以一直充电的蓄电池。覆水难收，朱买臣越是大度想让她过上好日子，她就越感到“羞”，于是，已知羞的她来了个“悬梁自尽”，成就了一代烈女。

后有李白《妾薄诗》，不失为精辟的点评："雨落不上天，覆水难再收。君情与妾意，各自东西流。"

二、朱买臣想报答的男人的名字叫严助。

朱买臣的命运之所以能改变，是因为得到了一个贵人的相助，这个人的名字叫严助。

严助，会稽郡吴县人，严忌之子，本名庄助，《汉书》为避东汉明帝刘庄的讳，把庄助改称严助。汉武帝建元年（公元前140年）走上仕途，因才华横溢，被汉武帝直升为中大夫。建元三年，东瓯告急，汉武帝派严助以节发兵会稽，浮海相救。建元六年，闽越王郢兵进南越，武帝再派严助带兵支援，不久便搞定了东南动乱的局势。随即被封为会稽太守（后人称赞他为"会稽贤守"）。后侍于内廷（相当于高级顾问），每逢有异事，武帝命作赋颂。

如果朱买臣不是得到严助的举荐，恐怕他"五十当贵"的夙愿，永远都不可能实现。

和东方朔一样，朱买臣是通过上书求官走上仕途的。买臣不治产业，鬻柴以给食，虽然时时保持着负薪讴歌的兴致，进京上书的盘缠仍然缺乏。于是他趁着会稽郡年终上计的机会，以上计吏随卒的身份，吃着公粮乘着"公交车"进了长安（随上计吏为卒，将重车至长安）。

朱买臣为了完成他"年五十当富贵"的豪言壮语，他努力地当临时工，顽强地等待天子垂青。他的努力没有白费，因为他终于等到了一个他一生中最为重要的"贵客"。

这位"贵客"便是严助严大人。因为是老乡的关系，《酷吏列传》中提到朱买臣得到严助举荐后，汉武帝马上就召见了他，在面试中，朱买臣放开手脚，以滔滔不绝之势讲解了《春秋》和《楚辞》，只听得汉武帝惊为天人，他大手一挥，朱买臣的人生从此就是另一片艳阳天了，他被封为中大夫，官位与严助平起平坐。

正是因为和严助的"他乡遇故知"，朱买臣才被不拘一格的汉武帝来了个"金榜题名"，所以，严助在朱买臣的心里就如同"衣食父母"一般。

然而，朱买臣还来不及好好报答严助，严助却挥一挥衣袖，走了，到另一个天国报到去了。

张汤的发迹

严助的“英年早逝”是拜张汤所赐。那么这个张汤究竟是何方神圣，竟敢对皇帝身边的大红人下毒手？

原因很简单，张汤虽然不是神，但却不是一般的人，他也是皇帝身边的大红人，红人中的红人，比严助更红的人。

张汤，西汉杜陵（今陕西西安东南）人。年幼时就特别喜欢法律，他的父亲曾任长安县丞。有一次，父亲因事外出，临走时一再嘱咐张汤好好看家。谁知，张汤被一本书迷住了，一个不留神，让老鼠把盘里的肉偷走了。父亲回来后知道了很是生气，于是照着张汤的屁股狠狠打了一顿。

然而，就是这一打，竟打出一段奇缘来。“很受伤”的张汤把所有的怨气都发泄到了偷肉的老鼠身上来了，并且信誓旦旦地表示要把“罪魁祸首”——老鼠“捉拿归案”。别看当时张汤小，可干的活却不少。他说干就干，找来一把小铲，挖遍屋内的鼠洞，功夫不负有心人，终于把偷肉的老鼠逮住了。本来，张汤想一下子把老鼠掼死了事，可就在下手的一刹那，他突然改变了主意，想到自己肿得老高老高的屁股，想到那钻心的痛，他觉得就这样打死老鼠，太便宜它了。于是他把老鼠用绳子拴住，连同老鼠吃剩下的肉一起摆在石阶上，来了个“开庭办案”。只见他摇头晃脑一本正经地审问，譬如说为什么要偷肉，肉都偷到哪里去了，还有谁是同伙，等等。老鼠自然不会答话，张汤就用木片把它夹住，动起刑来了，疼得老鼠吱吱怪叫。最后，张汤以“劫掠罪”判处老鼠死刑，并且判了“斧头铡”，亲手用锋利的斧头把它剁成了碎块。

父亲看到张汤审鼠的情景，起初觉得挺可笑，可取过诉状仔细一看，不禁大吃一惊。那有声有色、有根有据的文辞，简直像是出自一位老练的办案人员之手。于是开始让他书写治狱的文书。

张汤尽职尽责，很快声名鹊起。他的父亲死后，他继承了父职，为长安吏。

周阳侯田胜（汉武帝的舅舅）在任职九卿时，曾因罪被拘押在长安。张汤迫于权势，在审判的过程中做了手脚，最终田胜在无罪释放后被封为侯。田胜没有食言，在他的“推引”下，张汤很快就在朝中担任给事内史，为宁成掾。后来，因为张汤为人谨慎、办事心细，又被推荐给丞相，调任为茂陵尉，在陵中处理事务。

武安侯田蚡担任丞相，征召张汤为丞相史，又推荐给武帝，补任为御史，令他处理诉讼。在处理陈皇后巫蛊的案件时，他深入追查其党羽。因此，武帝认为他很能干，晋升他为太中大夫。

张汤之所以能在仕途上青云直上，除了办案严厉之外，他还有一方面比别人强一点，八个字：巧言令色，怀诈饰智。具体表现为：

第一，他揣摩皇上心意来行事，做到三思而后行。

司马迁说张汤懂得观察君王的喜怒哀乐而投其所好。汉武帝心向儒家学说，张汤判决案件就附会儒家观点，请博士弟子们研究《尚书》《春秋》，他担任廷尉史，就请他们评判法律的可疑之处。每次上报判决的疑难案件，都预先给皇上分析事情的原委，皇上认为对的，就接受并记录下来作为判案的法规，以廷尉的名义加以公布，颂扬皇上的圣明。

第二，他看皇上眼色办案，做到“惩罚有度”。

他所处理的案件，如果是皇上想要加罪的，就交给执法严酷的监吏去办理；要是皇上想宽恕的，就交给执法轻的监吏去办理。如果是豪强，则一定要玩弄法律条文，巧妙地进行诬陷；如果是平民百姓和弱势群体，则常常向皇上陈述，虽然按法律条文应当判刑，但请皇上明察裁定。于是，皇上往往就宽释了张汤所说的人。

第三，他以谎言推荐同僚官吏，名利双收。

张汤奏事如果遭到皇上谴责，他就认错谢罪，并说某某本来向我提议过，就像皇上责备我的那样，我没采纳，愚蠢到这种地步；如果皇上认为好，他就说我不知道写这奏章，是某某人写的。他想推荐某某常常这样做，就是表扬某某的好处，掩蔽某某的过失。一些执法酷毒的官吏都被他用为属吏。

第四，他以巧言争辩邀功，凡事没有功劳亦有苦劳。

张汤每次上朝奏事，谈论国家的财用情况，一直谈到傍晚，皇上也忘记了吃饭时间。丞相无事可做，空占相位，天下的事情都取决于张汤。张汤处理淮南王、衡山王、江都王谋反的案件时，对一干人等都穷追到底。皇上本想宽恕伍被和严助，张汤争辩说伍被本来是策划谋反的人，严助是皇上亲近宠幸的出入宫廷禁门的护卫之臣，竟然私交诸侯，如不杀以后就不好管理臣下了。于是皇上同意了对他们的判决。对如何以处理案子名义打击大臣，同时又为自己邀功，张汤多半如此去做。

第五，他挺会“来事儿”，从而获得好名声。

张汤虽做了大官，很注意自己的言行举止，多与宾客交往并同他们喝酒吃饭。对于老朋友当官的子弟以及贫穷的兄弟们，尤其照顾得周到。他拜问三公，不避寒暑。所以张汤虽然执法严酷，内心忌妒，处事不纯正公平，却得到了好名声。丞相公孙弘屡次称赞他的美德。张汤曾经生病，皇上亲自前去看望他，他的高贵达到这种地步。

因为张汤有这四招“撒手锏”，因此，他越来越受到汉武帝的宠信，仅十来年的时间，张汤就由一个小吏升迁到三公之列，为御史大夫。

冲冠一怒

然而，正是这个“青云直上”的张汤，使得朱买臣的报恩行动变成了报仇行动。那么张汤为什么要害死严助呢？

故事还得往前推，回到元狩元年（公元前 122 年），当时的淮南王刘安、衡山王刘赐高举反革命的大旗，公然谋反。结果刘安和刘赐“自作孽，不可活”，兵败身亡后，受到牵连的还有一个朝中重量级的人物。这个人就是严助。

严助在处理地方问题的过程中，跟淮南王刘安成了好朋友，在淮南王入朝的时候，又曾送过他厚礼，并聊过“悄悄话”。后来淮南王造反，于是严助就受了牵连，本来罪不至死，但张汤强烈要求处死他，他说皇帝身边的亲信都跟诸侯王过从甚密，如果不杀他，何以服众？

眼看汉武帝还在犹豫，张汤一急之下，甚至对汉武帝直言：“是身边的人重要还是身下的位置重要?”

面对张汤的“咄咄逼人”，汉武帝最终选择了“息事宁人”的大义灭亲做法，含泪对打过擦边球的严助下了“砍头令”。就这样，张汤以他的义正词严又除掉了一位朝中重量级政敌。

然而，一石激起千层浪，“淮南冤案”朝中大臣有很多不服。但慑于当时汉武帝的权势，他们大都敢怒不敢言。多半选择的是“事不关己，高高挂起”。

但博士狄山却是个例外，他以“大无畏”的精神，站出来直接指责张汤是“离间骨肉，恶化宗藩关系”。然而，令人可悲的是狄山也只是停留在“发牢骚”上，

站在旁边发泄了两句，眼见并没有声援之声，便赶紧脚底抹油，溜之大吉，于是，成功地避免了“祸从口出”的悲惨结局。

相对于狄山停留在嘴上，汲黯是当时朝中唯一一个付出实际行动的。

汲黯，西汉濮阳（今河南濮阳西南）人，字长孺。汉武帝时，任东海太守，继为主爵都尉，以直言劝谏闻名。后出为淮阳太守，在任十年。

汲黯是一个为一般人不太熟知的历史人物，但在文艺圈子里却是很有名气的。譬如杜甫有诗云：“汲黯匡君切，廉颇出将频。”又如曾国藩曾自称“立朝本非汲黯节，媚世又无张禹才”。可见，对他们来说，汲黯是一个值得作为参照的人物，其知名度可想而知。

汲黯是黄老思想的实践者，更是敢于直谏的名臣。汉武帝固然是位功绩显赫的名君，但其刚愎自用的性格也是尽人皆知。在他面前敢于直谏的人为数不多，汲黯就是这样凤毛麟角的人物之一。我们只需要举一个例子，就可以看出汲黯进谏是如何不为皇帝“留面子”。

当时，汉武帝正在大力征召儒师，为了标榜自己推行儒家“王道政治”的诚心，而时常在群臣面前声言准备做“仁义”之事。汲黯深知汉武帝的为人，就在朝堂之上嘲讽他：“陛下内心充斥着欲望而表面上硬说要施行仁义，怎么可能真正仿效唐尧虞舜的治国之道！”搞得汉武帝勃然大怒，退朝之后，不料，汉武帝只是私下对人说：“太过分了，哪有像汲黯这般憨直的！”

但汲黯依然坚持自己的仕宦原则："天子设置公卿辅弼之类的大臣，难道是为了让我们阿谀逢迎君主的意旨，而陷君主于不义吗？况且我已经身在官位，纵然我有爱惜身家性命的念头，也不能做出侮辱朝廷的事情来！"

也许，在汉武帝的眼里，朝廷需要这样一个特别的人发出一点不同的声音，所以他对汲黯也另眼相待。

也正是因如此，"疾恶如仇"的汲黯自然痛恨张汤的所作所为，鉴于狄山仅凭一张嘴巴来"告状"的效果并不好，他这一次选择了来点实的，竟然想到了暗杀这个妙计。于是，汲黯找到了当时的抗击匈奴大将李息，不顾自己的身份和地位，跪在地上请求这位大将军"为民除害"。然而，李息在战场上浑身是胆，但在暗杀张汤上却"胆小如鼠"。他同样也跪下，无奈地对汲黯说：要我去杀张汤，你先杀了我吧。

话说到这个份儿上，汲黯除了叹息外，还能做什么？然而，继狄山和汲黯之后，又一位勇士出现了。他以雷霆之势拔地而起，目标直指张汤，嘴里还念念有词：拿命来。

这位不怕死的勇士便是汉武帝刚从任会稽太守调入京城上任太中大夫的朱买臣。朱买臣冲冠一怒，是为了"老乡"严助。他一到朝中听说好友的冤死，咬破手指写了四个字：血债血还。

考虑到一个人势单力孤，朱买臣还拉了同为长史的王朝和边通两名同伙，组成了"长史三鸟羽"。长史之一：朱买臣。因为攻读《春秋》，熟悉《楚辞》，得到皇上的恩宠，从侍中升为太中大夫。长史之二：王朝。凭着儒家学说当了右内史。两次做济南王的丞相。长史之三：边通。学习纵横家的思想学说，是个性格刚强暴躁的强悍之人。"三鸟羽"有很多共同的特点：都有过当二千石的官，都因事贬官为丞相府长史。还有就是，他们都被张汤凌辱过，因此他们三个便如同媒婆说媒，一拉就拢。

下面我们且来看"三鸟羽"是如何战张汤的吧。

突破口

就在“三鸟羽”多方面搜集证据、准备和张汤进行一场艰苦卓绝的攻防战时，一个人的出现，吹响了“三人帮”战斗的号角。

广川王刘彭祖是汉景帝与贾夫人之子，本来好好地当一方之王，但就在这个节骨眼儿上，他上书了，一纸状告的人竟是张汤。罪名是：张汤和鲁谒居有不可告人的关系。

事情是这样的，御史中丞（仅次于御史大夫的官职）李文曾经与张汤有过节，心中怨恨，他常常不按张汤的指示办事，且处处跟他作对，抓他的小辫子，大有把张汤往死里整之意。

面对不识时务的李文，张汤没有选择逆来顺受，而是选择了反击。于是他指使心腹鲁谒居派人去告李文的状，随后之事出奇地顺利，李文落到张汤手里，张汤没有再给这个死对头任何申辩的机会，随便找了个借口就把李文送上了西天。后来汉武帝问起这件事，张汤隐瞒了鲁谒居的所为，说是李文的“情敌”告的状。最终这个冤案在汉武帝的眼皮底下，竟来了个不了了之。

成功地除掉了李文后，张汤对鲁谒居感恩戴德，后来鲁谒居病了，张汤亲自去看望他，并且替他按脚捶背，这对一向清高自傲的张汤来说，真是猪八戒背媳妇——头一回。

俗话说善有善报，恶有恶报，做了“亏心事”的鲁谒居不久就病了，这一病，最终的结果却是：医治无效。张汤原本以为鲁谒居这一走，将会死无对证，但他万万没有想到，鲁谒居的弟弟的出现，又掀起了一场大风波。

世上的事就是这样，若要人不知，除非己莫为。鲁谒居不会知道，他死了，却牵连到了他的弟弟，他的弟弟成了替罪羔羊。

鲁谒居弟弟被抓后，张汤急了，如果鲁谒居的弟弟“招了”，那么他这个主谋也脱不了干系。可以说，他们两个现在是同一条绳上的蚂蚱。于是，他四处活动，拉关系，只为把鲁谒居的弟弟营救出来。

张汤办事向来谨慎，想“暗”中帮助他，为了不暴露目标，他“明”里看到鲁谒居的弟弟也假装没看见，可见城府之深。

然而，事实证明，这一次，他是谨慎过了头。鲁谒居的弟弟在狱中眼看“救星”居然对他视若无睹，仿佛从来都不曾认识过的一般，心中的怒火顿时烧起，心中道：我之所以落到这种地步，完全是拜你张汤所赐，你现在倒好，居然过河拆桥，弃我于不顾了。你无情，休怪我无义了。

鲁谒居的弟弟在“不知内情”的情况下，招出了李文案是张汤和鲁谒居共同搞的阴谋。汉武帝见到血书后震惊不已，于是马上做出指示：查。

就在汉武帝派人要把案情查个水落石出时，又一件事的发生起到了推波助澜的作用——皇宫里出了盗墓贼——有人偷挖了孝文帝陵园里的殉葬钱。皇陵被盗，丞相庄青翟认为自己很失职，因此很忧虑，眼看盗墓贼一时半会儿还找不到，于是，他便约朝中的二把手张汤一同去见皇上，先主动谢罪再说。

面对庄青翟的盛情相邀，张汤想都没想就拒绝了，理由简单明了，只有两个字：头疼（李文冤案让他不头疼才怪）。

其实张汤拒绝庄青翟，真正的目的是想扳倒丞相庄青翟。张汤对于皇陵被盗一事，有他自己的想法：作为堂堂一国之丞相必须按四季巡视陵园，殉葬钱被人偷挖了，丞相脱不了干系，谢罪也是理所当然的。

然而，张汤就是张汤，敢作敢为，他不但没和庄青翟一起进宫去汉武帝那里谢罪，反而打起了心中的小算盘。他想借此机会扳倒丞相。

本来现任丞相庄青翟只是“充位而已”，朝中大事皆裁决于张汤，可以说张汤实际上便是朝中的一把手。但人的权欲是永远满足不了的，张汤实权在握，但还不满足，他和“二奶”的心态是一样的，不要只做名义上的夫妻，还希望有一个正当的名分，如果庄青翟倒了，这个位置不是他的，还会是谁的呢？

“踏破铁鞋无觅处，得来全不费工夫。”皇陵被盗，国人皆惊，百官皆忧，唯独张汤暗喜，他认为他苦苦等待的机会终于来了，他要抓住这个稍纵即逝的机会，对丞相庄青翟下毒手，他甚至连给庄青翟安排的罪名都想好了，四个字：明知故犯。这个罪名虽然不足以致庄青翟于死地，但却足以让他丢了乌纱帽。

但对张汤来说，有了庄青翟的乌纱帽就足矣。然而，张汤不会料到，庄青翟的乌纱帽他还没有捡到，自己的乌纱帽却丢了。

就在张汤“顶风作案，为所欲为”时，“三鸟羽”终于揭开了神秘的面纱，浮出了水面。他们隐忍多时，目的只有一个，扳倒张汤。因此，他们一出手，自然非同小可。

“三鸟羽”经过周密的部署，以迅雷不及掩耳之势逮捕了张汤的鹰犬田信等人，并且进行了“突审”。面对突如其来的变化，田信等人惊慌失措，只得如实交代了张汤“投机倒把，横敛聚财”等事。

面对“三鸟羽”呈上的又一份“血供”，这一次汉武帝愤怒了。再加上先前鲁谒居弟弟送上的“血供”，他没有再选择沉默，直接把张汤打入死牢，随即派赵禹审问张汤。

鱼死网破

张汤没有盼来丞相这顶乌纱帽，却等来了一副手铐。然而，他并没有慌，面对曾经的部下赵禹的审问，他死不认罪，他甚至还天真地认为，赵禹是他的老部下，不看僧面会看佛面，审不出什么来就会“知难而退”。

然而，张汤错了，面对他的死不认罪，赵禹不抛弃不放弃，最后拿出两份血书，索性把话题挑明了：“你的事，皇上都知道了，你再隐瞒也没有用的。试想，你办理案件时，被夷灭家族的有多少人呢？如今人家告你的罪状都有证据，天子难以处理你的案子，想让你自己自杀，你何必做无谓的抵抗呢？”

不可一世的张汤终于低下了高贵的头颅，在铁证如山下，他终于体会到了穷途末路是什么滋味，他万念俱灰，只能选择一条路：自杀。不过，他在自杀前，还写了一封谢罪信，请求赵禹交给皇上。

赵禹念在旧情，不忍推托，帮张汤完成了人生中最后的愿望。然而，就是这一封小小的“谢罪信”，却成了张汤反击朱买臣“三鸟羽”最强有力的武器。

张汤死了，汉武帝流泪了。其实他心里是舍不得杀死张汤的。但他罪行太多，罪大恶极，已经到了纸包不住火的地步。他也没有办法，不处死张汤，不足以堵天下人之口。因此，手握谢罪信的他，晶莹的泪掉落在纸上，化作相思的泪。

但见张汤的谢罪信写道："张汤没有尺寸之功，起初只当文书小吏，陛下宠幸我，让我位列三公之位，无法推卸罪责，然而阴谋陷害张汤的罪人是以朱买臣为首的'长史三鸟羽'。"

张汤"泣血之言"的意思已是不言而喻，汉武帝也甚感为难，就在他犹豫不决时，张汤的母亲却狠狠地将了汉武帝一军。

原来张汤死后，家里的财产不超过五百金，都是得自皇上的赏赐，没有其他产业。他的兄弟之子要厚葬张汤。张汤的母亲说："张汤作为天子的大臣，被恶言污蔑致死，有什么可厚葬的！"遂用牛车装载他的尸体下葬，只有棺木而没有外椁。

汉武帝知道后，是这样感叹的："没有这样的母亲，哪有这样的儿子。"因此将"长史三鸟羽"处以极刑，朱买臣最终落得个兔死狗烹的下场。值得一提的是，丞相庄青翟也因为"失职罪"被迫自杀，包括受汲黯一再叮嘱而无所作为的李息同样被治了罪。这是一场统治阶级内部互相倾轧的斗争，落得个鱼死网破的下场。

第七章　再战匈奴

小摩擦不断

汉武帝通过不懈的努力，先后对匈奴进行了十余次大规模的“军事行动”，不可一世的匈奴遭受的打击是巨大的，最后士兵少得可怜了，国力殆尽了，没有实力入侵了。

也正是因为如此，匈奴人开始和汉朝议和。元狩六年（公元前 117 年），伊稚斜单于派使者到长安，向汉武帝提出了和亲，表示只要汉朝把公主嫁给单于，双方就不打了。

面对匈奴提出的和亲要求，汉武帝也犹豫过，思索答不答应这个问题。于是他马上召开了朝中会议，商议这件事。结果，自然出现了支持派和反对派两大派系。

支持和亲的说：钱财乃身外之物，可以给匈奴一些银两，以安其心。

并以“假冒”的皇室的公主嫁给单于，以丧其志。安其心丧其志使其最终堕落，如此，边境再无战争。

反对和亲的说：匈奴已遭我军重创，现在已是落地的凤凰不如鸡了，怎么能再给他们这么优厚的条件呢？他们理应向汉朝称臣，每年定期纳贡才对。

万国来朝，是雄才大略的汉武帝梦寐以求的场面。于是最终汉武帝被反对派的观点说服，并派出反对派的代表任敞作为使者出使匈奴进行谈判。

伊稚斜满以为任敞带了无数的金银珠宝和如花似玉的公主，哪里料到任敞开口闭口不谈“和亲”的事，要谈只谈招降的事，结果伊稚斜火冒三丈，当场就要将任敞“五马分尸”。

好在最后伊稚斜本着“两国交战，不斩来使”的原则，只是“拘留”了任敞。

眼看反对派遭受挫折，支持派又开始进行了活动，博士狄山又一次大胆地第一个站在了最前线，强烈要求和亲，并且一再强调和亲才是唯一出路。

俗话说，枪打出头鸟。汉武帝本来就对匈奴扣留使者的野蛮行动很是震惊和愤怒，以他的牛脾气，恨不得立马就派兵给他们一点颜色瞧瞧，却哪料到不识时务的狄山哪壶不开提哪壶。

“朕派你去当一个郡的父母官，你能保证不让匈奴入侵吗？”汉武帝问道。

“不能。”狄山摇了摇头，实话实说。

“朕派你去当一个县的父母官，你能保证不让匈奴入侵吗？”汉武帝又问。

“不能。”狄山摇了摇头，还是实话实说。

“朕派你去当一个亭的父母官，你能保证不让匈奴入侵吗？”汉武帝再问。

“能。”狄山眼看汉武帝这般没完没了地问下去，结果肯定没有好果子吃，心中一急，只好硬起头皮，说了句“真实的谎言”。

狄山不会料到，就是这句只有一个字的谎言，让他走上了不归路。既然你当一个亭的父母官就能保证阻止匈奴的入侵，汉武帝也不吝啬，马上就让他到亭障去上任了。事实证明，自从狄山到达亭障后，他的生命也就进入了倒计时，半个月后，他就死于匈奴人的“铁骑”之下。

至此，匈奴和汉朝的合谈宣告彻底失败。而狄山的死，汉武帝并没有马上给予匈奴人以反击。原因是大将军霍去病“病去”了。

光阴荏苒，一晃三年过去了，元鼎四年（公元前 114 年），伊稚斜单于追随霍去病的后尘，也来了个“病去”。他的儿子乌维单于即位。乌维单于知道凭一己之力很难改变两国的关系，于是采取了“疏远”的政策。厉兵秣马，以待天时。

而汉武帝也因为定南夷、平南越，对匈奴进行了放纵。直到元封元年（公元前 110 年），大汉周边小国四海臣服，汉武帝这才腾出手来，把目标再次瞄向好久都没有“动静”的匈奴。

匈奴这边的事一天不搞定，汉武帝心里就一天不踏实。对于他来说，数十年的打打杀杀，对匈奴的脾气已了如指掌，正如武侠里所说的那样，只要匈奴人还有一口气在，他们就有一种永不服输的精神，就想东山再起，就会反击。

此时朔方郡已修建得差不多了，汉武帝调集了十余万军队在朔方郡进行了一次史无前例的“军事演习”。

然而，示威后，匈奴人还是没有动静，汉武帝急了，又派出了一个叫郭吉的使者出使匈奴。结果郭吉这一去和任敞的下场一样，一听到“招降”两字，乌维单于怒不可遏，结果把郭吉也“拘留”起来，放在草原上看羊去了。

汉武帝的第二次招降又这样不了了之。

有多少使者可以忽悠

郭吉一去匈奴，结果如泥牛入海，毫无音讯。两次招降失败后，汉武帝并没有灰心，元封四年（公元前 107 年），时正值火热的夏天，王乌带着一颗火热的心“再向虎山行”。

王乌是北地（今甘肃庆阳西北）人，对匈奴人很是了解。知道他们吃软不吃硬，于是，他这一去匈奴，并没有像任敞和郭吉那样仗着强大的汉朝做后盾，作威作福。他以诚恳的态度和乌维单于进行了双边会晤，结果乌维单于碍于情面，这样敷衍王乌的：只要汉朝愿意和亲，他愿派太子作为人质以显示他们的诚心诚意。

王乌把乌维单于的“敷衍”当成了“承诺”，他的使命完成了，满意地回去向汉武帝报告去了。

听到这个振奋人心的消息，汉武帝脸上露出了少女般灿烂的笑容，于是杨信成了第四个出使匈奴的使者，汉武帝交给他的任务很简洁明了，和乌维单于去商谈“招降”的具体细则。

杨信因为不肯“入乡随俗”，这使乌维单于很是不满意。双方开谈前气氛就不太融洽了。

“大王如果想和亲，请派太子殿下到大汉去吹吹风。”会谈一开始，杨信便来了个“开门见山”。

“这样太麻烦你们了，还是按老规矩，把你们的公主请到我们匈奴这里来体验原生态草原生活吧。如果怕公主不习惯这里的生活，可以顺便带些丝绸、珠宝、字画、土特产等东西过来。”乌维单于“含沙射影”地提醒杨信，不要忘了以前汉朝和他们和亲都是汉朝派遣公主下嫁给单于，并且还附带上不菲的“嫁妆”。

“可让太子去大汉朝，那是大王您的承诺啊。”杨信道。

谎言和真实的区别在于，一个听的人当真了，一个说的人当真了，显然，杨信属于前者。

“是吗？我许过这样的承诺吗？”乌维单于反问。

直到这时，杨信才知道乌维单于一直是在“忽悠”他们，他明白再多说也是徒劳，于是来了个“拂袖而去”。乌维单于也不“挽留”，嘴角露出一丝不易察觉的冷笑，心里却道：“看你大汉有多少使者可以忽悠呢？”

杨信回来向汉武帝汇报了乌维单于的真实用心，但汉武帝却对乌维单于还抱有幻想，于是王乌再次披挂上阵。

乌维单于这时为了以和亲蒙住汉朝，他继续“忽悠”王乌，说杨信并没有真心来谈和亲的事，他也是没有办法才说了几句气话。最后，又给了王乌一个承诺：“我一直景仰大汉天子，想一睹天子的尊容，如有缘，理应当面与他商谈。”

王乌是典型的“头脑简单，四肢发达”的人，他再一次对“巧嘴”乌维单于的话信以为真，于是又屁颠屁颠地回去向汉武帝“复命”了。

事实证明，这一次汉武帝也糊涂了一回，他也对乌维单于的话深信不疑，于是，他下令修建豪华公寓，只为等乌维单于亲临长安。

公寓建好了，汉武帝验收合格，一切都准备好了。万事俱备，只等乌维单于的大驾光临了。然而，汉武帝等啊等，就是不见乌维单于的人影，最终等来的是乌维单于代为转达的一句话：“非汉朝最为尊贵的官员来请，我是不会去长安的。”

汉武帝没辙了，只好派路充国去匈奴请乌维单于入京。路充国怀揣着两千石的铁石官印（证明富贵身份的，马虎不得），累得也够呛。

乌维单于哪里料到汉武帝会这么执着，忽悠了一批使者，又来一批使者，大有络绎不绝之势。最后，没辙了，只好派出匈奴同样身为“贵人”的一名高级官员出使汉朝。并且美其名曰：来而无往非礼也，贵人对贵人，这次我够意思了吧。

事实证明，匈奴的“贵人”果然是“贵人”，高贵到了弱不禁风的地步。贵人一到长安，就受到了包括汉武帝在内的汉朝的高级待遇，但屁股还没坐稳，就只能躺在床上了，原因是有二：一是长途跋涉伤了身体，二是水土不服伤了身心。

匈奴的贵人刚到自己的地盘就病了，汉武帝急了，御医们有得忙了，结果是重金赏请天下名医了，但贵人却不给面子，连挥一挥手的多余动作都没有就走了。

汉武帝摇头叹息之余，为了消除误会和不良影响，他只好又派路充国出使匈奴。

路充国这一次“盘缠”比上一次更多、更好、更珍贵，除带着匈奴贵人的棺柩，还带了大大小小数十个箱子，每个箱子里都装满了黄生生、白光光、亮晶晶的金银珠宝。

按理说匈奴贵人一个人的性命换来了这么多的珠宝，死得也算“重于泰山”了。然而，汉武帝不会料到，他的千金，竟然“买”不回匈奴一贵人之命。

路充国一到匈奴，就向乌维单于汇报了贵人之死的原因，以及汉武帝送上千金对这件事处理的诚意。他满以为乌维单于肯定会对他“感恩戴德”，毕竟这护棺柩之辛苦，千里迢迢，没有功劳也有苦劳，因此，他说出这件事的原委后，就静静地坐在那里等待乌维单于给他奖赏。哪里料到，乌维单于听后，脸上阴晴不定，半晌都没有说一句话。

“你们为什么要蓄意谋害我匈奴的贵人？”乌维单于终于说话了，不言则已，一言惊人。吓得一脸期待的路充国冷汗如雨，忙对贵人的死再次进行了“解释”。并且一再表示，贵人的死是因为“水土不服”等自身原因，没有人敢动大王您身边的贵人啊。

“你们为什么要蓄意谋害我匈奴的贵人？”路充国说得口沫横飞，满以为一定会得到乌维单于的“谅解”，结果，乌维单于还是这句话。于是路充国又用汉朝千金补偿进行攻心。

“你们为什么要蓄意谋害我匈奴的贵人？”乌维单于以不变应万变，反反复复只是重复着这么一句话。

见过无聊的，没见过这么无聊的。面对乌维单于咄咄逼人的“第三问”，路充国一时语塞。接着路充国就被作为“嫌疑犯”拘留起来。可怜的路充国，一下子由“贵人”成了“囚人”。

偷鸡不成反蚀米

路充国被“囚禁”的第三个年头，乌维单于的人生也走到了尽头。这个反反复复的小人，以其特有的“流氓”作风，以根本就没有诚意的“和亲”作为诱饵，害得聪明一世的汉武帝，糊涂了许多回。直到路充国到匈奴“千金散尽”人却未“复还”时，汉武帝这才从南柯一梦中惊醒过来，从而明白了这样一个关键词：忽悠。

可惜这时汉朝的大军都在东西南北对周边小国进行“征服”之旅，根本就没有精力和匈奴“动武”。饶是如此，汉武帝把战略的重心还是慢慢地又向匈奴这边偏移，总之，一句话：磨刀霍霍，只等时机一到就进军。

然而，乌维单于的死让汉武帝有一种莫名的惆怅之感。汉武帝一生南征北战，没有攻不下的城墙，没有打不败的敌人，唯独对乌维单于这个刺头束手无策，这么多年的和亲和招降，结果是赔了大量的珠宝，还赔了一批又一批使者的“前途”（多半被乌维单于拘留或是放逐到荒凉之地去了）。

乌维单于死后，他的儿子师庐继位，号称“儿单于”。之所以称为“儿单于”，是因为师庐继位时，年纪还小，小到刚刚摆脱“尿不湿”的地步。

也正是因为这样，汉武帝认为“儿单于”不过是一个小孩，无须动武，只需利用“诱惑”和“威逼”这两招就能搞定他。于是，他派出了两名使者，采用了“两步走”政策方针。一个使者负责搞定儿单于，另一名使者负责搞定实权在握的右贤王。

当然，话到使者的嘴里，这一趟匈奴的“凶险之旅”就变成了“慰问”。大家看到这里就知道，汉武帝使出的是三十六计中的常用一计——反间计。

但这样的“雕虫小技”很快就被“防备森严”的匈奴人识破了，结果两位使者都被以“贼”的名义抓起来，接受儿单于的“听审会”。

别看儿单于人小，但办事却丝毫不含糊，他马上就对两位汉使进行了“严刑逼供”，给他们的忠告是：坦白从宽，抗拒从严。

为了免除皮肉之苦，争取“从宽”处理，两使者不得不出卖使者的使命，交代了一切。

结果儿单于很生气，后果是两使者也得到了“拘留”的处理。恭喜两名使者，匈奴的大牢又多了两名可能把牢底坐穿的人。

随后，儿单于将父皇的优良传统作风继续发扬光大，汉朝的使者来一批就扣一批，来两批就扣两批，总之，他要让汉武帝明白这样一个道理，他派出的使者犹如肉包子打狗，有去无回。

就在汉武帝陷入对匈奴“断交”的苦恼时，匈奴使者却不期而至。汉武帝当时正对儿单于随意扣留汉朝使者的行为大为愤怒，这时见了匈奴使者，也不问青红皂白，来了个以其人之道还治其人之身，先拘留再说。

匈奴使者满怀热情，带着一颗火热的心，被当头浇了一盆冷水后，激情浇灭了，热情消失了，感情变淡了，但使命却不曾忘记。于是，他说了一句石破天惊的话：明知山有虎，偏向虎山行，这是为哪般？

是啊，明明知道当前汉朝和匈奴的关系，这个使者偏偏还敢在这个风头上来汉朝，这是为哪般呢？解押的官员及时向汉武帝进行了汇报。匈奴使者的问题引起了汉武帝的高度重视，他马上召见了他。

“我不是匈奴的使者。”匈奴使者说的第一句话让汉武帝惊住了，这小子该不会为了活命，连自己的国籍都想背叛了吧。

“我是匈奴左大都尉派来的使者。”匈奴使者说的第二句话让汉武帝喜出望外，他听出了使者话中有话。于是态度马上来了个一百八十度的大转变，请到上座，招待了一番，然后才说：请继续。

“儿单于残暴不仁，动辄诛杀，我左大都尉为了免受牵连，决定弃暗投明。”

“非常好。”

“不过，我左大都尉投降之前，还有个条件？”

“什么条件？”汉武帝满以为匈奴使者提出的是“高官厚禄”这类条件，然而，匈奴使者接下来的话更让汉武帝又惊又喜。他说什么都不要，只要汉朝的兵。接着他进行了详解：左大都尉决定提儿单于的人头来见大王，只怕势单力孤，因此，还请大王派兵前去边境接应，里应外合，方可稳操胜券。

有这样的好事，汉武帝当然没有拒绝的理由。于是他封赵破奴为浚稽将军，派他率两万大军从朔方郡出发，目标直指匈奴腹部之地——浚稽山（今蒙古的阿尔泰山脉中段），在那里和左大都尉进行里应外合。

然而，当赵破奴火急火燎地赶到浚稽山时，没有等来左大都尉，却等来了匈奴的大部队。原来，左大都尉是个毛手毛脚之人，还没举事，却不甚走漏了风声，结果来了个“举事未遂身先死”，儿单于杀了叛徒，还不解恨，面对送上门的赵破奴，一股怨气正无处可发，结果来了个将计就计，躲在浚稽山下来了个“以逸待劳”，结果可想而知，中了计的赵破奴如果想活命，只有一条路可以走：逃。

逃啊逃，带了些残兵败将的赵破奴逃了几天几夜，终于甩开了穷追不舍的匈奴士兵。此时，天渐渐地黑下来了，夜朦胧，鸟朦胧，人更朦胧。于是朦胧中的赵破奴做出了一个大胆的决定：管它安全不安全，就地夜宿一晚，明天一大早再继续逃亡的生活。

对于许多天没有睡觉的士兵们来说，又饥又渴，体力达到极限，睡觉是最大的奢侈，听主帅开口可以睡觉，差点没管赵破奴叫爹，当下蒙头就睡，不久，便个个酣睡如泥，睡得像死猪一样。

然而，事实证明，赵破奴饱睡一晚的想法太过单纯和一厢情愿了。因为，就在汉军“睡在地上成一统，哪管白天与黑夜”时，匈奴士兵来了，他们没有再给汉军任何反抗的机会，以“铁桶”的方式包围了酣睡中的汉军，接下来就是“砍瓜”比赛了。

结果惊醒过来的赵破奴想再反抗、来个“鱼死网破”时，已晚矣，当他身先士卒往外冲时，被重点“关照”的匈奴人活生生地擒住了。擒贼先擒王，主帅被擒，汉军哪里还有斗志？骨气硬一点的，战死；骨气软一点的，投降。

总之，一句话：赵破奴两万大军全军覆灭。

轮回

赵破奴全军覆没后，尝到了甜头的儿单于充分发挥了“宜将剩勇追穷寇”的精神，不顾疲劳，对汉朝进行了“赤裸裸”的入侵。但边防大元帅公孙敖早就有准备，坚壁清野，逼使匈奴最终高高兴兴地来，垂头丧气地走。

春去秋来，寒时暑亦转，第二年，儿单于忍不住“手痒”，亲自挂帅，率匈奴主力部队欲和汉朝“试比高”。

而此时，汉武帝因为赵破奴的全军覆没，也对匈奴下达了“必杀令”，光禄勋徐自北出五原塞，兴建“密密麻麻”的亭障；强弩都尉路博德沿边筑城；游击将军韩说、长平侯卫伉率大军进行一级备战，随时听命。汉武帝还亲自坐镇边境最重要的军事基地——朔方城“恭候”儿单于的到来。

双方磨刀霍霍多年，一场旷世大战迫在眉睫，即将上演。

然而，儿单于走在中途却突然变卦了。这次绝代双骄的世纪大战也就这样戏剧性地宣告结束了。

儿单于爽约不是因为害怕汉武帝和汉军的强大，而是因为他病了，结果这一病就带走了他年轻而奔放的生命，最终落得个“出师未捷身先死，长使英雄泪满襟”的凄凉下场。

儿单于本来就是个小孩，因此，还没有能生下继承人。于是儿单于的叔父，也就是乌维单于的弟弟右贤王呴犁湖当上了单于。

呴犁湖继承了匈奴单于“贪婪无度”的本性，他上任后，对汉朝进行了不间断的“打草谷”，结果使得汉朝边境又重新回到了“烽火连三月”的状态。但好在汉武帝早有准备，边境防守得力，呴犁湖单于带领匈奴人常常是这里抢了汉朝一些牲畜和财物，那里又被汉军的游击队击毙千八人。总之一句话，捡了芝麻丢了西瓜，得不偿失。

但呴犁湖单于却铁了心，非要完成儿单于未完成的事业，和汉武帝血拼到底。结果，打打杀杀，东奔西跑，不到一年的时间里，汉朝还是那个汉朝，匈奴也还是那个匈奴，但呴犁湖却不是那个呴犁湖了。他病了，原因是：疲劳过度。结果和儿单于大同小异，病了之后，接下来的进程是：

太初四年（公元前 101 年），呴犁湖单于含恨而去。呴犁湖单于死后，儿单于的另一位叔父，也就是乌维单于和呴犁湖单于的弟弟且鞮侯时来运转，登上了单于的宝座。

这真是：单于轮流坐，今年到我家。

第八章　翻云覆雨

祸福难料

就在匈奴的单于轮流坐庄的时候，被囚困在匈奴达数年之久的路充国也时来运转，从黑暗中看到了光明，只听见他嘴里反反复复，唠唠叨叨，只重复两个字：回家，回家。

路充国终于回家了，一见到汉武帝，他便未语泪先流，大颗大颗晶莹的泪顺着他脸庞往下流，汉武帝见他这个架势，也有点慌了，毕竟这些年路充国在外面还是受苦了，他正要安慰他几句话，路充国却说话了：“且鞮侯单于是个好人。”

路充国当着汉武帝的面盛赞别人，更何况是他的“大冤家”，汉武帝当然不会有好脸色看了。正当他脸上晴转多云、多云转阴时，路充国的第二句话又新鲜出炉了：“且鞮侯单于放我回来，不是给我面子，是给皇上您面子啊！”

汉武帝是聪明人，自然知道路充国话里的意思。且鞮侯单于放了路充国是因为“惧怕”汉朝的强大。事实上，汉武帝此时已成功搞定了西域的大宛等国，举全国之兵正慢慢向匈奴的战场上转移了，且鞮侯单于为了“明哲保身”，不得不放出路充国等昔日被匈奴单于扣留的汉朝使者。

就在汉武帝脸色稍见缓和时，路充国的第三句话出口了：“且鞮侯单于叫我向皇上捎来一句话。”

“什么话?”汉武帝问。

“汉皇帝，是我的长辈。”路充国答。

且鞮侯单于的这句话意思已经很明显，就是说“我匈奴的单于是汉朝的‘女婿’，我只是儿孙辈，汉朝就是我的长辈了”。把自己的辈分都降低了，这明显是此地无银三百两，怕得罪汉朝而使出的“苦肉计”，意在“明哲保身”。

对于且鞮侯单于的谦虚态度，汉武帝很是满意，于是暂时放弃了“动武”的念头，决定重走和亲路线。于是乎，该是苏武出彩的时候，有劳你到匈奴去潇洒走一回了。

苏武，字子卿，杜陵（今陕西西安西南）人，代郡太守，苏建之子。苏建想必大家都知道，他就是当年和周亚夫共同平叛“七国之乱”的功臣，以战功被封为平陵侯，为西汉初名将之一，生有三个儿子。苏武排行第二，兄苏嘉为汉奉车都尉，弟苏贤为骑都尉。出使匈奴前，管居御厩监，替皇帝掌管马厩，说得再通俗一点就是弼马瘟。

天汉元年（公元前 100 年），汉武帝拜苏武为中郎将出使匈奴。苏武作为“和平大使”喜忧参半。喜的是这是一次“立功”的大好机会，这对一向有远大抱负的他来说，机遇摆在面前，自然欣喜了；忧的是汉匈“断交”已不是一两天的事了，而是许多年了。以前的使者大多落得“客死他乡”的悲惨结局，因此，他这次出行也是祸福难料，生死未卜，自然“忧”了。

于是乎，“茫茫然”的苏武临别前和老母（父亲苏建已仙逝）进行了“诀别”，和儿女进行了“泪别”，最后才和最舍不得的娇妻进行了“吻别”……

当然，这一次汉武帝为了能顺利搞定匈奴，还给苏武配了两名得力的助手：副中郎将张胜和属史常惠，随从的人员更达到了史无前例的一百多人，再加上带的许多金银珠宝，丝绸字画等财物，以及备带的干粮和其他的坛坛罐罐，四个字：浩浩荡荡。

苏武不愧是名门之后，既然接受了“和平大使”这项光荣而神圣的任务，自然不能“有辱使命”了。于是，到了匈奴后，他见到了且鞮侯单于，献上了“礼物”后，接下来的会谈正襟危坐，态度是不卑不亢，既不显摆汉朝的强大，也不畏惧匈奴的凶悍。

然而，且鞮侯单于听说“礼物”时是两眼发光，接完礼物后，马上又拉长了一张马脸，口气非一个“狂”字能形容。总之一句话：且鞮侯单于根本就没把和平大使苏武当人看。

苏武心里虽然很不是滋味，但苦于自己的使命（负责和平谈判的），极尽忍辱之事。然而，他再三努力，一退再退，且鞮侯单于不是“狮子大开口”就是“横眉冷对”，最终，他明白了这样一个道理：且鞮侯单于和他的哥哥乌维单于一样，是个典型的“忽悠”派，根本就没有诚意和汉朝进行“和平谈判”。

既然谈判不成，苏武忍住心中的怨气，只等熬过这几天就回去向汉武帝复命。

然而，天有不测风云，人有旦夕祸福，就在苏武准备起程离开匈奴这个“虎口”时，且鞮侯单于亲自来送行了，说的不是“想留不能留，只剩下离歌”之类的伤言感语，而是一句石破天惊的话：“都给我拿下。”

就这一句话，让苏武的回家梦想推迟了整整十九年，直到汉昭帝的时候，他才“恍如隔世”地回家。

那么，究竟是什么原因，让急于“拖延时间”的且鞮侯单于敢于“光明大胆”地拘留苏武呢？

谋事在人，成事在天

这里得先提一个人，这个人的名字叫卫律。这个卫律和苏武一样，也当过“和平大使”。只是他这个和平大使，一到匈奴，非但没有完成使命，反而“有辱使命”。他不但没有说服匈奴单于“回归”汉朝，反而被匈奴单于“反说服”，投靠到了匈奴的怀抱中去了。

原来，卫律与协律都尉李延年很要好，“不起眼”的卫律也正是因为李延年的关系，才得到汉武帝的认可，被封为和平大使，出使匈奴。

虽然和平大使是件出力不讨好的苦差，但对“小人物”卫律来说却显得格外珍惜，一来可以领略异国他乡的风土人情，二来也是一个机遇，如果完成了使命，汉武帝一高兴，以后的仕途肯定是飞黄腾达了。就在卫律雄赳赳气昂昂地踏上匈奴这块古老而神奇的土地时，殊不知他的大恩人却遭遇了人生的滑铁卢——因为家人犯了杀人罪，李延年被“牵连”入狱。

当时卫律正在和且鞮侯单于进行“座谈会”，听到这个噩耗后，也不管什么场面什么时间，竟然号啕大哭，大颗大颗的眼泪往下掉。

“李延年虽然因冤入狱，但终归还是保留了一丝生还的希望，请您不要太过伤心，以免伤了身子骨。”且鞮侯单于见卫律哭得这般伤心，一向铁石心肠的他产生了怜悯之心，竟然对卫律进行了破天荒的“安慰”。

卫律闻言哭得更伤心，大有“水漫金山”之势。就在且鞮侯单于急得不知如何是好时，他这才强收了泪，喃喃地说了这样一句话：“我不是替李延年担心，我是替自己担心啊。”

再傻的人也明白卫律话中的意思了。卫律是李延年的“闺密”，李延年入狱，按那时的“株连”之法，最终下场也是“吃不了兜着走”了。

而且且鞮侯单于之所以对卫律“另眼相待”，自然是有其他的目的。原来此时的中行说已然客死他乡了。这个汉朝的叛徒，给匈奴带来的贡献是无与伦比的，匈奴之所以能有今天的“像模像样”，和中行说的“言行教”密不可分。可以说，没有中行说，就没有匈奴今天的独立和繁荣。

因此，中行说死后，且鞮侯单于又悲又急，悲那就不用说了，急的是想寻找一个汉人来做他的“替身”。

这时，卫律同志刚好来“造访”，且鞮侯单于对能言会道学识渊博的卫律很是满意，认为他是中行说最好的接班人。也正是因为这样，此时听说卫律的“烦恼”后，他心中暗暗高兴，接下就看他的“假仁义”表演了。他晓之以理，动之以情，使得卫律的“芳心”颤动不已。但碍于汉人的矜持，他并没有急着表态，因为他明白这样一个道理，在且鞮侯单于没有最后表态之前，他一定不能先表态。

且鞮侯单于见时机已到，卫律几乎在默认了，于是亮出了撒手锏：“他处不留人，自有留人处。像你这样人才，如果不嫌弃我这个弹丸之地，我马上封你为灵王，让你以后有享之不尽的荣华富贵。”

卫律等的就是且鞮侯单于的“承诺”，灵王，多么诱人的官职啊。他这个小小的和平使者，只怕在汉朝永远都不可能实现。再加上李延年的入狱，实际上已断了他的回归之路。于是，卫律也学当年中行说的样子，抓起笔就是一阵挥毫泼墨，当然，他没有写感谢之类的话，而是把自己的国籍由汉朝改成了匈奴。

事情到这里看似可以告一段落了，但实际上并没有这么简单，卫律被搞定了，他手下的一个叫虞常的随从却坚决不同意。用他的话来说就是：卑颜屈膝，卖国求荣的事坚决不干。然而，反对归反对，但在卫律面前只有两个字：无效。

虞常眼看劝说无效，马上改走其他路线，思来想去，他选择了一个铤而走险的方案：暗杀卫律。

具体步骤如下：

一、谋杀：不管是阴谋阳谋，不管是怎么杀，总之，一句话，先谋杀掉卖国求荣的叛徒卫律再说。

二、绑票：杀掉卫律的同时，以迅雷不及掩耳之势，持刀劫持单于的母亲阏氏做人质。

三、闪人：有了阏氏做人质，匈奴单于投鼠忌器，拿他们没有办法，只能眼睁睁地看着他们“扬长而去”。

应该说虞常还是对黑社会“打劫抢杀”这一套了如指掌，步骤看似简单，但却实用，堪称是极尽完美的方案。

当然，考虑到一个篱笆三个桩，一个好汉三个帮的原则，势单力孤的虞常并没有“闭门造车”，而是找了两个人做帮手。

第一个人的名字叫缑王。一听这个名字就觉得怪怪的，不错，他的来头不小，这个缑王是当年匈奴浑邪王的侄子，当年随着浑邪王归汉后，缑王决定嫁鸡随鸡嫁狗随狗，嫁个汉朝是老家。然而，他在快乐老家并没快乐多久，匈奴左大都尉反叛，他随追浞野侯赵破奴带兵前去“接应”，结果兵败被俘。

然而，他虽然被俘了，但仍身在匈奴心在汉（朝）。虞常于是凭着当年的“一面之交”找到了缑王。因为在特定的时间，特定的地点，找对了人，于是乎，两人一拍即合，表示将轰轰烈烈大干一场。

就在虞常找对一个人的时候，却马上又找错了一个人。

虞常找的第二个人的名字叫张胜。张胜是苏武的副使，在出使团里可谓是一人之下，百人之上，地位也不俗。当然，虞常找张胜除了两人是老相识外，还有个很重要的原因，就是张胜的剑法不俗，江湖上给他脸上贴金“李广第二”，虞常找到他自然是让他充当“狙击手”，负责暗杀卫律。

之所以说虞常找错了人，不是说张胜为了个人的利益，出卖了虞常。事实上，张胜对于刺杀卫律，为国除害还是挺乐意的，因此，虞常拉他下这趟浑水时，他二话不说就答应了。并且说了八个字：赴汤蹈火，在所不辞。

然而，他不会知道，就因为他的这句话，苏武的人生因此而彻底改变。

闲话少说，话说虞常找了缑王和张胜两个得力帮手，组成了“暗杀组”后，已是万事俱备，只等机会了。

都说机会留给有准备的人，这话一点都不假。某一天，心血来潮的且鞮侯单于突然决定去打猎。虞常认为这是刺杀卫律、发动政变的绝佳机会，当机立断决定：举事。然而，堡垒易从内部攻破，最大敌人还是自己。虞常怎么也想不到，就在这个千钧一发的时刻，他内部竟然出现了叛徒，结果很简单，举事未果，反遭屠龙。

"屠龙"的结果是缑王战死，虞常被擒，只剩下漏网之鱼张胜"逍遥法外"，张胜虽然暂时安全，但却"独自心惊"，惊恐之下，张胜这才把原本想给苏武的"惊喜"说出来了。苏武一听，果然惊喜得很，二话不说，拔刀就往脖子上抹。幸亏张胜和常惠眼疾手快，使用"乾坤大挪移"把苏武手中的刀夺过来，才免去了一场血光之灾。

事实上，苏武"惊喜"过后，已是绝望。他知道此时他的命运不是掌握在自己手上，而是掌握在"阶下囚"虞常手上。虞常如果舍生取义，一个人认了所有的罪，不把张胜招出来，那么他将安然无恙，如果虞常把张胜招出来了，那么他的命运就只有听且鞮侯单于的摆布了。

虞常，现在就看你的选择了。

你的选择

虞常举事未果，心知必死无疑，于是闭目等待且鞮侯单于那"温柔的一刀"。然而，且鞮侯单于的刀果然温柔，温柔到了生不能生、死不能死的地步。总之，什么叫生不如死，且看且鞮侯单于如何对虞常用刑就知道了。

一开始，虞常还坚决不出卖张胜，但随着且鞮侯单于大刑的陆续登场，渐渐招架不住了。可怜的虞常死罪能受，活刑难熬，最后让痛苦战胜了情义和道德，供出了张胜。

这下恭喜苏武，作为张胜的顶头上司，有劳你来皇宫走一趟了。事实上苏武早就料到此次凶多吉少了，听说且鞮侯单于连夜召见自己，他非但没有"惧而不往"，反而提了一把刀就去了。见到了且鞮侯单于，他不待且鞮侯单于说话，拔刀就往自己的头颅上招呼，顿时片片血花如梅花般绽放开来。

一旁的灵王卫律见苏武这般"视死如归"，也不知是良心发现，还是什么原因，总之，来了个"奋身扑刀"，终于制止了苏武的野蛮"自残"行动。

结果苏武没有死成，且鞮侯单于却被感动了。他改变了对苏武这个和平团进行屠龙的想法，而是认为苏武是个人才，决定劝降，让苏武为他匈奴人所用。为了追求一击即中的成功率，在劝降前，且鞮侯单于当着苏武的面做了两个准备工作。

一、屠杀这次刺杀行动中的甲级战犯虞常。作为主谋，虞常终于“苦尽甘来”（与其受各种严刑，不如来一刀痛快），等来那温柔的最后一刀。只是临死前，谁也没有看到他眼中那无限的悔恨，是在感叹举事未果身先死，还是有愧检举张胜从而牵连到了苏武，这就不得而知了。

二、威逼这次刺杀行动的从犯张胜归降。且鞮侯单于首先来了个“单于舞剑，意在张胜”，剑剑不离张胜的要害之处，浑身是胆的张胜吓得差点没求爷爷告奶奶。因此，当且鞮侯单于在说“投降可活命”时，张胜连叫了一百个我愿意。

办完这两件事，且鞮侯单于对苏武发出了意味深长的笑，苏武，何去何从，现在是该你选择的时候了。然而，苏武神情木然，仿佛遗世独立了一般。

“既然副使有罪，你这个做正使的也脱不了干系啊！”且鞮侯单于见苏武一直没动静，先来了个下马威再说。

“桥归桥，路归路，我是我，他是他，天要下雨，娘要嫁人，我跟他无瓜葛，有什么干系呢?”苏武傲然道。

话不投机半句多，只一个回合，对话暂时告一段落，且鞮侯单于眼看动口没有什么效果，马上就动起了手。他故伎重演，拔出剑在苏武头上就是一阵天女散花。然而，这次他又错了，苏武不是张胜，一见真刀真剑心里就发慌，面对头上的阵阵“泰山压顶”，他镇定自若，大有泰山倒于眼前而不慌的气概。

眼看这样舞下去，非但没有吓着苏武，自己的手要先骨折了，且鞮侯单于停止了“恐吓”，转而进行了“攻心”，他使了一个眼神，灵王卫律该是你上场的时候了。

卫律果然是卫律，马上就把自己归附匈奴、如何被封为王爵、如何享受荣华富贵说了一遍。总之，苏武投降了就可以获得“高官厚禄”。

然而，他好话说尽，最后被苏武一句话反驳得面红耳赤，无地自容：“尔等叛国之徒，他日有何面目见九泉之下的家人?”

劝说工作至此告一段落，结果是且鞮侯单于和卫律轮番上场，皆不能逼使苏武就范。按理说且鞮侯单于应该死了“招降”这条心了。然而，世上的事就是这样，你越是得不到就越想得到。苏武越是不肯就范，且鞮侯单于就越是认为他有骨气，越是认为他是个人才，越是想招这样的贤才为己用。于是按“软硬兼施”的方针，用嘴劝说不行，又来硬的了。

且鞮侯单于手一挥，说了两个字：动刑。

这次，且鞮侯单于本着特殊人特殊对待的原则，动的刑不是一般的刑，而是“酷刑”。当时正值严冬，天上下着鹅毛大雪。且鞮侯单于命人把苏武关入一个露天的大地窖，断绝食品和水，让他自生自灭，目的只有一个，希望用这种超常手段来改变苏武的信念和意志。

且鞮侯单于对自己的“撒手锏”还是充满了自信的。他甚至认为，这一招出手，神仙也挡不住。然而，这次且鞮侯单于还是错了，苏武不是张胜（一把剑就可以吓晕），也不是虞常（一动酷刑就招了），更不是神仙，而是一个威武不能屈的贞节之士。时间一天天过去，苏武在地窖里受尽了折磨。渴了，他就吃一把雪，饿了，就嚼身上穿的羊皮袄。就这样他顽强地挺过了生命的极限。

过了好几天，单于见濒临死亡的苏武宁愿做雪地里的“睡美人”，也没有屈服的意思，只好把苏武放出来了。

至此，且鞮侯单于的劝说工作彻底失败。软硬兼施都拿“威武不能屈”的苏武没办法。且鞮侯单于陷入进退两难的境地。想杀不能杀（敬重苏武的气节，不忍下手），想留不能留（想留他为己用，却又留不住他的心），思来想去，且鞮侯单于决定把苏武流放到北海（今西伯利亚贝加尔湖一带），并美其名曰：牧羊。

临行前，单于为了给苏武一点希望，说了这样一句“忽悠”的话：“什么时候公羊生了羊羔，我就让你回到中原去。”

这明显是“铁树开花，金鸡下蛋”般痴人说梦的话。但就是这样一句话，却使苏武有了活下去的信念。那么苏武的命运后来到底怎么样了？他能梦回中原吗？这里先卖个关子，按下不表，后面会有详叙。

第九章　沧海桑田

年轻的代价

汉武帝终于决定对匈奴动武了。原因有二：

一、他派出的寄予厚望的大型“汉使团”如牛泥入海，一去不复返。这让他先是震惊，然后是愤怒了。两国交战都不斩来使，两国和谈用得着扣留使者吗？看样子不给你匈奴点颜色看看，你真不知道天有多高地有多厚了。

二、南边南越的叛乱搞定，西边的大宛等国被征服，东边的朝鲜也归附。只剩下北边的匈奴对汉朝虎视眈眈。换句话说，东西南北，现在只剩下“北劲”还在和汉朝较劲了。而汉朝现在四海平定，已有足够的兵力和精力来打击匈奴了。

也正是因为条件和时机成熟了，汉武帝发兵了。天汉二年（公元前 99

年），那是一个夏天，汉武帝派出了贰师将军李广利挂帅亲征匈奴。

那么这个李广利又是什么来头呢？

前面我们已经说了，汉武帝早期因为宠爱卫子夫，爱屋及乌，重用了卫子夫的弟弟卫青和外甥霍去病，从而打造了抗击匈奴的“双子星”。然而，卫青和霍去病都是“英雄气短”之人，年纪轻轻，正值人生和事业最辉煌的时候，生命却戛然而止。

也正是因为这样，汉武帝才暂时取消了对匈奴动武的政策。再加上匈奴遭受重创后，吃一堑长一智，不仅远遁塞北，而且聪明地以和亲为诱饵和汉朝谈判，结果这一谈就谈了多年也没有正式结果。再加上汉武帝又忙于搞定其他周边小国，所以无暇顾及匈奴。

但以苏武为首的代表团“失踪”后，汉武帝忍无可忍，眼看万事俱备，这才决定好好教训一下不听话的匈奴。李广利就这样站在了历史的舞台上。

李广利之所以能一鸣惊人成为此次出征的主帅，原因是：背景硬、后台足。

都说一个成功的男人背后站着一个女人，李广利之所以能“成功”，那是因为他身后也有一个非同小可的女人。这个女人是继卫子夫之后，最让汉武帝为之倾狂为之动容的人。她便是汉武帝一生中三个最宠爱的妃子之一——李夫人。至于李夫人和汉武帝的爱情故事后面会有详叙，这里暂且按下不表。

闲话少说，因为裙带关系，李广利挂帅后，带领三万精兵从酒泉出发，目的地很明确，直捣匈奴右贤王的军事根据地——天山。结果，初生牛犊不怕虎的李广利如尖刀般突入匈奴的腹地，打了右贤王一个措手不及，停战了许多年的右贤王哪里料到汉军会突然从天而降，结果只能用惨败来形容。

李广利首度出师就告捷，擒杀敌人共计一万多人，心中难免得意。他没有继续“宜将剩勇追穷寇”，反而掉转马头，来了个凯旋，欢欢喜喜地准备向汉武帝邀功去了。

因为生擒了大量的匈奴士兵，归途岂是“漫漫”这两个字能形容的；

而就在李广利得意扬扬地往回走时，失利的右贤王却马上从失败的阴影中走出来，并且迅速组织和结集了大量的兵马，马上进行了“复仇”，结果一个慢腾腾地走，一个日行千里地追，不消两日，李广利的大军就被蜂拥而至的匈奴士兵围了个水泄不通。

汉军被包围后，数次突围都宣告失败，只有做困兽之争。风在吼，马在叫，士兵在咆哮，重复着一个字，不是杀而是饿。

眼看粮草告急，防线告急，伤亡告急，李广利急得像热锅上的蚂蚁。就在这个生死存亡的关键时刻，假司赵充国站出来了，他说了这样一句话：“与其被困死在敌人阵中，不如做最后的一搏。属下愿带一百敢死队为将军开路，只求将军能活着出去，他日若能平定匈奴，家祭无忘告诉属下便是。”

李广利被感动得热泪盈眶，正想说“这怎么可以”之类的话时，赵充国早已带领他的敢死队向敌人的壁垒进发了。

人要是能战胜自我，还有什么不能战胜的？敢死队连死都不怕了，还有什么可以畏惧的？也正因为这样，这支敢死队以雷霆之势奋不顾身地杀向敌阵时，匈奴人被他们视死如归的气势和气魄震住了，纷纷溃退。结果，敢死队如同一把利刃一样，硬生生地撕开了匈奴铁桶阵的一个口子。

机不可失，时不再来，李广利不再犹豫，率大军一溜烟地杀出，来了个扬长而去。结果是李广利活着回来了，但三万精兵却只剩下孤零零的千余人了，唯一令人感到欣慰的是敢死队的头头，功不可没的赵充国身上伤痕累累，血肉模糊，居然也活着回来了。

汉武帝虽然对李广利先赢后输表示了很遗憾和不解，但碍于李夫人的面子，并没有过多地对李广利追究其军事责任。相反，听说赵充国的英雄事迹后，汉武帝觉得这其中可大做文章，为以后反击匈奴做表率作用。

于是他马上召见了赵充国，亲自验证了赵充国身上的伤，结果赵充国身上上上下下、左左右右、前前后后竟然体无完肤。那一道道或浅或深的伤疤，是那么触目惊心，令人震撼。于是，他一边安慰这位英雄的同时，一边给了他奖励：官升中郎将。

损失两万多人，主帅也是死里逃生，但对汉武帝来说，这样一次“磨刀霍霍”多年的军事行动，他并没有只派李广利孤军深入，相反为了保障汉军后勤运输的安全及接应等，汉武帝在起用李广利的同时，还起用了另一名年轻的小将，他的名字叫李陵。

那么，这个李陵又是何许人也？这里不妨来简单地看一下李陵的简历。

提到李陵的祖父，真是不说不知道，一说吓一跳。他祖父便是扬名四海、曾令不可一世的匈奴闻之色变的“飞将军”李广。

自从元狩四年（公元前 119 年）李广被迫自杀之后，这一军人世家就时运乖舛。李广死后的第二年，其堂弟、当朝丞相、乐安侯李蔡因盗取官地，下狱自杀。李广的三个儿子，长子当户、次子李椒都先李广而死，少子李敢曾以校尉随骠骑将军霍去病击匈奴，勇夺左贤王旗鼓，赐爵关内侯，代父职为郎中令。李敢因怨恨大将军卫青逼迫其父自杀，遂伺机将其击伤。卫青或许是对李广之死颇感内疚，所以将此事遮掩起来。但卫青的外甥霍去病却愤恨难消，趁与李敢伴随武帝在甘泉宫围猎之时将他射死。此时霍去病深得武帝宠爱，所以武帝极力掩盖事情真相，说李敢是在围猎时被鹿撞死的，这样的结果纯属意外，一个朝廷高官就这样无声无息地消失了，令人唏嘘。

李敢死后，李氏家族更加衰落。虽然李敢的儿子李禹得宠于卫太子，也颇有些勇力，但没有继承其祖父仗义疏财的优良品质，却是一个好利嗜财的匹夫，不足以担大任。也正是因为这样，李广的大儿子李当户的遗腹子李陵成人之后，这一“没落”之家才又看到了一丝希望。

李陵步入仕途后，任侍中、建章监。由于家世的熏陶，李陵不仅擅长骑射，而且接人待物谦让真诚，名誉远播。武帝认为李陵最有李广遗风，为了考验他的能耐和胆识，曾命他率八百骑过居延，深入匈奴之地两千多里查看地形。李陵“来去如风”，进入匈奴境地如入无人之境，归来后汉武帝龙颜大悦，马上就封他为骑都尉，他这个“总教头”的任教便是教酒泉、张掖的士卒学习骑射，防备匈奴侵扰，保卫国家。

苏武大型使团失踪后，汉武帝在重用“爱屋及乌”的李广利的同时，也没有忘了名门之后的李陵，于是，他特地将李陵从边郡召回，并亲自在未央宫武台殿和他开了“座谈会”，座谈会本着友好的原则，必要的客套和寒暄过后，汉武帝对李陵说了三句简明易懂的话。

汉武帝的第一句话是：匈奴欺我汉朝太甚，不给他们点颜色瞧瞧，怕是他们不知道天高地厚了。李陵听了，表情是：喜。心中道：汉武帝该不会是想让我挂帅亲征吧。

汉武帝的第二句话是：我决定派李广利为贰师将军，打击匈奴的嚣张气焰。李陵听了，表情是：悲。心中道：原来挂帅亲征早有人选啊。

汉武帝的第三句话是：我想让你为李广利护送辎重，做后勤部部长。李陵听了，表情是：怒。心中道：我李陵是什么人，怎么能为因裙带关系青云直上的李广利做“嫁衣”呢？

李广利是武帝宠姬李夫人的哥哥，因征服大宛有功，被封为海西侯，宠幸正盛。但是，作为一名世代以军功晋身为荣的军人的后代，李陵鄙视因裙带而升迁的李广利，因此，当汉武帝第三句话一出口后，李陵几乎想都没有想就回答了三个字：不愿意。

汉武帝很是惊愕，做后勤部部长，虽然没有前锋大元帅那么威风，但一来没有什么风险（毕竟不用冲锋陷阵），二来前锋打了胜仗，他可以得到封赏（没有功劳也有苦劳），而打了败仗却没有什么大责任。因此，这种职务也是很多将士求之不得的。

“大丈夫生当作人杰，死亦为鬼雄，怎么能畏首畏尾地躲在后面做搬运工呢？”李陵也是个很识时务的人，眼看自己一时激动直言相拒，汉武帝的面子挂不住，于是灵机一动，赶紧圆场。接下来他自称他所率领的戍边士卒都是“荆楚勇士”和“奇才剑客”（说白了就是非一般的将士），他愿意自领一军单独出击，使匈奴顾此失彼，无法集中兵力专攻李广利所率的汉军。

汉武帝脸上马上由阴转晴，沉默半晌，说了一句很无奈的话：“我把军马都调给李广利了，已经没有多余的骑兵可以让你来指挥了。”

李陵昂首回答：“没有骑兵也行，臣愿意以少击多，率五千步兵横行匈奴之中！”

武帝见李陵勇气可嘉，没有再“为难”这个自告奋勇的年轻俊杰，非但答应了他的请求，还给他派了一个得力的副手做接应——强弩将军路博德。

路博德是一员沙场老将，前面已经说了，元鼎五年（公元前 112 年），汉武帝兵分五路征伐南越时，他作为一路的伏波将军，立下头功。而如今却要为一个“名不见经传”的后生小辈殿后，心中自然愤愤不平，于是对汉武帝提出了抗议。当然，本着君臣有别，路博德的抗议是非常委婉的，上书的大致内容如下：“尊敬的皇帝陛下，如今已快到秋风秋雨愁煞人的初秋时节，匈奴士兵这些年养精蓄锐，正值兵强马壮，想打败他们怕不是一朝一夕之事。臣愿意与李陵等到明年春暖花开之际再出击匈奴，利用匈奴‘春困’，我军当可大获全胜。”

汉武帝阅书后，怒，大怒，非常怒。他怒上加怒的原因是怀疑路博德上书的幕后推手是李陵。他以为李陵说出“大话”后，不敢率五千步兵击匈奴，所以指使路博德上书到他这里借故拖延，想到他这里来拿“后悔药”。

覆水难收，说出的话便如泼出去的水，想拿后悔药，两个字：没门。于是盛怒之下的武帝立即下了死命令：李陵即日便出发。

天汉二年（公元前 99 年）九月，也就是李广利率三万大军出征匈奴后的第四个月，被汉武帝寄以“复仇”（为李广利）重任的李陵，出遮虏障（今内蒙古额济纳旗东南），至东浚稽山南龙勒水上察看匈奴敌情。与此同时，路博德出西河（今内蒙古准格尔旗西南），与因杅将军公孙敖会师于涿邪山（又名涿涂山，今蒙古满达勒戈壁一带），作为后续部队，名为支援李陵，实为监督。把李陵的行踪每天进行汇报。由此可见，汉武帝对李陵已是疑心四起，完全是一副不信任的态度了。

那么，等待李陵的将是怎样的暴风骤雨呢？

风雨骤起

李陵出兵之后进展顺利，一路风雨无阻，很快抵达东浚稽山下，眼看寻不到匈奴人的踪影，李陵便把军队驻扎在龙勒水（今蒙古图拉河）上。随后他做出了一个创举，将沿途所过山川地形绘成地图，命令麾下骑士陈步乐飞报朝廷。

汉武帝极为重视李陵一军的活动，立即亲自召见。陈步乐虽是一名普通士卒，却生得一张利嘴，他以“三寸不烂之舌”将李陵出师以来的行动表述得清清楚楚明明白白。总之，汉武帝听后怎一个“喜”字了得，他大手一挥，陈步乐立即被任为郎官。

然而就在汉武帝和文武百官举杯相庆时，厄运已经降临到李陵的身上。

原来，李陵在匈奴境内横冲直撞，引起了以且鞮侯单于为首的匈奴人的高度关注。眼看李陵一行游山玩水且不说，走走停停，到哪里都拿个夹板，涂涂画画一番，大有入乡随俗之势，心中那个气自然不打一处来。

冷眼观察了一番后，对汉军的敌情已经掌握得八九不离十了，且鞮侯单于下手了，和对付李广利一样，他率倾巢而出的匈奴士兵，把李陵的五千步军围了个严严实实。

直到这时，李陵才知道，过分自信过分冒险，有时是要付出代价的。当然，血气方刚的李陵感叹归感叹，但并没有后悔，对于他来说，能够带兵来匈奴潇洒走一回，本身就是一件很了不起的事了，虽然汉武帝给他的兵马少了点，但这是一种挑战，同时也是一种机遇。

在挑战和机遇并存的情况下，立下战功是李陵此次深入匈奴的唯一目的。于是乎，他在寻找匈奴人未果的情况下，放下行李，驻扎开来，每天顶着“秋老虎”翻山越岭只为画一幅画。画完了匈奴境地的全部，也就等于了解了匈奴一山一水一草一木，有了这样的“军事路线图”，就可以为打击匈奴的“后来人”留下一份宝贵的财富。因此，面对匈奴的包围，李陵的心里激情澎湃，全然没有一点畏惧的心理。

且鞮侯单于眼看李陵的汉军才区区几千人，相对他数万大军来说简直是小巫见大巫，不值一提，因此，包围李陵后，也并没有马上进行围剿和屠杀，而是进行了苦口婆心的劝降工作。

李陵兵虽然少了点，势力虽然单了点，但信心却一点也不弱，面对匈奴的“你们已经被包围了，投降才是唯一出路”的阵阵劝降声，他满怀豪情地代表汉军回了一句：说投降未免太早了点，包围与反包围，鹿死谁手，还是个未知数。

眼看李陵敬酒不吃吃罚酒，匈奴人野蛮的本性马上就显露出来了，既然言无好言，何须多言，来点实际的，开打。

俗话说，天时不如地利，地利不如人和。数万匈奴士兵对五千汉军，在人数上，汉军处于绝对的劣势，因此，“天时”上，汉军未战先败。但绝望中的汉军却拥有“地利”（汉军倚山之险）和人和（五千将士宣誓同生死）。

面对敌人的进攻，汉军在两山之间的险峻之处布营，用运粮用的车辆设防，然后汉军中执盾牌戈矛的步率在前，弓箭手于后，结果，雄风吹，战鼓擂，战马奔腾，胡笳刺耳，匈奴铁骑像狂风一般直向汉军阵地扑来，那气势绝非一个“酷”字能形容得了。然而，他们的酷并没有维持多久，冲在最前面的匈奴士兵都成了汉军射靶的对象，四个字：非死即伤。

倒了一批又一批匈奴士兵，且鞮侯单于眼看势头不对，这几千汉军的战斗力不容小觑，这才停止了“送死比赛”。于是采取了另一种聪明的办法：只围不攻。

当年他的祖先冒顿单于在白登山对付刘邦就是“只围不攻”，但最终被狡猾的刘邦用陈平之计成功脱险。此时的且鞮侯单于只围不攻，却是不得已而为之。既然强攻不下，他只好退而等待了。

等待什么呢？等待援军的到来，既然三万人拿不下五千汉军，那好，咱就再加三五万兵马，看你到底有多大的能耐。

果然，左右贤王带兵的迅速归来，使匈奴士兵的人数达到了八万之众，已是汉军人数十六倍有余。

匈奴士兵在一天一天地增多增大（各地匈奴士兵集结过来），汉军却一天天地减少变弱（每天的伤亡难免）。眼看这样下去只有死路一条，李陵长叹一声，无奈地说了句：风紧，扯乎。（情况不妙，大伙撤啊）沉重地下达了撤退的命令。

那么，李陵能够虎口脱险，胜利大逃亡吗？

生死一线牵

李陵果然不愧为一代帅才，即便是下达了撤退的命令，也是有条不紊，显得不慌不乱。也正是因为这样，穷追不舍的匈奴士兵很快就体会到了什么叫“赔了夫人又折兵”，死伤了好几千匈奴士兵。

不消几日，汉军退到了一个山谷，因为无险可倚，被蜂拥而来的匈奴军来了个“痛打落水狗”，伤亡只能用一个字来形容：惨。

然而，李陵并没有因此就丧失最后的斗志，他知道此时士兵的士气最重要，于是，他不失时机地说了三句话。

一、凡是受伤三次以上的将士可以坐车。（典型的重伤者）

二、凡是受伤两次以上的可以做驾车手。（不轻不重者）

三、凡是受伤一次的继续战斗。（轻伤者）

李陵话里的意思再明显不过了，就是只要还能战斗的就战斗，而重伤者，我们采取的办法是：不抛弃不放弃。只要我们还有一口气在，就会同生死共存亡。

应该说，李陵的话是最实际的话，是最能感动和打动人的话。正是这三句话，将处于生死边缘的汉军的战斗力又凝聚起来了。他们爆发出了强大无比的战斗力，结果又有三千多匈奴士兵成为他们的刀下鬼。

汉军的行动方针是：且战且退，打一枪换一个地方。但走着走着，他们突然又悲哀起来，没有走到悬崖峭壁的绝路，而是走到比悬崖峭壁更难走的路——长满芦苇的沼泽地。

沼泽地有多难走，走过二万五千里长征的人肯定会有体会。一步一个脚印，深深的脚印，有多少人陷在里面就再也不能拔出来。

汉军难走，对匈奴士兵来说也同样难走。且鞮侯单于不愿跟汉军在沼泽地里捉迷藏玩，决定采取火攻。看过《三国演义》的人都知道，赤壁之战时，周瑜打曹操完全是靠诸葛亮“借”来的东风才成功的。但此时此地，尽管没有东风，且鞮侯单于也不介意，于是在“万事俱备，只欠东风”的情况下，他开始放火了。

李陵眼看大火追着屁股就烧来了，知道逃是不可能的。这个生死存亡的关键时刻，他没有慌张，说了一句话，不是说“难道我就要葬身于大火之中”的俗气话，而是只有简洁明了的两个字：放火。

放火？手下的士兵愣住了，都以为是自己的耳朵听错了。直到李陵斩钉截铁地再说了一遍“放火”两个字时，士兵们才知道自己的耳朵是正常的，不正常的是李陵。

“放火！”李陵见手下的士兵无动于衷，几乎在咆哮了。士兵们不知道他葫芦里卖的什么药，但军令不可违，都异口同声地叹息道：“罢了，罢了，生亦何欢，死亦何惧，葬身火海，未尝不是最好的结果。”

火点燃了，他们都痛苦地闭上了眼睛，然而，他们等了良久，都没有等到被火烧焦的疼痛感，只等来了李陵的暴喝：还愣着干什么，赶紧闪人要紧啊。

士兵们睁开眼一看，他们非但没有被烧死，眼前反而奇迹般地出现一条阳光大道来。原因，匈奴军和汉军刚才的两把火竟然烧出一条隔火带来。就这样，李陵采用以火攻火的方式，又一次化险为夷。

沼泽地又被汉军征服了。接下来，便要到达山丘地区的森林里垂死挣扎了。

话说且鞮侯单于眼看杀也杀不死汉军，烧也烧不死汉军，心中的怒气已到了极点，近十万人马对付区区几千汉军，竟然拿不下，这不单单是能力的问题了，而且还关系到面子问题。于是且鞮侯单于命太子亲自挂帅，带骑兵做先锋来阻击汉军。

都说光脚的不怕穿鞋的，但穿鞋的却怕骑马的。汉军都是步兵，哪有骑马的匈奴士兵快，眼看又要被他们追上了，李陵命士兵们入了森林里再说。到了森林里，就是骑马的怕穿鞋的了。

接下来汉军在森林里展开了“游击战”，结果匈奴骑兵的优势顿时变成了劣势，因为骑着马，行动不方便，反被游刃有余的汉军打得晕头转向，不知今夕是何年。结果匈奴又有数千士兵光荣地献身了。

非但如此，李陵本着“擒贼先擒王”的原则，为了吓跑匈奴士兵，还利用树木做掩护，对且鞮侯单于进行了偷袭。眼看拿这么一点汉军都没办法，恼羞成怒的且鞮侯单于站在山顶上，正在“高举高打”，只见他指东打西，指南打北，指着汉军当兔子打，正忙得不亦乐乎。

屏息，拔弓，举箭，拉弦，说时迟那时快，这一箭，倾尽了他所有的力量和怨气。他果然不愧是飞将军李广的后代，箭法那自然是没得说了，力道之猛，速度之快，以雷霆之势，直奔且鞮侯单于的面门。

然而，就算是再神的神射手，在距离面前也得低头。距离太远自然会产生偏差，李陵这蓄势一箭最终因为“距离太远”，只是擦着且鞮侯单于的头皮而过，寸寸长发顿时化作落叶般片片飘落。李陵这一箭便如张飞在长坂坡那一声“狮子吼”一样，且鞮侯单于吓得魂不守舍，两个字：溃逃。

逃了数十里，且鞮侯单于这才停住马，说了句掩盖失态的话：“这支汉朝的精兵，愈战愈勇，犹如神助，这般有恃无恐，必是汉朝的诱敌之计，前面定有埋伏，还是停兵观望好些。”

士兵们却不同意单于罢兵的举动，异口同声地道：“单于亲征，数万精兵对付区区几千汉军，以石击卵，竟不能胜，传出去了，我匈奴颜面何存?”

且鞮侯单于见士兵们这样说了，知道不能再当懦夫了，只好又掉转马头追击汉军。然而追击的结果，又被打游击战的李陵杀死数千士兵。

面对这样一支神兵，且鞮侯单于的信心彻底没了，嘴里却是这样的叹道：“罢了，罢了，得饶人处且饶人，放他们一条生路吧！”

然而，世上的事就是这样，往往在山重水复疑无路时，偏偏又会柳暗花明又一村。就在且鞮侯单于准备放弃时，一个人的出现改变了且鞮侯单于的想法，从而也改变了李陵的一生。

舍义取生

一个原本不显山不露水的叫管敢的人浮出了水面，他原本只是一个军侯，但做出了一个惊人之举，关键时候投降了匈奴。投降的原因不为名不为利，只为出心中的一口恶气。

都说佛争一炷香，人争一口气。管敢是因为他的上司校尉韩延年咎责了他，为了出这口恶气，才当了叛徒。他把汉军的真实情况向且鞮侯单于进行了汇报，归纳起来有三点：

1. 兵少。李陵的汉军只有区区五千人，逃亡过程中已伤亡过半。

2. 无援。汉军并没有在前面设埋伏，也没有后援部队。

3. 弹尽。汉军已到了强弩之末，连箭都所剩无几了。

且鞮侯单于一听脸上笑开了花，他的想法由“懦弱撤兵”变成了“豪情万丈”。接下来，心里有底的且鞮侯单于再也没有心理压力了，发动了更为惨烈的进攻。汉军只有退的份儿了。撤至轩汗山口（约位于居延泽正北方）附近时，距离边塞不过一百来里，只要到了边塞就是汉朝的地盘，就可以逃脱虎口了。然而，一百里的距离却成了李陵一个遥不可及的梦，一个永远无法到达的终点站了。

此时的汉军已没有了箭，兵器也没剩下什么了，只好将大车遗弃，取车辐作为兵器，躲进了峡谷之中。而尾随而至的匈奴人则依靠人多势众的绝对优势，占据险要地段，投掷礌石，猛烈攻击，结果汉军死伤累累，惨不忍睹。

好不容易熬到晚上，汉军除了挨打再无反击之力了，而匈奴士兵也累了，再加上汉军已是他们的瓮中之鳖，所以双方就这样“默契”地进入了休战状态。

夜已深，星满天，汉军营里却无人入睡。枪尽弹绝，又被匈奴士兵重重包围在山谷里，今夜如果不能找到对付匈奴的办法，或者说逃出敌人的包围圈，只怕这个小小的山谷便是他们的葬身之处了，你说他们能睡得着吗？

士兵急，李陵更急，对于他来说，豪情壮志还没有得到施展，逃出去才是硬道理，留得青山在，不怕没柴烧。于是，他独自一人提刀出营，去察看敌情，寻找敌人的突破口。

走了一圈，但见四周匈奴营帐里篝火熊熊，锦旗飘飘，人影绰绰，想突围简直比登天还难。长吁短叹了许久，李陵才悻悻回营，对左右军吏感叹道："汉军已到了最危险的时候，每个人都被逼迫发出最后的吼声，只要再有几十支箭，就可以脱离险境了，可是如今一支箭也没有了！都说巧妇难为无米之炊，没有箭这仗是没法打了。天一亮，我们就只有束手被擒的份儿了。与其坐以待毙，不如给大家一次机会，各自逃生吧，老天如果有眼，应该不会让我们全军覆没，连向天子汇报情报的人都没有吧？"

李陵接下来给士卒每人发了二升干粮和一片冰，以抵御饥渴，让大家分散突围，到遮虏障会合。

夜半时分，李陵含泪向将士下达了拔营逃生的命令，顿时战鼓擂擂，人声鼎沸，杀声喊声马鸣声响彻山谷，李陵乘着夜色和混乱，一马当先冲向敌人，校尉韩延年紧随其后，拼死杀出了一条血路，两人冲出谷口，回过头来一看，悲哀地发现，仅有数十名壮士相随。

而此时，追在他们后面的匈奴士兵有数千铁骑之多，韩延年为了保护李陵脱险，想以血肉之躯来阻止匈奴铁骑的追击，然而，事实证明，这只不过是飞蛾扑火。李陵眼看已是四面楚歌，黯然停马，抛下手中的长剑，长叹道："如此败军之将还有什么颜面去见陛下啊！"说完下马向匈奴士兵举起了双手。

李陵连日来和匈奴血拼到底都没有退缩过，此时低下高昂的头颅，向匈奴称臣，原因有三：

一、管敢的投降，极大地打击了李陵的信心。

二、韩延年的战死，摧垮了李陵的斗志。

三、汉朝援军的久等不至，彻底断绝了李陵的信念。

那么，李陵在生死线上苦苦挣扎时，汉武帝给他派出的"殿后部队"路博德和公孙敖又去了哪里呢？

话说路博德眼看他的"秋后上书"非但没有起到相应的效果，反而加速了汉武帝派李陵进军的步伐，“后悔”不已的他虽然羞于做李陵的下手，但君命难违，也不得不跟在李陵的屁股后当运粮工，但没有走多久便开了“小差”，走到河西去与公孙敖部“约会”去了。也正是因为这样，李陵所部才成了一支孤军深入匈奴的队伍，只是可惜当时的李陵还不知道，等到了穷途末路，伤心绝望之下，李陵竟然做出了一个让人难以置信的举动——投降。

李陵投降后，残余部众分散突围，只有四百余人逃归汉境，好在没有全军覆灭，可见李陵的连夜分散的方式还是正确的。

直到这时，汉武帝才知道他寄予厚望的汉军又一次惨遭失败，开始他还以为李陵和韩延年一样，都为国英勇捐躯了。因此，不但给他的娇妻老母及幼子送上了不菲的“慰问金”，而且还派专人（相当于保姆）去照顾他们的生活，也算是做到了仁至义尽。

然而，天下没有不透风的墙，很快，李陵兵败投靠匈奴的消息就传遍了五湖四海。李陵的举动让汉武帝怒发冲冠，结果他的母亲和妻子马上就结束了短暂的“贵族生活”，接下来该去体验面壁思过的生活了——直接送进监狱。而因报喜被升为中郎的陈步乐则“先喜后忧”，李陵的投降，意味着他的仕途也到了尽头。与其等汉武帝来“纳命”，倒不如自己下手，惶恐之下的他拔剑就给了自己一剑，结束了自己短暂的一生。

沉默是惊

李陵投降，汉武帝愤怒，李陵的家人遭殃，陈步乐自刎，朝中的大小官员的反应也是各有千秋。

身在朝廷为官，伴君如伴虎，要想升官发财、青云直上，就要学会察言观色，学会溜须拍马。

也正是因为这样，最初，当李陵率军在匈奴如入无人之境、“捷报”如雪花般传来时，群臣纷纷上奏祝贺，左一句恭喜皇上，右一句贺喜皇上，大有喜事年年有，今年特别多之迹象；而当李陵陷入困境孤军挣扎时，群臣的嘴巴像都被贴上了膏药，都三缄其口，不言也不语，形势不明朗，言多必失，处于观望状态的他们选择沉默是最明智的；最后李陵兵败投降，汉武帝愤怒，群臣们马上枪口一致对外，纷纷上书痛斥李陵“叛国叛民”的举动，大有用口水就把李陵淹死之气势。

群臣们的首鼠两端和见风使舵让一个人感到非常愤怒，这个人便是大名鼎鼎的《史记》的作者司马迁。

下面先来简单地介绍一下司马迁的个人简历。

汉景帝中元五年（公元前 145 年），司马迁生于夏阳（今陕西韩城南）龙门。据说司马迁家族自唐虞至周，都是世代相传的历史学家和天文家。司马错是秦惠王时伐蜀的名将，司马昌是秦始皇的铁官，到了司马迁的父亲司马谈，又做汉武帝的太史令，恢复了祖传的史官恒业。

汉武帝建元元年（公元前 140 年），司马迁六岁，在故乡读书，他在这“山环水带，嵌镶蜿蜒”的自然环境里成长，既被山川的清淑之气所陶冶，又对民间生活有一定体验（“耕牧河山阳，年十岁，则诵古文。”《太史公自序》）。

汉武帝元光元年（公元前 134 年），司马迁十二岁。他随父亲到京师长安向老博士伏生、大儒孔安国学习；家学渊源既深，复从名师受业，启发诱导，获益不浅。这个时候，正是汉王朝国势强大、经济繁荣、文化兴盛的时候，是年卫青、霍去病大破匈奴，汉武帝设立乐府……也是司马迁在京城里丰富见闻、热情迸发的时候。

汉武帝元朔二年（公元前 127 年），十九岁的司马迁开始外出游历——“南游江、淮，上会稽，探禹穴，窥九疑，浮于沅、湘，北涉汶、泗，讲业齐、鲁之都，观孔子之遗风，乡射邹、峄，厄困鄱、薛、彭城，过梁楚以归。”回到长安以后，他做了皇帝的近侍郎中，随汉武帝到过平凉、崆峒，又奉使巴蜀，他到的最南边是昆明。读万卷书，行万里路，奠定了司马迁以后著书立说的厚实基础。

元封三年（公元前 108 年），司马迁三十八岁时，正式做了太史令，有机会阅览汉朝宫廷所藏的一切图书、档案以及其他各种史料，他一边整理史料，一边参与改历。

太初元年（公元前 104 年），司马迁四十二岁，他以太史令身份，与中大夫孙卿、壶遂及历官邓平、落下闳、天文学家唐都等二十余人，改革历法。经这批专家通力合作，反复计算、选择，终于在这年五月造成新历，这就是著名的《太初历》。《太初历》改以正月为一岁之首（秦历以十月为一岁之始），一月的日数为29.53天，一年的日数是365.25天，这是当时世界上最先进的历法，也是中国历法史上进行的第一次大改革。此后，他秉父遗志着手准备编写《太史公记》（《史记》）。

但在李陵投降这件事上，这个原本“两耳不闻朝中事、一心只为写《史记》”的“书呆子”，这个原本一直选择“沉默是金”的司马迁却来了个“沉默是惊”，此时却再也坐不住了，他平地一声雷，“唰”地就站起来了，然后选择了为李陵申辩。他的话堪称经典，采用了对比的修辞手法，归纳起来如下：

一、李陵的为人。对父母孝顺、对妻儿重情、对士兵恩信。不像有的人稳坐后方，拥妻抱子，吃香的喝辣的，不思前方战场的凶险，反而信口雌黄。

二、李陵的胆识。敢作敢为真英雄。只带区区五千步兵，敢于深入匈奴，虽身陷囹圄，也不畏缩。数次抗抵住数万匈奴士兵的围追堵剿，非是夸夸其谈、不当家不知油盐贵的人所能体会的。

三、李陵的勇猛。在逃亡的过程中，以少于敌人数十万的人马屡次打得强悍的匈奴人抬不起头，匈奴单于也差点丧了命，最后在弹尽粮绝的时候，仍然进行最后拼死一斗。

得出的结论是：古代的名将，不过如此。

应该说司马迁分析得条理清晰，丝丝入扣，但汉武帝马上就提出了反驳：“既然如此，士可杀不可辱，李陵就不应该投降匈奴，这样不但给他自己抹黑，更是给我大汉抹黑啊。”

“以臣之见，李陵并非真心投降，而是在走投无路之下，迫不得已的无奈之举，他一定会在等待机会，再回到陛下身边，为我大汉效力。”司马迁喃喃地道。

李陵投降是为了做“卧底”，汉武帝脸色如猪肝，他认为司马迁一定是李陵的同党，隔了半晌，说了一句简洁而有力、却改变司马迁一生的话：对不起，司马迁先生，牢里有请。

理想与代价

司马迁只是为李陵申述，结果被汉武帝迁怒而送进了大牢，接下来的事就交给廷尉去办了。

话说最高司法官张汤等三人被送上断头台后，杜周接替了他的位置，坐上了廷尉的宝座。他果然不愧是张汤的接班人，办案不但以“酷”著称，而且同样巧于迎合。总之，一句话：两面三刀。

按理说人家司马迁只是发了几句牢骚，说了几句泄愤的话，最多只能判个“扰乱司法罪”，但接到这个案件后，杜周却知道这个案件远没有“扰乱司法”这么简单，他也没有像平常的案件去做什么调查取证的事，而是先进行了分析：汉武帝究竟想对司马迁怎么着？

一、李广利当“先锋”出师，李陵不肯当“后卫”，结果因为后援不足，李广利先赢后输，被汉武帝寄予厚望的李广利第一次出场秀就这样演砸了，汉武帝不高兴，李陵有责任。

二、随后“毛遂自荐”当先锋的李陵，夺下海口却最终兵败，连人都投降了匈奴，而司马迁却极力为这个“死不足惜”的甲级罪犯申辩，在说李陵如何英雄如何勇猛、如何顽强的同时，背后显然影射李广利是“无能无用无功”的三无人员。

三、汉武帝宠爱李夫人，爱屋及乌，自然宠爱李广利。他本想打造继卫青、霍去病之后的“天王级”的新领军人物，因此，敢有人小觑李广利，便是跟他过不去。司马迁却哪壶不开提哪壶，汉武帝脸上无光下不了台，把司马迁送进监狱也就是情理当中的事了。

分析的结果是：汉武帝对司马迁已动“杀心”。

最终杜周为了迎合圣意，没有再做什么调查走访之类的事，直接把“罪大恶极”的司马迁判了死刑，罪名是：欺君罔上，蔑视百官，罪有应得，死有余辜。

据汉朝的刑法，死刑有两种减免办法：一是拿五十万钱赎罪，二是受

“宫刑”。

用钱赎罪很容易理解，“宫刑”却鲜有人知道。在古代“宫”，即“丈夫割其势，女子闭于宫”，就是阉割男子生殖器、破坏女子生殖机能的一种肉刑。宫刑又称蚕室、腐刑、阴刑和椓刑，这些不同的名称都反映出这一刑罚的残酷性。所谓蚕室，据唐人颜师古的解释：“凡养蚕者欲其温早成，故为蚕室，蓄火以置之。而新腐刑亦有中风之患，须入密室（也许是最早的无菌室概念），乃得以全，因呼为蚕室耳。”这就是说，一般人在受宫刑以后，因创口极易感染中风，若要苟全一命，须留在似蚕室一般的密室中，在不见风与阳光的环境里蹲上百日，创口才能愈合。之所以称为腐刑，这是因为，对受害者来说，不但肉体痛苦，而且心灵受辱，从此像一株腐朽之木。所谓阴刑，是指对男子或女子的阴处施刑。至于称为椓刑，见于《尚书·吕刑篇》，“椓”据《说文》释是以棍击伐之意，据马国翰《同耕帖》载，古有椓窍之法，谓用木棍敲击女性下身，以破坏其生育机能。

总之一句话，宫刑简直就让人生不如死，所以很多被判了死罪的人宁愿“死则死尔”，也不愿接受宫刑、痛苦而绝望地苟活于世。春秋的韩非提到过一种非常可怕的治国之道。他说：“太上禁其心，其次禁其言，其次禁其事。”就是说，统治的最佳办法，第一是禁其心，言论比行为重要，而心又比言论重要。

司马迁只是一个小小的太史令，在被判死刑后，家里没钱，又没有达官显贵来帮他，无依无靠，拿五十万钱赎罪简直是痴人说梦，因此，他只能在狱中反复不停地问自己：“这是我的罪吗？这是我的罪吗？我一个做臣子的，就不能发表点意见？”

然而，宫刑既残酷地摧残人体和精神，又极大地侮辱人格。司马迁当然不愿意忍受这样的刑罚，悲痛欲绝的他甚至想到了自杀。可后来他想到，人总有一死，但“或重于泰山，或轻于鸿毛”，死的轻重意义是不同的。他觉得自己如果就这样“伏法而死”，就像牛身上少了一根毛，是毫无价值的。他想到了孔子、屈原、左丘明和孙膑等人，想到了他们所受的屈辱以及所取得的骄人成绩。司马迁顿时觉得自己浑身充满了力量，他毅然选择了宫刑。

面对最残酷的刑罚，司马迁痛苦到了极点，但他此时没有怨恨，也没有害怕。他只有一个信念，那就是一定要活下去，一定要把《史记》写完，“是以肠一日而九回，居则忽忽若有所亡，出则不知所往。每念斯耻，汗未尝不发背沾衣也”。正因为还没有完成《史记》，他才忍辱负重地活了下来。

直到太始元年（公元前 96 年）汉武帝改元大赦天下，五十岁的司马迁时来运转，出狱后当了中书令，在别人看来，也许是“尊崇任职”，但是，他还是专心致志写他的书。直到征和二年（公元前 91 年）全书完成，共得 130 篇，52 万余字。

司马迁从元封三年（公元前 108 年）被封为太史令后开始阅读、整理史料，准备写作，到太始四年（公元前 91 年）基本完成全部写作计划，共经过十六年。这是他用一生的精力、艰苦的劳动，并忍受了肉体和精神上的巨大痛苦，用整个生命写成的一部永远闪耀着光辉的伟大著作。

《史记》对后世史学和文学的发展都产生了深远影响。郑樵称《史记》是“六经之后，唯有此作”。鲁迅赞《史记》为“史家之绝唱，无韵之离骚”。赵翼在《廿二史札记》中说：“司马迁参酌古今，发凡起例，创为全史，本纪以序帝王，世家以记侯国，十表以系时事，八书以详制度，列传以志人物，然后一代君臣政事贤否得失，总归于一编之中。自此例一定，历代作史者，遂不能出其范围，信史家之极则也。”

第十章　冤冤相报何时了

明哲保身

天汉三年（公元前 98 年），匈奴挟打败李广利擒李陵之威入侵雁门。雁门太守只守不攻，眼睁睁地看着匈奴掠走人畜和财物扬长而去。这让最近比较烦的汉武帝更加烦，于是他大手一挥，太守就以“失职罪”给斩了首。

与此同时，汉武帝厉兵秣马，准备再次反击匈奴。天汉四年（公元前 97 年），汉武帝征调二十多万大军，兵分三路对匈奴进行规模空前的大反击。具体部署如下：

第一路，主帅：贰师将军李广利；兵力：骑兵六万，步兵七万，共计十三万人马。出发地：朔方。

第二路，主帅：因杅将军公孙敖；兵力：骑兵一万，步兵三万，共计四万人马。出发地：雁门。

第三路，主帅游击将军韩说；兵力：骑兵三万。出发地：五原。

而三路的接应官仍是强弩都尉路博德（李陵的事他能逍遥法外，令人费解）。他带了一万多人时刻准备着，这次汉武帝要求他做到三路汉军哪里有危险，哪里就有你，否则军法处置。

面对二十多万汉军浩浩荡荡的军事行动，强悍的匈奴人并没有被汉军的气势所吓倒，相反，他们在且鞮侯单于的带领下，进行了顽强的抵抗。

且鞮侯单于采取的战术思想很明确，那就是兵来将挡，水来土掩。总之一句话，咱匈奴人不是吃素的。

结果第一路军李广利十三万大军遇到了且鞮侯单于率领的十万精兵，仇人相见，分外眼红，两人没有说半句多余的话，直接开打。硬碰硬的结果是胜负难分。接连打了几天还是这样，但形势却渐渐明朗起来，李广利越来越不妙了。原因有二：其一，这是在匈奴的地盘上作战，匈奴士兵只会越聚越多，而汉军只会越来越少（伤亡）；其二，还是那个老问题，不管是行军打仗还是干什么，吃饱喝足是最重要的。匈奴人在自己的地盘上，粮草供应自然不成问题了，而汉军在别人的地盘上，所带粮草有限，接应的也有限，长此下去，没有饭吃了，还打什么仗呢？

万般无奈之下，李广利只能选择撤军。然而，穷追不舍是匈奴人一贯的优良传统。于是乎，李广利马上就面临退一步挨一下打的地步，再加上粮草供应也出现了问题，李广利的形势已是万分危险。

幸好这次负责接应的路博德没有再开小差，他的及时接应，使得李广利顺利脱险。而第三路的游击将军韩说果然不愧是游击将军，在优哉游哉兜转一圈后，一个匈奴士兵都没有碰见（且鞮侯单于已把大军调到北边对付李广利去了），被且鞮侯单于放了鸽子的他，听说李广利都撤兵了，他二话不说，闪人要紧。

三路大军，一败一退，只剩下第二路大军公孙敖了。事实上，与韩说被且鞮侯单于放鸽子相比，公孙敖还是比较幸运的，因为且鞮侯单于派出了他一翼左贤王来陪他练太极。两军在草原上转来转去玩的是捉迷藏的游戏，结果还没有正式交锋，就传来了李广利兵败和韩说退去的消息，这个公孙敖也不是省油的灯，听后二话不说，也是闪人要紧。

公孙敖闪人闪得漂亮，闪得及时，闪得妙不可言，闪得左贤王连追的勇气都没有（左贤王兵力有限，只是负责牵制公孙敖，面对公孙敖的突然撤军，丈二和尚摸不着头脑的左贤王自然不敢贸然追击），但他在闪人时却忘了，他此次来的目的，不是来游山玩水的，而是来接人的，这个人的名字叫李陵。

原来，汉武帝虽然处罚了司马迁，但对李陵还是存在最后一丝幻想，于是，这次出征，汉武帝兵分三路，第一路为重点，目的是想和匈奴大拼一场。而第三路韩说只为牵制匈奴的兵力。只有第二路这次不为打仗，只是趁着李广利和韩说把匈奴大军吸引开的空当儿，深入敌营，去把李陵接出来。

然而，人算不如天算，事实证明，这只不过是汉武帝一厢情愿的想法，首先被寄予厚望的李广利还是不争气，以主力对付匈奴的主力，居然还是败得一塌糊涂惨不忍睹。而韩说打游击的本领太强，当真做到了滴水不漏，来去如风，不伤一兵一卒。至于公孙敖则是典型的势利眼，管他什么接人不接人，先保住自身安全再说。

公孙敖做到了全身而退，但怎样回复汉武帝却成了一个不大不小的难题。最终思来想去，想来思去，聪明的公孙敖想出了一个绝顶聪明的办法：以谎言来忽悠汉武帝。

果然，汉武帝没有追究李广利再度失利的军事责任，而是马上召见了公孙敖。

“公孙爱卿见到李陵将军了吗?”汉武帝一脸期待地问。

“没有。”公孙敖淡定地答。

“公孙爱卿深入匈奴腹地了吗?”汉武帝眉头微皱，又问。

“没有。”公孙敖仍是淡定地回答。

“公孙爱卿和匈奴士兵交战了吗?”汉武帝眉头深锁，责问。

“没有。”公孙敖还是淡定地答。

“既然如此，公孙爱卿为什么就这样回来了呢?”汉武帝眉头几乎拧成一条绳了，怒问。

面对汉武帝的“怒问”，公孙敖还是不慌不忙，淡定地道：“臣之所以没有深入匈奴境地，是因为入境之后，就捕得胡虏，供称李陵投靠匈奴后，深得且鞮侯单于的宠爱，现在已担任了匈奴数十万士兵的总教头，他们日夜操练，磨刀霍霍，只为对付汉朝。我军的虚实强弱，他们都了如指掌，所以臣没有再冒险孤军深入，而是选择了退兵。”

就这样，公孙敖是没有罪了，李陵却是罪不可恕。他的老母和妻小这下成了汉武帝泄愤的刀下之鬼。

逼上梁山

太始元年（公元前 96 年），匈奴且鞮侯单于病死，长子狐鹿姑单于继位。狐鹿姑单于为了缓和汉朝和匈奴之间的关系，派使者到汉朝去报丧。报丧是假，探听虚实是真，他的用意已是司马昭之心，路人皆知。

汉武帝是何等聪明之人，顺水推舟也派人去匈奴吊抚。目的自然和匈奴有异曲同工之妙。

李陵虽然听得风声说家人已遭汉武帝毒手，但远在他乡，听风便是雨的事说不清，总之一句话，他还没有得到确切的消息。汉使的到来，让他如同抓住了一根救命稻草，他有空就往汉使的房间里穿，结果一来二去，一切事实都水落石出了。

李陵对使者说：“吾为汉将步卒五千人横行匈奴，以亡救而败，何负于汉而诛吾家?”

使者说：“汉闻李少卿教匈奴为兵。”

李陵说：“乃李绪，非我也。”（《汉书 · 李广苏建传》）

李绪曾为汉朝塞外都尉，后来匈奴人进行“围城”时，他很识时务地投降了匈奴，匈奴人委以重任，让他当了匈奴士兵的“总教头”。李绪知恩图报，教得非常卖力，但结果却连累了李陵。

话说李陵当时在万般无奈下，归降匈奴的那一天，他就暗暗发誓，不为匈奴出一谋一策，等待时机成熟的时候再回到中原去。然而，因为李绪的关系，他的老母和妻儿都死于非命。他把怒气都发泄在了李绪身上。

于是，在一个夜黑风高、伸手不见五指的夜晚，李陵以暗杀的方式解决了李绪。总教头的死，引起了匈奴的高度重视，最终调查的结果是李陵有重大作案嫌疑，结果狐鹿姑单于的母亲阏氏知道了这件事后很生气，后果很严重，非要李陵偿命不可。

按理说杀人偿命，天经地义，但狐鹿姑单于爱惜李陵的才华，因李家世代为将的声望，以及与之交战时李陵英勇的表现，对他非常佩服。他不忍心处死李陵，就来了个“小隐隐于野”，把李陵藏于北方偏僻之处。

直到狐鹿姑单于的母亲死了，狐鹿姑单于才派人把李陵接回来，两人破镜重圆，竟是如胶似漆，互述愁肠之后，封他做右校王，并且为了彻底拴住这个流浪他乡的浪子的心，狐鹿姑单于还把自己的女儿嫁给了李陵。

一边是残酷无情，一边是有情有义。财色双收的李陵被狐鹿姑单于的情义所打动，于是，他彻底背叛了汉朝，决定死心塌地地跟着匈奴人干。从此，他只能在异国他乡度过一生，漫漫长夜，浩浩白昼，荣华富贵，权色美人，能拴住他的思乡之情吗?

风中的悲歌，是否可以代表他的心声：一步行来错，回头已百年，古今风雨鉴，多少泣黄泉?

劝降

富贵不能淫，贫贱不能移，威武不能屈，此之谓大丈夫。

——孟子

李陵做了右校王，还娶了单于的女儿为妻子。接下来就到了他为匈奴出力的时候了。狐鹿姑单于没有让他带兵去攻打汉朝，而是命他去搞定一个人，这个人是一块很难啃的硬骨头。这个人就是宁愿到北海去做牛做马，也不愿投降的苏武。

话说苏武被流放到了人迹罕至的贝加尔湖湖边。在这里，单凭个人的能力是无论如何也逃不掉的。他只能掘取野鼠所储藏的野生果实来吃。苏武学会编结打猎的网，矫正弓弩，唯一与他做伴的，是那根代表汉朝的使节和一小群羊。苏武每天拿着这根使节放羊，心想总有一天能够拿着它回到自己的国家。这样日复一日，年复一年，使节上面的装饰都掉光了，苏武的头发和胡须也都变白了。

就在苏武以为他就将这样“不知今夕是何夕”地过完一生时，李陵的到来让他激动异常。

古人的四大喜事是：久旱逢甘霖，他乡遇故知，洞房花烛夜，金榜题名时。苏武在荒无人烟的异国他乡，数年都与鸟兽为伴，心中的孤独可想而知，李陵的出现让他喜不自胜，两人同在朝中为官，平常抬头不见低头见，自然是相当熟悉了。因此，面对“他乡遇故知”，苏武抱着李陵又亲又啃，全然不顾两个都是大老爷们。

然而，两人亲热了好一阵，苏武觉得情况似乎有点不对，异国重逢，为何李陵的身子僵硬如许，表情阴冷如许呢？苏武不傻，脑子一转，已明白了几分。

李陵直到这时说话了，一开口还是客套话：“一别经年，苏兄别来无恙乎?”

苏武苦笑着答道：“冰天雪地，鸟兽为伴，冷也罢，热也罢，苦也罢，甜也罢，活着就好。”

李陵接着试探道：“苏兄这样痛苦地活着，难道不觉得不值得吗?”

苏武冷笑道：“我之所以苟且偷生地活着，不为名不为利，只为活着再见到皇上一面，交出使节，了却了心愿，这样，就算我死了，也可以无怨无悔了?”

李陵道：“汉朝无情，不值得你这般赴汤蹈火。”随即他把他的事说给了苏武听，苏武听了，沉默半晌，方才缓缓地来了一句：“这么说来，你不但当了匈奴的走狗，还想来劝我归顺匈奴。”

李陵反问：“匈奴待我不薄，你这样在荒凉之地受尽人间冷暖，又是何苦呢？你这般梦回汉朝，又有谁知道你的忠义和忠心呢?”随后，他并没有再讲什么大道理，他明白讲这些大道理，倔强的苏武定然听不下去，他别出心裁，只挑苏武的家事谈。

李陵告诉苏武的都是坏消息：

一、妻离子散。你的老母已经死了，尊夫人也改嫁了，儿女下落不明。

二、兄死弟丧。你的兄长苏嘉曾为奉东都尉，但自从你到匈奴后，也是厄运连连，一次随皇上游玩雍川下辇车时，他不小心撞上宫中的柱子，把车辇撞断了，犯了“欺君”之罪，结果汉武帝给了他自杀的特权；你的弟弟苏贤为骑都尉，同样在一次跟随皇上去祭祀土神祠时，一不小心惹了祸，一位骑马宦官和黄门驸马在上船时，因为“争先恐后”而生了“摩擦事件”，结果是“骑马”胜“驸马”，驸马被挤进河里溺水而死（过程令人费解）。事情发生后，皇上很震惊，令苏贤去调查这件事，结果自知罪不可恕的“骑马”宦官来了个三十六计，走为上策，害得苏贤没办法向皇上交代，结果惶恐之下，只好选择了服毒自杀。

结论是：自你离开后，汉朝还是那个汉朝，皇上还是那个皇上，而你苏家却早已不是那个苏家了。

随即，李陵进行了最后的总结陈词是：“人生像早晨的露水，何必长久地这样折磨自己！我刚投降时，终日若有所思，几乎要发狂，自己痛心对不起汉廷，加上老母被拘禁，你不想投降的心情，怎能超过当时我李陵呢！并且皇上年纪大了，法令随时变更，大臣无罪而全家被杀的有十几家，安危不可预料。你还打算为谁守节呢？我本将心向明月，奈何明月照沟渠。希望你听从我的劝告，不要再在这里虚度光阴了！”

李陵充分发挥了其说服能力，满以为凭自己三寸不烂之舌，定能手到擒来，把苏武彻底征服。

苏武听说家事后，大颗大颗晶莹的泪珠直流，良久，他终于说话了，他的话一出口，便如一盆冷水浇得李陵羞愧难当：“我父子无功劳和恩德，都是皇帝栽培提拔起来的，官职升到列将，爵位封为通侯，兄弟三人愿意为朝廷牺牲一切。现在得到牺牲自己以效忠国家的机会，即使受到斧钺和汤镬这样的极刑，我也心甘情愿。大臣效忠君王，就像儿子效忠父亲，儿子为父亲而死，没有什么可恨。话尽于此，多说无益，如果你是来叙旧的，欢迎，如果你是来劝降的话，请回！”

李陵终究不想就这样放弃对苏武的劝说，叹道：“面对美酒应该高歌，人生短促日月如梭。好比晨露转瞬即逝，失去的时日实在太多！ 席上歌声激昂慷慨，忧郁长久填满心窝。靠什么来排解忧闷？唯有狂饮方可解脱。咱什么也不说了，咱只叙旧情，不醉不归。”于是与苏武共饮了几天，希望能用酒力来说服苏武。然而，事实证明，李陵的一切都是徒劳。

当李陵再提归降的事时，苏武说：“人固有一死，或轻于鸿毛，或重于泰山。单于一定要逼迫我投降，那么就请结束今天的欢乐，让我死在你的面前！”

李陵见苏武对朝廷如此真诚，慨然长叹道：“啊，义士啊！ 我李陵与卫律的罪恶，恐怕连老天也不能饶恕啊！”说着眼泪直流，浸湿了衣襟，告别苏武而去。

第十一章　鱼死网破

今夜的胜利如此寂寞

李陵的投降门事件过后，汉武帝已不能简单地用愤怒来形容了，对于这位要强的皇帝，对于这个主张强权的一代天骄来说，最不能容忍的就是失败。

然而，汉武帝的气还没出，匈奴又加了一把气。征和三年（公元前90年），匈奴几次对边关进行“打谷草”，杀死了五原郡和酒泉郡的都尉，扬长而去。

汉武帝忍无可忍，同年三月对匈奴再次进行大规模军事行动。这次军事行动，对汉武帝来说意义非凡。

首先，他此时已到了“夕阳无限好，只是近黄昏”的晚年了，正如曹操所说的那种，人生苦短，譬如朝露。在“朝露之年”再建功立业，彻底打败匈奴是他最大的梦想。

其次自卫青、霍去病双子星去后，他发动的数次对匈奴的军事行动都没有取得好的战果，更有甚者，还发生了李陵战败的投降门事件，对极爱面子的汉武帝来说简直是莫大的耻辱。他多年的丰功伟绩，怎么忍心就这样付之东流宣告破产呢？

也正是因为这种“想赢怕输”的心理在作怪，汉武帝这次动用了十四万大军，分三路对匈奴进行大规模的军事行动。

第一路军的主帅还是贰师将军李广利，率七万人马从五原出塞。这一路军是汉武帝这次军事行动中的重中之重。李广利这个两次在对匈奴的军事行动中无功而返的“庸才”，因为裙带关系牢固，还是被汉武帝委以重任。第二路军的主帅诧侯商丘成，率三万军马从西河出塞。第三路军主帅重合侯马通带四万军马从酒泉出塞。目标只有一个，直指塞外的匈奴大本营。

然而，李广利在出发前，并没有以往的凌云壮志，相反，他愁眉苦脸，一副心事重重的样子。为他送行的人很多，他却只拉着一个人的手不放松，仿佛是他的生死恋人，这一别不知何时能归。

事实上，这个并不是李广利的至亲至爱之人，却是他“至求”之人。这个人就是朝中一人之下万人之上的丞相刘屈髦。

李广利紧紧地握住刘屈髦的手，只说了这样一句意味深长的话：“太子的事就交给你了。”

刘屈髦也许是被李广利的深情所打动，点了点头：“边关的事交给你，太子的事交给我。”刘屈髦不会知道，只为这一承诺，他将付出血与泪的代价。

话说匈奴听说汉朝兵分三路来袭，首先采取的策略是：坚壁清野。把所有的粮食和生活用品来了个千里大转移，用人工和马牛等交通工具运到了漠北的郅居水。

然后集中兵力准备和汉军来一场“水上大战”。而左贤王把匈奴东部各部落的军力全部集中到了兜街山，准备和汉军来个“地道战”。被狐鹿姑单于寄予厚望的汉朝叛将李陵则带领匈奴的精锐铁骑，他的任务是“游击战”。

最后是以逸待劳。先布好口袋，放汉军进来，然后再集中兵力各个击破。

事实上，匈奴的“坚壁清野”很快就让汉朝的二路军商丘成体会到了什么叫“长驱直入”，商丘成一直到了匈奴的邪径，结果甭说匈奴人，就连牛羊都没有看见。

“情况不对啊，这明显是敌人的诱敌深入之计啊！”商丘成马上叫士兵停止了前进的步伐，接下的指挥一气呵成：立正、稍息，向后转，大步向前走。

然而，就在他们掉转马头准备打道回府时，他苦苦寻找的匈奴士兵出现了，他们在李陵的带领下，对汉军进行了千里大追踪，据说连追了九天九夜，直追得汉军哭爹喊娘。结果是商丘成在匈奴转了一个圈，就被匈奴士兵赶出了境内，可谓赔了夫人又折兵。

而第三路的马通从酒泉出兵后，马上就抵达了天山，结果和商丘成的情况一样，接下来的进程也如出一辙。汉军连半个匈奴人的影子都没有看见，眼看情况不妙，马通马上叫士兵停止了前进的步伐，接下的指挥一气呵成：立正、稍息，向后转，大步向前走。

就在这时，匈奴大将偃渠的骑兵出现了，马通并没有被匈奴的气势所吓倒，两军展开了殊死搏斗，结果是双方互有伤亡，未分胜负。打了个平手，马通并不甘心，就在他准备和偃渠进行大决战时，匈奴士兵却突然一夜之间消失得无影无踪了。

原来，匈奴士兵眼看汉军顽强，这样交战捞不到什么好处，于是充分发挥“能打就打，不能打就撤”的光荣作风。

匈奴士兵走了，剩下马通却是左右为难了。继续进军，前途未卜，于是，他选择了“忍一时风平浪静，退一步海阔天空”。这一退就退到了姑师国附近。前面已经说过了，西域各国基本上都被汉朝搞定了，唯独姑师国对汉朝软硬不吃。

马通虽然是在撤军，但心里还是不想就这样“无功而返”。于是可怜的姑师国成了倒霉鬼。马通联合早已被汉朝搞定的楼兰、尉犁、危须等小国，对姑师国进行了合攻。结果姑师怎么经得起这般强大的武力，国破王亡。至此，姑师国被汉朝平定，成了汉朝的臣属国。

路通这次出兵，东边不亮西边亮，结果总算比商丘成好。搞定了姑师国，没有功劳亦有苦劳，马通终于可以松一口气了，他脸露笑容，大手一挥，对士兵们说：回师。

汉武帝的三路大军，一路损兵折将，无功而返；一路歪打正着，小有建树。接下来打败匈奴的任务就靠主力军李广利了。

事实上前两次的无功而返，让第三次出征匈奴的李广利更想立功。但他一直是匈奴照顾的对象。李广利带兵出五原后，并没有像其他两路军一样，一路势如破竹、威不可挡。他得到了匈奴的特殊照顾。首先是右大都尉带领几千人马对李广利的到来表示了“热烈欢迎”，接下来中行说的继承人卫律带领五千人马迎接李广利的到来。也正是因为如此，汉军追到范夫人城下时，很有成就感的李广利不由这样感慨道：“原来胜利可以这么容易啊。”

然而，李广利在欢喜而叹时，不会知道短暂的胜利背后，将面临一场前所未有的暴风骤雨。

也正是因为这样，急于表功的李广利把一路的捷报频传到长安。然而，他不会料到，他的捷报先前都如泥牛入海一样毫无音讯，他等啊等，等到花儿也快谢时，终于等来了信使。

“皇上跟你说了什么?”李广利心想汉武帝一定会对他进行现场的“嘉奖”吧。

信使一脸阴霾，嘴角嚅动着，半晌才说出这样一句话来：“皇上说边关的事交给你，家中的事交给他。”

就在李广利丈二和尚摸不着头脑时，信使告诉了他一件极为震惊的事，这件事就是汉武帝后宫的“太子之争”。至于太子之争的事，后面会有详叙，这里大家只要知道这样一个事实就是：为了太子之争，刘屈髦鞠躬尽瘁，死而后已，两个字：死了。连锁反应是李广利的妻儿和家人都因受“牵连”而入狱。

政变

宫中的政变打了李广利一个措手不及，连日来的胜利被冲淡了许多。听到这个消息，他面临艰难的选择，是继续进兵还是退兵。

按理说，现在另两路大军已退兵了，他一路高歌，此时如果急流勇退的话，定然是“凯旋”了。然而，此时后庭起火，只怕归无好归啊。

就在他左右为难时，他手下一个叫胡亚夫的属吏出现了，他说他是来为其解忧的。李广利一听大喜，像抓住救星一样，开门见山地问道：“我是该安静地走开，还是该温柔地留下来?”

胡亚夫胸有成竹地以“论证”的方式进行了回答。

论点：前进，风险与机遇并存；退兵，自投罗网去受罪。你全家老小都在狱中了，不被斩首也要落得个将牢底坐穿的结局。形势已不容乐观。

论据：如果你现在回朝，立了这么点小功，连塞牙缝都不够，皇上开心那倒好，如果不开心，你这正是去自投罗网活受罪去啊。

论证：将来想再到这碧绿的草原上来叱咤风云，想必是白日做梦了。

“以君之见，我该何去何从?”李广利被他这一番长篇大论早已说得“心有戚戚焉”。

“既然归无好归，不如不归。将军只有继续前进再立大功，以功劳来赎罪，或许可以赦免全家。”

胡亚夫“立功赎罪”的方案得到了李广利的认可，他做出了一个大胆的决定：孤军深入。

匈奴单于本来给汉军设的是“诱敌深入”之计，因此，总是三五千人马和数万汉军对着干，然后打几下，丢了一些辎重就撤，典型的“诱敌深入”战术。因此，当先前听说汉军要撤兵时，匈奴单于便叹息“李广利并不是一介莽夫”，这次精心准备的“布袋计划”看样子只有流产了。然而，就在这时，李广利却突然掉转马头，以迅雷不及掩耳之势拿下了范夫人城。

城丢了，匈奴人却高兴了。李广利这小子到底是嫩了点，只有给你尝到了甜头，你才会最后自食苦果。

接下来，立功心切的李广利继续前进，目标很明确，直指匈奴的王庭腹地。特别是在随后的战斗中杀死了左大将，更让李广利头脑发热，发出了这样的豪言壮语来："平定匈奴，指日可待。"

然而，他不会知道，他的"指日可待"马上就变成了"此情可待成追忆"。

就在李广利指挥汉军"前进，前进，再前进"时，他手下的士兵却不干了。首先站出来发牢骚的是长史，他说了这样一句话："孤注一掷为哪般?"

他的话马上得到了都尉的附和："孤军深入自寻死。"

就这样，两个"同病相怜"越谈越拢、越谈越激动，最后得出这样的结论：李广利为建立自己的功绩，不惜把我们置于水深火热之中，这般不分形势不问敌情的冒险进军，只怕会使我们死无葬身之地啊。

长史和都尉最后做出如下决定：与其死无葬身之地，不如先下手为强。先发动政变，擒住李广利，然后迅速撤军，以免遭到匈奴的反击。

应该说两人的密谋很周密也很明确，本着"先下手为强，后下手遭殃"的原则，要想活命，先擒拿住已怀有二心的李广利，再来个"悬崖勒马，回头是岸"，最后把处决权交给汉武帝，可谓仁至义尽。

然而，两个人密谋的时候，百密一疏，忘了隔墙有耳。因此，两人的密谋很快就被先知先觉的李广利侦察到了。

结果，同样本着先下手为强的原则，这次李广利丝毫没有手下留情，拔剑就给了长史和都尉两剑，解决"密谋两人组"后，李广利给出的理由是：扰乱军心。

然而，天下没有不透风的墙，长史和都尉"离奇而死"后，一时间谣言四起，顿时军心涣散。

李广利眼看势头不妙，怕士兵们发动"骚乱"，只得做出了这样一个无奈的选择：班师回朝。

话说匈奴士兵早已布好布袋等着李广利往里面钻，眼看李广利就要到他们的重点布置地点郅居水，离歼敌只有一步之遥了，正在这时，李广利却突然退兵了。

到手的肥肉怎么能让它飞走了呢？狐鹿姑单于忙派出了探马侦察，结果探马给他的回报是：汉军都垂头丧气，耷拉着脑袋，一副无精打采的样子，和来时雄赳赳气昂昂判若两军。

狐鹿姑单于一听喜形于色："军心涣散，定是内乱所致，这正是我匈奴消灭汉军的最佳时机啊。"于是，他马上下达了追击的命令。

一边是慢腾腾地走，一边是快马加鞭地追，当汉军向南撤至速邪乌燕然山（现在蒙古共和国杭爱山）时，匈奴铁骑拦住了汉军后退的道路。

"此山乃我开，此树乃我栽，欲从此处过，留下买路钱。"狐鹿姑单于笑道。

"山非山，树非树，要钱没有，要命一条。"李广利凛然道。

话不投机半句多，既然话无好话，废话少说，开打。

开打的前提很重要，将直接影响结果。首先来看汉军，汉军往返行军近千里，已很疲劳，说白了，此时已是无心恋战了。而匈奴士兵却相反，用一句话来说就是，等了好久终于等到今天，梦了好久终于把梦实现。

开打的结果，汉军死伤惨重。到了晚上，两军握手言和：我看天色不早了，大家都累了，今天咱们就不打了吧，养精蓄锐，明天再切磋。

双方都同意，马上就达成了短暂的停火协议。然而，兵不厌诈这句话并非空穴来风。

李广利接到停火协议的通知书后，认为今晚可以睡上一个安稳觉了。其实，这也不能完全怪他，因为他太累了，也该歇歇了。他原想冒进，立功赎罪，遭遇匈奴士兵的阻击后，心情自然更沉重，又忧虑着家中老少的生命安全，而且本来指挥才能就平庸，因此完全失去了两军对垒中最必需的警觉。于是，很快就进入了梦乡。

一场暴风骤雨即将到来。

出卖

汉军睡了，睡得像死猪一样。原因是一个字：累。对于汉军来说，连日的奔波让他们的身心都处于超负荷运转状态，想不疲惫都难。

匈奴士兵却睡不着，原因是两个字：兴奋。对于匈奴士兵来说，汉军近在咫尺，连日来的忍气吞声、以逸待劳，只为等这一天的到来。

于是乎，汉军还在继续睡，睡不着的匈奴士兵开始挖土。都说人多力量大，不久，就在地上挖出了“密密麻麻”的壕沟。数丈深的壕沟挖好后，再在上面铺上树枝和草，最后以土掩之，如果不细看，根本就看不出壕沟。

如果你认为匈奴人这是在“守株待兔”，恭喜你，答对了一半。因为很快，汉军就会体会到匈奴人这种“守株待兔”的滋味其实并不好受。

沟挖了，天还没亮，汉军还在呼呼地大睡，匈奴士兵仿佛吃了伟哥，还是不觉得累，只是坐在那里等，干等。停火协议白纸黑字签了，现在去偷袭，有违伦理和道德，言而无信的匈奴人这次很难得地遵守条约，没有造次。

匈奴士兵都盔甲在身地等，一是为了恢复刚刚挖沟所消耗的体力，二是为了等天亮。

天终于开始蒙蒙亮了，汉军还在睡。匈奴士兵没有再等，天一亮就意味着昨晚的停战协议已“作废”，他们摸向汉营，开始表演砍瓜比赛。

惊醒的汉军仓皇应战，无奈衣冠不整，且又火光四起，杀声喊声震耳欲聋。看来，这仗是没法打了。三十六计，走为上计。李广利带领大家做出这样的决定：火速撤军。

当失败已不可避免时，逃命便是唯一奢求了。留得青山在，不怕没柴烧。然而，李广利很快就知道自己的想法太过一厢情愿了，因为他们还没走几步，就发现营前有一条条深沟，难以逾越。

前有深沟，后有追兵，汉军进退不得，军心大乱，斗志丧失，死的死，伤的伤，已是人为刀俎，我为鱼肉。

李广利喟然长叹：“败了，败了，彻底地败了。七万汉家男儿皆毁于我一人之手，纵使我再逃得性命出去又如何？回去之后，还不是要被处死？罢了，罢了，不如投降匈奴，或许还有生的希望。”

于是，他和当年的李陵一样，下马举起了双手。狐鹿姑单于听说李广利投降，自然很高兴了，加官封侯不说，为了彻底拉拢李广利，他不惜把自己的宝贝女儿嫁给了他，给予的恩典首屈一指。

如果大家认为李广利从此将在异国他乡过上幸福快乐的生活，那就大错特错了。他很快就体会到了“世态炎凉，人心叵测”这八个字的含义。李广利的风光，让一个人很忌妒，这个人便是有“中行说”第二之称的卫律。自从归顺匈奴后，匈奴历代单于都对这个“元老级”人物很是敬重，但李广利的到来，却使得这一切改变了。

李广利不但得到了匈奴单于的女儿，而且地位也比卫律高，是可忍孰不可忍，不甘落后的卫律已是面露杀机。

不久，他苦等的机会终于来临了，狐鹿姑单于的母亲阏氏突然得了病，如果只是简单的风寒感冒之类的小病倒也罢，几服中药下去就能完事。但事实上几服中药下去，她的病情却越来越重，最后竟然到了病入膏肓的地步了。

机不可失，时不再来，敏锐的卫律马上意识到这里面可以大做文章。于是，他拿着钱财去请一个人，一个很特别的人，一个可以让他通向复仇之路的人。千金散尽还复还，只要能把李广利拉下水，就算倾家荡产他也在所不惜。

母亲临危，狐鹿姑单于正急得哇哇直跳，这时一个人出现了，这个人不是御医，也不是大臣，更不是布衣，他是一个巫师。这个巫师一出现自然与众不同，他出口成章，语出惊人，说阏氏的病因不是别的，只是由于去世的单于发怒所致。

狐鹿姑单于见他的言论非同一般，自然是“愿闻其详”了。巫师随后把早已准备好的台词流利地说出来了：“因去世的单于过去出兵攻伐汉朝时，曾发誓一定要捉住贰师将军李广利用来祭神，现在李广利已在匈奴，为何不杀了祭神呢？先单于正发怒责问此事，害得你母阏氏得此怪病，能怨得了谁呢？”

总之，巫师的话的中心思想就是“杀了李广利祭神，才能治好其母阏氏的病”。按理说这样荒谬的言论，根本站不住脚，百分之九十九的人都会对这样的言论嗤之以鼻。

然而，狐鹿姑单于却是那百分之一的人。他素来尊鬼信神，对巫师的话深信不疑，于是直接把李广利送上了断头台，李广利怎么也想不到会落到这样的下场，临死前，他只能悲壮地喊了一句“我死必灭匈奴”。

据说，狐鹿姑单于杀李广利祭天后，漠北连绵的大雪下个没完没了，老天是在惘惜这位将军，还是在为这位将军叹息？

汉武帝对匈奴的最后一次大规模的“军事行动”，结果以失败告终。

第十二章　将求仙进行到底

李少君：有多少神仙值得期待

汉武帝对外，迷恋武力，厉兵秣马，四海臣服。讲完了外事，现在到了该说点汉武帝私事的时候了。

前面已经说了，汉武帝少年时最大的爱好是狩猎。殊不知他还有一个很特别的爱好，那就是信仰鬼神。汉武帝之所以崇拜鬼神，跟一个人有关，这个人的名字叫李少君。

元光二年（公元前 133 年），那是一个寒气逼人的冬天，当时即位才八年、年仅二十三岁的汉武帝来到雍城（今陕西凤翔县南）的五峙原祭祀上天，以求来年国泰民安，风调雨顺。结果汉武帝邂逅了李少君。就是这惊鸿一瞥，汉武帝对这位“得道高仙”敬佩不已。

皇帝看重的人，自然有他的非凡之处。先看看李少君的个人简历就可以知道他果然是非凡之人。李少君，生平不详，年龄不详，父母不详，家事不详，唯一详细的就是绰号叫侍奉王爷。

之所以叫侍奉王爷，是因为他“吹遍天下无敌手，满天都是牛在飞”。自称拥有长生不老之秘方。世上的事就是这样，你越是说得神乎其神，人家就越是对你景仰和追崇。

这位“侍奉王爷”也不是闲着的主儿，为了自己的行骗生涯，他开始包装自己，首先打出了“妙手回春总是春，长生不老永不老”的口号。人靠衣装马靠鞍，李少君这一包装后，效果那是“百里挑一，与众不同”。结果一些达官贵人都被他驱鬼辟邪、不老仙丹之类的伎俩所骗，把大把大把银两往他的口袋里塞。

据说武安侯田蚡也跟李少君有一腿。一次，田蚡在家中设宴，请的都是朝中的达官显贵，为了显示气派，田蚡特请来李少君作为特邀嘉宾。这位特邀嘉宾果然与众不同，只见他姗姗来迟，最后一个入席，慢腾腾地入座之后，眼睛就直瞄着座中一位九旬的白发老人。

这位白发老人是田蚡家族最老的长辈，田蚡这次设宴就是为这位老寿星祝寿。因此，来客无不对这位老寿星左一句“福如东海”右一句“寿比南山”，而这位李少君却语出惊人，一张口便来了这样一句话：“这个老头不是人。”

李少君这句话一出口，唬得在座的人都个个脸色煞白。当时田蚡依靠他的姐姐王皇后的裙带关系，在朝中已是一个炙手可热的“后起之秀”了，谁见了他都得给三分面子。一介布衣李少君胆敢如此放肆，自然让人都以为自己的耳朵听错了，惊得云里雾里。

田蚡也气得一张俊脸变成了猪肝色，正要发作时，李少君不慌不忙地说了第二句话：“九天仙人下凡尘。”

原来如此！众人一听，这才舒了一口气，赫赫称赞，田蚡的脸色也马上由阴转晴。就在这时，李少君的第三句话新鲜出炉了：“儿孙个个都是贼。”

这分明连田蚡也骂了嘛。众人一听，谴责之余，都觉得李少君这次定是“祸从口出，吃不了兜着走”了。

田蚡的脸上接着上演七十二变，由晴转多云，多云转阴，阴转小雨，小雨转大雨，大雨转暴雨，暴雨……眼看暴风骤雨就要下了，李少君的第四句话终于出口了：“偷来仙桃献祖翁。”

原来如此！众人一听，提着的心这才放下，称赞之余，不禁叹道：见过拍马屁的，就没有见过如此会拍马屁的。

李少君没有理会众人的表情，继续他的表演，他对着白发老寿星说：“我曾和你祖父在南山打过猎。”

这位白发老寿星都是九旬有余的人了，这个李少君才多大，居然跟他祖父打过猎？不是天方夜谭，就是夸夸其谈。于是，众人疑惑的眼神齐刷刷聚集在白发老人的身上，似乎在等待他的答案。

白发老寿星点了点头，喃喃地道：“我还是穿着开裆裤的时候，的确跟祖父去南山打过猎。”（有点没弄明白，李少君是怎么知道这样八卦的事的。）

结果可想而知，李少君因拍马屁拍得精妙绝伦，又因“忽悠”忽悠得惊世骇俗而一举成名。

李少君名气大振的结果是：腰包鼓了，胆子也更大了。他不满足在江湖上行骗，也不满足穿梭于名门望族，而决定放长线钓大鱼。

他钓的鱼便是堂堂的一国之君汉武帝。雍城一见之后，汉武帝对这位仙风道骨的活神仙很是景仰，为了试试看他的“能量”，他把李少君请到宫中，不是叫他喝茶吃饭，也不是神聊，而是对他进行“考古”。

他在宫中找了件旧铜器，然后问他铜器的来龙去脉。李少君虽然不是活神仙，但头脑转得一点也不比别人慢，他知道什么事说得越神乎其神就越好，于是，想也不想便接口道：“这乃是齐桓公当年陈列于柏寝台那件铜器。”

只一句，就把汉武帝的气势唬住了，心想，这铜器陈列于宫中多年，我都不知道它的来龙去脉，只是想为难为难李少君，却不想李少君竟答得如此畅快，看来这李少君果真非等闲之辈啊。

“陛下知道黄帝是怎样成仙的吗？”李少君问。

汉武帝摇了摇头。

李少君接下来开始他的神奇演说了，他说黄帝成仙是这样炼成的：“祭祀灶君，可以驱使鬼神；驱使鬼神，可以得到丹砂；烧炼丹砂，可以化成黄金；使用黄金器皿，可以延年益寿；延年益寿，可以上蓬莱；上了蓬莱，可以见到神仙；见到神仙，可以去泰山封禅；泰山封禅后，就能长生不老。”

应该说李少君的话很是精妙，以至于汉武帝听后也是大为赞赏，同时也悠然神往。在好奇心的驱使下，他发出了第一问：“不知道海上神仙的生活和我们的生活有什么不同?”

李少君心道：这个问题就好比我想问你的一样，皇帝的生活和我们的生活有什么不同。嘴里却装腔作势地道：“神仙自有神仙的生活，一句话乐逍遥。不说别的，单是他们吃的就是我们望尘莫及的。当年我在海上遨游时，见过古代神仙安期生，他给了我一个大红枣，那大红枣除了红彤彤的之外，还一个特点就是大，有甜瓜那么大，我吃了好几年都没有吃完哩。”

面对李少君的忽悠，汉武帝发出了第二问：“如果我想见一见这位千岁神仙安期生该怎么办呢?”

李少君点了点头，又摇了摇头，道：“有缘千里来相会，无缘对面手难牵。”

李少君越是说得神乎其神，汉武帝就越是神往。于是他决定学习长生不老之术。为了修炼成功，他严格按照李少君的话办事，他采取了三步同时走战略：

一、祭祀灶君。为了显示诚心诚意求神，全心全意成仙，汉武帝亲自祭祀各地灶君。据说汉武帝为此膝盖肿得比包子还厚。

二、寻址觅踪。汉武帝派遣道士到海上寻找蓬莱山的所在地和安期生的仙踪。这样无影又无踪的事，比大海捞针还要难，上了贼船，道士明知不可为而为之，真可谓赶鸭子上架，去也得去，不去也得去。总之，仙踪还未寻到，道士仍须努力。

三、提炼黄金。李少君从此以后长住宫中，变成了生物学家，进行化验工作，利用化丹砂等药物，提炼黄金。一句话：任重而道远。

也许是炼丹过于劳累，也许是在炼丹的过程中中了某种化学物质的毒，也许是命里注定。总之，李少君在黄金尚未炼成时，就一命呜呼了。什么长生不老，统统见鬼去吧。

李少翁：天堂里有没有仙来仙往

李少君没有给汉武帝炼成长生不老丹，这位神仙也因为疲劳过度而仙逝，由此可见长生不老之说根本就是子虚乌有，连神仙都有死去的一天，更别说凡人了。按理说汉武帝应该从对神仙的眷恋中走出来，然而，汉武帝对李少君的死作的解释如下：

“有的人活着，他已经死了；有的人死了，他还活着。”前者，比如说投靠匈奴的卫律、李陵等叛国分子。后者，比如说我们可爱可敬的李少君同志。用汉武帝的话来说就是，李少君并没有死，阎王只是掠去了他的肉体，他的灵魂依旧在。

也正是因为这样，一个李少君走后，另一个叫李少翁的人又出现了。这个李少翁只是一个绰号而已。我们只需知道这个李少翁是一个少年，乃是齐地方士，绰号叫二百五。绰号的来源据说李少翁自称已活了二百五十岁了。

因为来头不小，所以这个李少翁出现后，汉武帝对他也是宠信有加。都说事实胜于雄辩，接下来就来看这个李少翁的精彩表演。

汉武帝喜欢美女，前面已经说过，从最早宠爱卫子夫开始，卫子夫年老色衰后，他宠爱的便是李夫人。李夫人的哥哥就是李广利，但无奈李夫人红颜薄命，集万千宠爱于一身后，不久就因病身故。

李夫人不但长得美，更是集温柔、善良、贤淑于一身的奇女子，因此，她死后，汉武帝对她总是难以忘怀，夜里常常流泪到天亮。这个少翁眼看机会就摆在面前，自然不会放弃，马上来了个“借尸还魂”的精彩表演。

“臣可以施一种法术，叫死去的李夫人显灵，见皇上一面，以解皇上相思之苦。”李少翁说。

“真的吗?”汉武帝一听大喜过望，立马便叫李少翁快快施法。

那李少翁果然快，他马上布置了一间密室，室里布有前后两个白纱帐子罩着的榻，帐前明烛酒食一应俱全。到了晚上就开始了，他首先把“大驾光临”的汉武帝匿藏在前榻的纱帐中，并且做了嘘的手势：不可轻举妄动，切记，切记。

接下来李少翁开始神奇的魔幻表演了。只见他拿起一把扇子，左舞右摇，顿时寒气逼人，阴风习习。接下来，嘴里念念有词，叽里呱啦念个不停，也不知道过了多久，汉武帝已被他折磨得睡眼惺忪，都不知道自己身在何处了，正在这时，只听见李少翁轻声说了句“来了”。

汉武帝定眼细看，但见后榻之中，出现一衣着飘飘体态盈盈的美女来，那妙曼的身影和朦胧的美态，却不是李夫人又是谁?

“李美……”汉武帝的“人”还没出口，李少翁以手掩住汉武帝的口，做了个“嘘”的动作：“陛下，千万别吭声，莫要惊动了李夫人的魂魄。”汉武帝被李少翁这一唬，果然就不敢再造次了。只能远远地盯着李夫人的影子发呆，良久，直到影子消散开去，汉武帝才回过神来，发出了这样的感叹：

“是邪?非邪?立而望之，偏何姗姗来迟。”

就这样，李少翁凭着这一个精心准备和设计的“借尸还魂”的超级大骗局，赢得了汉武帝的“芳心”，他不但得到了不少的金银珠宝，还被封为“文成将军”。

接着汉武帝按照李少翁所说，在宫中到处雕龙画凤，布置太乙八卦、奇门遁甲，只为迎接仙归。这样一来，宫中顿时被一股“仙气”所笼罩。

然而，这样折腾来折腾去，结果除了花掉国库里的银两外，什么也没折腾出来。长此以往，纸终究是包不住火的，如何再继续行骗下去，李少翁风光的背后也有隐忧。

光阴荏苒，如此逍遥快活地过了一两年后，李少翁决定做出一点“成绩”，一来报答汉武帝的知遇之恩，二来也是为了“前程”的需要。

于是，他做了一件事，一件他自认为很聪明的事。然而，聪明反被聪明误，就是这件事，使他非但没能继续“青云直上”，反而落得个搬起石头砸自己脚的结局。

这件事的大致经过是这样的，他首先用钱财买通了朝中掌管马等牲畜的“弼马温”，然后他把写了字的绢帛拌到饲料里，让牛吞到肚子里。接下来的事很简单了，汉武帝到甘泉寺去求仙，这时，李少翁让那头吞了绢帛的牛出场了，他故意装着不知道的样子，摇头摆尾地说了这样一句话：“皇上，我闻到了一股天书的味道。”

汉武帝一听来了精神，问道：“在哪里?”

李少翁故意左盼右顾，然后像是突然发现新大陆一样，对着那头牛左瞧瞧右看看上摸摸下拍拍，隔了半晌，这才有模有样地道：“借问天书何处有，牧童所牵山间牛。”

李少翁的意思已经很明显不过了，他说这头牛体内有天书。汉武帝半信半疑，二话不说就命人把牛给宰了，以验真伪。

结果不用多说，从牛肚子里弄出一条绢帛来，汉武帝看着绢帛上密密麻麻的字，先是喜，然后是惊，最后是怒。最后二话不说就叫人直接把李少翁拿下。

汉武帝虽然信神，但这种赤裸裸的江湖小伎俩他还是凭着一双慧眼，一眼就识破了李少翁的骗局。

接下就毫无悬念了，又是突审，又是严刑，又是逼供，李少翁哪里受过这样的皮肉之苦，本着坦白从宽、抗拒从严的原则，结果只有两个字：招了。

汉武帝给李少翁批的也只有两个字：砍了。一代天才李少翁就这样结束了自己的行骗生涯，同时也结束了他短暂的一生。

栾大：求仙，在路上

李少君“福大命不大”，李少翁“命大运不大”，汉武帝失去两仙后，马上就得了抑郁症，具体表现为：吃饭饭不香，干嘛嘛不爽，大有乌云掩日之意。

都说时势造英雄，继李少君、李少翁之后，又一个活神仙出现在汉武帝面前。这个人的名字叫栾大。

李少君当初得到汉武帝宠爱是因为一张三寸不烂之舌，以“神仙是怎么样炼成的”强大论据令汉武帝臣服。而李少翁则来实际的了，他用“借尸还魂”的闹剧让汉武帝惊为天人。这个栾大知道要想得到汉武帝的重用，首先得露一手，他也许是吸取和结合了李少君和李少翁的经验，采取双管齐下的做法，既动手，也动嘴。

栾大首先上演的是动手，他见了汉武帝，什么也不多说，手底下见真章，挽起袖就干上了。他表演的是“百变棋子”。他先挂一幅大棋盘，然后把早就精心准备好的用鸡血、铁屑、磁石掺和而成的棋子放在上面。接下来，他双目微闭，双手合十，口里叽里咕噜地念念有词，奇迹马上就出现了。棋子随着他的舞动而变动着，但见他指南走北，指东走西，指上走下，指左走右，静如脱兔，动如灵蛇，当真是令人眼花缭乱，叹为观止。

汉武帝也是赫赫称赞：“见过神奇的，没见过这么神奇的。”

栾大不愧是有备而来的“名家”，一出手就知道有没有。眼看动手的效果很成功，接下来该动嘴的时候了。

“我的仙人师父曾说过。沙丹是可以轻而易举地炼成的，既然沙丹可以炼成，黄金也是可以炼成的；黄金炼成了，黄河之水就可以轻易堵塞；黄金炼成了，长生不老之术唾手可得；得到长生不老之术，修炼成仙也就是水到渠成的事了。”应该说栾大在李少君的“神仙是怎样炼成的”理论基础上进行了进一步的添姿加色，理论更加成熟了，论据更加精辟了，特别是增加了可以补黄河之水这一新理论后，大有炉火纯青之势。

当然，栾大之所以加上可以补黄河之水一说，是特定条件的特定产物。因为当时黄河决口了，造成了黄河周边洪水泛滥成灾。但因为缺口很大，补缺工程一直无法实现，这也算是令汉武帝头疼的一件事。也正是因为这样，当栾大提到“利用黄金，补黄河之水易如反掌”时，眼睛一亮，如果黄金真能堵住黄河决口，那该是多好的一件事啊。

栾大的“行”征服了汉武帝，“言”又打动了汉武帝。结果高兴之下的汉武帝给了栾大四顶高帽子：五利将军、地士将军、天士将军、大通将军。真可谓连升四级，一时间风光无限。

成为“四冠王”的栾大没有一点骄傲和满足，他的脸上甚至连一丝笑容都没有。每次见汉武帝也是不冷不热，令人琢磨不透。后来汉武帝就想啊想啊，怎样才能让这位“神仙的使者”高兴起来。

神仙使者一高兴，就会把十八般法术都使出来。那样什么长生不老，什么黄河补决，什么上天入地就不再是遥远的梦了。

都说舍不得孩子套不住狼，汉武帝想明白了这点，把亲生女儿卫长公主嫁给了栾大，想以女儿来套住这位神仙的使者。与此同时，又给栾大加封了一顶帽子——乐通侯（顾名思义，乐通侯，乐于通往神仙），还给他建了一座长安城里最大的“豪宅”，真可谓用尽了本钱，花尽了心思，掏空了腰包。

栾大的发迹和风光，一时间长安城唯他独尊，他当真过起了快乐似神仙的生活。光阴如流水，时间在一天天地过，这位活神仙却在脂粉堆里乐此不疲，温柔帐里醉生梦死，早就把汉武帝求仙的事给忘得一干二净了。

汉武帝花了这么大代价，只为求仙，自然不想让自己所有的投资都打水漂，于是今天派人去问，明天派人去催，后天派人去看，总之一句话，你一定要尽快把神仙请来。

栾大开始还可以借“时机不到”来搪塞，后来这话说得嘴巴都起了茧了，没办法了，便决定到外面“潇洒走一回”，并美其名曰：去东海求神仙。

汉武帝听说栾大要行动了，高兴得连夜来送行。栾大的娇妻卫夫人泪眼婆娑地道：“此去东海路途遥远，小心啊。”

“嗯。”栾大点了点头，别了汉武帝，别了娇妻，挥一挥衣袖，只带了一个包裹，连一个随从都不曾带，就屁颠屁颠地上路了。他一路直朝海边走去，心想，一辈子没到过海边，去海边吹吹风也不错。事实上，他果然看到了海，蔚蓝的海，翻涌的浪，艳阳的天，驿动的心。栾大叹道：“有没有人能告诉我，海的那边是否住着神仙？”

发完了感慨，栾大完成了任务，他可以回长安了。于是乎，他在海边转了圈，就向汉武帝进行了工作汇报：“我在东海见到了神仙，神仙说陛下诚心不够，只要陛下诚心够了，神仙自然会降临长安的。”

“是吗？”栾大说完，这才发现汉武帝的脸色不太对，平日对他总是笑容可掬，此时却冷冰冰的如同三月里的雪。

“朕的诚心是够了，不够的是你的诚心吧？”

“臣全心全意求神，真心真意为陛下。”栾大毕竟做贼心虚，脸上开始冒汗，豆大的汗直往下淌。

“如果不是我派人一直跟着你，把你这一趟看得一目了然，又怎么会知道你只是在海边吹了吹风就回来了呢？”汉武帝拍了拍手，出来了个内侍。两人当场一对质，那内侍把栾大的一言一行说得一清二楚，栾大心里叹道：“善有善报，恶有恶报，不是不报，时候未到。”顿时瘫倒在地。

接下来的事交给廷尉去办了，廷尉都不是吃素的，很快，栾大就把自己的犯罪事实招了。结果栾大自然没有好下场了，他被汉武帝处以极刑中的极刑——腰斩（受刑者被拦腰斩断后，并没有一命呜呼，只有在痛苦的折磨中慢慢死去）。

考虑到栾大一个人走太孤单寂寞，推荐栾大的乐成侯丁义也被一同送上路，可谓一网打尽了。

公孙卿：我和神仙有个约会

汉武帝连上几次当，但求仙之心依然不减。他一直认为海的那边住着活神仙，只是那些方士的道行不够才请不来。于是，他选择了在求仙、求长生不老这一条道上走到底。

就在汉武帝忧愁的时候，一记祥瑞的上报让汉武帝眉头舒展，烦恼尽抛。

西汉元鼎四年（公元前 113 年），山西汾阴挖出了一只古鼎。这原本是一件普通的考古挖掘事件，可一个叫公孙卿的山东人跑来对汉武帝说：“那是一个冬天，黄帝得到了宝鼎；这是一个冬天，圣上也得到了宝鼎。这不是偶然，这是必然。这是冥冥当中的天意，黄帝早就功德圆满成仙升天了，皇上也应该步他的后尘成仙才对啊。乘着宝鼎出炉的时候，皇上快快去封禅，禅能通神，神能通天，天能通仙。通仙便能通一切，世上万物于脚下而乐逍遥。”

汉武帝一听，大喜。原来这鼎还有如此作用，不仅能召唤神灵，而且能让帝王升天。于是他直接询问公孙卿该怎么办才能升天成仙。

公孙卿只回答了八个字：“精诚所至，金石为开。”

只这八个字，便打动了汉武帝求仙的心。于是，汉武帝忘乎所以地说：“嗟乎！吾诚得如黄帝，吾视去妻子如脱屣耳。”说完，他任命公孙卿为郎官，负责去嵩山太室山等候迎接自己升天的神仙下降。

公孙卿走了，汉武帝开始做长生不老、升天做神仙的白日梦。

这个梦一直做到冬天，公孙卿没带来神仙，却带来了一个对汉武帝来说是天大的好消息。他说他在河南的缑氏（今河南省偃师南缑氏镇）城墙上见到了“仙人迹”（即神仙脚印）。

汉武帝一听欣喜若狂，求仙心切的他亲自跑到缑氏城墙上察看，果然有几个大脚印。他半信半疑地威胁公孙卿：“难道你想效法少翁、栾大吗?”公孙卿撒起谎来脸不红心不跳，说：“皇上，现在不是神仙有求于您、急着来见您，而是您有求于神仙。您也看到了，神仙的脚印这么大，但是凡间的道路这么小，神仙根本就落不下脚啊，还怎么来呢?”汉武帝觉得这话有道理，大笔一挥，下令全国郡县都修整道路，缮治宫观及名山祠所，迎接神仙的到来。

三年后的元封元年（公元前110年），汉武帝东巡海上，继续求仙访神。他一到山东，就被山东各地数以万计言神怪奇方的书信给淹没了。汉武帝很快招募了庞大的求仙队伍，派出数千人乘船出海寻找蓬莱神人。除了在东莱山（今山东烟台）候神的公孙卿声称夜里见到“神人”外，其他人一无所获。公孙卿“见”到的神仙身长数丈，一旦靠近就消失不见，只留下类似禽兽脚印的大脚印。

汉武帝接到报告后心有戚戚然。大臣们看到汉武帝皱着眉头的样子，怕他继续没完没了地寻仙问道，于是集体撒谎说：“我们看见一个老人牵着一条狗，说他见到了身材巨大的神仙。”汉武帝忙问：“那他人呢?”大臣们说：“老人说完就忽然不见了。”汉武帝这才相信神仙真的出现过，大喜，留宿海上一宿后返回，因情绪高昂又爬上泰山封了禅，并大赦天下，向神仙表达自己的诚意。此后，方士求仙一事成了一件半制度化的工作，朝廷供给数以千计的江湖郎中在东海继续这项很有“前途”的科研工作。

仅仅 6 个月后的元封二年（公元前 109 年）正月，汉武帝再次跑去东莱，住了几个月还是没见到神仙。他刚回去，公孙卿声称发现了神仙，汉武帝又匆匆赶到东莱，但仍只见仙踪（几只粗大的脚印）不见仙人。

就在汉武帝脸色由晴转多云时，公孙卿说话了：“听，神仙的声音。”没有见到神仙的仙踪，如果能听到神仙的声音岂不是更好更妙，汉武帝问道：“神声在哪儿，朕为何听不见？”

“只在此山中，云深不知处。”随即，公孙卿马上就带领汉武帝到山上去听神仙的声音。结果，这一次汉武帝没有再失望，因为他在山里听到了几句“万岁，万岁，万万岁”的声音。如同天籁之声，伴随着潺潺流水，阵阵回音，显得神秘莫测。

结果，汉武帝高兴之下封公孙卿为中大夫。此后，汉武帝多次往返于长安和东海之间，派船队下海寻仙，催问下落。公孙卿劝汉武帝说，不必跑来跑去，俗话说心诚则灵，只要皇上心中有神仙，神仙自然会在恰当的时候出现。皇上需要做的就是多建宫观楼台，等候神仙降临。汉武帝觉得有道理，开始在全国各地大建宫观祠坛，多次去名山大川进行祭神活动，还就近在长安修造了规模宏大的建章宫，并在长安北部开凿大池，取名太液池，在池中设蓬莱、方丈、瀛洲等传说中的海上仙山的小岛。

遗憾的是，汉武帝大兴工程建设的同时，除了在全国各地留下许多文物古迹外，神灵并没有下凡来给他长生不老的仙药。

汉武帝的一生，登高封禅做了，出海求仙做了，亭台、宫观更是勒紧裤腰带造了，可除了看到几个可疑的大脚印外，连神仙的影子也没见着，着实做了冤大头，得不偿失。但汉武帝却乐此不疲。人家乃是堂堂一国之君，想干啥就干啥，人家乐意，你能怎么着？

而在求仙的过程中，汉武帝和公孙卿斗智斗勇，他们之间的对决笑料百出，除了上述的“忽悠与反忽悠”外，这里还略举一事来说说。

话说有一次，汉武帝巡视北方朔方郡，以向匈奴示威。途中经过桥山

（今陕西省黄陵县），听说黄帝的陵墓在此，汉武帝便前去祭祀，祭祀完毕后，汉武帝这才突然觉得不太对劲。于是问公孙卿："你不是说黄帝没有死成仙了嘛，怎么这里会有他的陵墓呢？"

这对公孙卿来说就是在考"脑筋急转弯"，他头脑一转，便回答道："黄帝骑神龙登天成仙后，他的群臣十分想念他，便把黄帝的衣帽等东西埋在这里，这只是皇帝的衣冠冢而已。"

汉武帝若有所思、若有所悟地道："雁过留声，人过留名。将来朕升天成仙后，群臣们恐怕也要把朕的衣冠埋在茂陵了。"

汉武帝竟对神仙痴迷到了如此地步，当真令人匪夷所思。

也正因为对求仙的执着，汉武帝在生命即将结束的征和四年（公元前89年）正月，心有不甘地最后一次来到东莱。面对波涛汹涌的大海，年迈的他发出了"还想再活五百年"的悲壮之声，然后选择了班师回朝。是年三月，汉武帝听从大臣田千秋的劝谏，停止求仙活动，罢黜全部方士。求仙活动终于画上了一个句号。

有诗为证："昔时愚惑，为方士所欺，天下哪有仙人？尽妖妄耳！节食服药，差可少病而已。"

第十三章　没有最爱，只有更爱

后宫那点花花事

前面已经说了，汉武帝的第一任妻子叫陈阿娇，他们的结合是典型的“父母之命，媒妁之言”。而当年的王娡正是依靠亲家长公主的关系链，最终在汉景帝的后宫三千佳丽中，色压群花，打败了栗妃这样的强大对手，登上了“皇后”这一至高荣誉宝座。

也正是因为这样，汉武帝上任后，知恩图报的他马上就封金屋藏娇的陈阿娇为皇后。然而，好景不长，很快风流倜傥的汉武帝就对相貌平平、才智平平的陈阿娇产生了审美疲劳，结果在对卫子夫惊鸿一瞥后，立马移情别恋到这位绝世美女身上来了。

陈阿娇失宠，卫子夫受宠，陈阿娇自然不肯善罢甘休，结果两人在后宫上演决战大戏。戏的结果大同小异，一开始，没站稳脚跟的卫子夫被陈阿娇几记强有力的组合拳打得晕头转向，毫无还手之力，在冷宫隐忍地度过了一年多的时间后，开始了反击，结果积蓄了力气的卫子夫越战越勇，直打得陈阿娇只有招架之功毫无还手之力。

三十年河东，三十年河西，这话一点都不假。最后陈阿娇没有选择“束手就擒”，而是选择了“垂死挣扎”，想利用邪门歪道的巫术来杀死情敌，但结果邪不压正，卫子夫没有被巫术弄死，她自己反倒死在巫术上。

陈阿娇一死，卫子夫毫无悬念地顶替了她的位置，登上了皇后的宝座。当然，陈阿娇之所以在这场后宫的争斗中败得如此凄惨，除了长相原因，还有一个很重要的原因就是没能为汉武帝生个一男半女。不孝有三，无后为大。

而卫子夫的肚子却很争气，得到汉武帝的雨露后，马上就怀了龙种。也正是因为这样，她在汉武帝心目中的地位自然水涨船高。

陈阿娇被彻底打入冷宫、退出后宫之争后，风光的卫子夫集万千宠爱于一身，接连为汉武帝怀了三个龙种，不过，都是“弄瓦”之喜。也就是这样一折腾，汉武帝都是近三十岁的人了，居然还没有看到自己的宝贝儿子降世，心里那个急自然没法说了。

正在这时，卫子夫的第四胎来了，这一次，卫子夫一举摘掉了“生女专业户”的帽子，为汉武帝生了一个白白胖胖的儿子——刘据。

面对这个“千呼万唤始出来”的龙子，二十九岁的汉武帝脸上笑开了花，二十九就是爱得太久的缘故。对男人来说，还有什么比初为人父更值得高兴和庆祝的呢？

也正是因为这样，刘据七岁那年，就被汉武帝封为太子（史称戾太子）。与此同时，汉武帝还在太子宫中造了一处博望苑，供太子读书学习，派专人对太子进行教育，什么《公羊春秋》，什么《谷梁春秋》，这些高深莫测的东西往一个小孩子的脑袋里灌，可见汉武帝对刘据的期待和成才之心。

然而，事实证明，尽信书不如无书，小小年纪的刘据就被这些“之乎者也”所累，长大后变成了一副弱不禁风的文弱书生模样，与汉武帝的威武阳刚的期望值成反比。俗话说“小时了了，大未必佳”，太子刘据因为越来越平庸，渐渐被汉武帝疏远了。

太子刘据的失宠，还有一个更重要的原因是太子母亲卫子夫失宠。时光在变，岁月在变，卫子夫也在变，她的绝世容颜也随着时光的流逝而流逝，就在她感叹青春和容颜一去不复返时，汉武帝马上就把卫子夫打造成了陈阿娇第二。卫子夫之后是王夫人，王夫人却是个红颜命薄之人，汉武帝对她的爱还没够，她便挥一挥衣袖去阎王那里报到去了。王夫人走后，李夫人又成了汉武帝的新宠。

当然，汉武帝宠爱卫子夫时，爱屋及乌下，重用了卫子夫的弟弟卫青和外甥霍去病，结果这两个汉武帝精心打造的双子星不负汉武帝厚望，数次在打击匈奴的战场上立下赫赫战功。真可谓名利双收。

汉武帝宠爱李夫人后，同样也是一样。他极力打造李夫人的哥哥李广利，想让他成为卫青第二，然而，事实证明，李广利是个“扶不起的阿斗”。除了在对付大宛等小国上“偶露峥嵘”外，在三次大规模对匈奴的军事行动上，作为主帅的他都无功而返，最后一次，更是因为急于赎罪立功，结果犯了孤军深入的兵家大忌，最后落得个当叛徒的下场。

闲话少说，下面还是先来看看汉武帝为之“倾狂”的李夫人其人其事吧。

倾国倾城

李夫人有大名鼎鼎的丈夫和兄长，她自己却没能在历史上留下姓名。不过没关系，名字只是个符号，我们知道“李夫人”这个符号代表的是一个风华绝代的美人，这就够了。

西汉前期的皇后皇妃有好多都出身卑贱。汉高祖刘邦是个流氓出身，他老婆吕后是流氓婆子这个不用多说；汉文帝的老妈薄太后是个私生女；汉景帝的老妈窦太后是选秀入宫的民间女子；汉武帝的老妈王太后也出身平民，而且入宫之前就已经嫁人生子；汉武帝的第二任皇后卫子夫，原本是平阳公主家的歌女。李夫人的出身比卫子夫更低，她是个娼女。

古时候的“娼”和“妓”的含义与现在不尽相同，娼女是只卖艺不卖身的，妓女才是全身心奉献人民的服务业工作者。李夫人的长项是跳舞，而且长得明眸皓齿十分养眼。但是，汉皇宫里美女如云，商品关系更是供大于求，美女贬值得十分厉害，想入皇帝法眼可不容易。

红颜易老，难道要等到空悲切吗？怎么办？有道是，朝中无人莫做官。李夫人很幸运，她有个好哥哥。

她的哥哥叫李延年，也是个艺术人才，会填词谱曲，吹拉弹唱样样精通，是个实力派音乐人，国家一级演员，享受国家特殊津贴，在宫中供职，直接为皇帝服务。李延年利用职务之便，替他妹妹做起了广告，广告词想必大家都不陌生：

“北方有佳人。绝世而独立。一顾倾人城，再顾倾人国。宁不知倾城与倾国。佳人难再得。”

汉武帝平日所接触的女子不可计数，不过就是有几分颜色的，在那么多美女之中也失去了光彩，更无一人能及王夫人。此时卫子夫年老，王夫人早死，汉武帝想再访求绝色佳人以慰床第之欢，可是一直不能如愿。现在听到李延年的歌词，触动了潜藏已久的心事，不禁叹息说：“世间哪有如此绰约的美人啊?”

李延年一听这话有苗头，赶紧向身边的平阳公主使眼色求助。在黄晓明版的《大汉天子》里，平阳公主是个美丽善良、温柔可人的完美女人。但史书中的平阳公主却是个皮条客，使她名留青史的有两件事：一件是给武帝拉皮条，另一件是嫁给了大将军卫青。

她是汉武帝一母同胞的姐姐，因为有这个有利条件，所以她对自己弟弟对于女人的喜好十分清楚。平阳公主府上豢养了众多美女，都说女人善妒，平阳公主不养面首养美女，给自己不自在，难道是为老公偷食提供机会？非也，非也，这些都是钓金龟的饵也。

汉武帝的首任皇后陈阿娇是个悍妇，仗着老妈是汉武帝的姑妈并且势力庞大，就有点不把领导当领导，动不动使小性子发脾气。汉武帝思想十分苦闷，于是去姐姐府上散散心。平阳公主养兵千日用在一时，赶紧招呼姑娘们接客，十八般武艺全都使上，结果卫子夫引起了汉武帝长时间的“注意”。于是乎，汉武帝以上厕所为由，在“卫生间”里把卫子夫搞定了。

男人在风月场所都舍得花钱，皇帝也不例外，汉武帝赏赐平阳公主千金，当天就把卫子夫接入了皇宫。后来，集万千宠爱于一身的卫子夫毫无悬念地升为汉武帝的第二任皇后。

而李延年向平阳公主使眼色的时候，卫皇后早已年老色衰。十几年过去了，平阳公主仍保持着资深皮条客的良好职业修养，她不失时机地向武帝推荐了李延年的妹妹："陛下有所不知，延年的小妹，就是这样一位倾国倾城的绝世佳人。"

汉武帝心中一动，心动不如行动，他立马下命召李氏入宫。不久李延年将其妹引入。汉武帝一看，果真是：沉鱼落雁之姿、闭月羞花之貌。更重要的是能歌善舞。

汉武帝心中欢喜，二话不说就纳李氏为自己的贵妃。从此汉武帝的万千宠爱从卫子夫身上转到李氏身上，文武百官皆尊称李氏为李夫人。李夫人的肚子也争气，不久便怀了孕，结果生下一个白白胖胖的儿子，汉武帝封为昌邑王。

自从汉武帝专宠李夫人，所有宫女无不艳羡忌妒。一天汉武帝去李夫人宫中，忽然觉得头痒，于是用李夫人的玉簪搔头。这件事传到后宫，人人想学李夫人的样子，头上都插了玉簪，一时长安玉价翻倍。

谁知月有阴晴圆缺，人有旦夕祸福。李夫人入宫只短短几年，却不幸染病在身，不久病入膏肓，直至卧床不起。汉武帝难过不已，亲自去看她。

按理说病中的李夫人应该很是高兴才对，然而，汉武帝的到来，李夫人来了个"以被覆面"，拒不相见。拒绝的理由是："我已经病了很久了，容貌变得相当丑陋，实在难以面见皇上。我只有一事请求皇上，请皇上好好照顾我的儿子昌邑王及我的兄弟。"

汉武帝怜悯道："夫人病得这么严重，恐怕难以治愈了，你为何不当我的面提出你的请求。"

李夫人答道："女人不修饰好自己的容貌形体，是不能面见夫君、父辈的，臣妾不敢以懒散丑陋的容貌来面见皇上。”

汉武帝道：“夫人只要肯见我，我就赏赐你千金，并对你的兄弟封赏高官厚禄。”

李夫人道：“封不封高官在于皇上您，并不一定要见我的容貌呀。”

眼看汉武帝非要见一见李夫人的容颜，被逼急了的李夫人便侧身向里嘤嘤哭泣起来。最后，吃了“闭门羹”的汉武帝被弄得一点面子都没有，来个“拂袖而去”。

李夫人的姐姐知道这件事后，便责备她说：“你作为贵人怎么可以不面见皇上，再嘱托兄弟之事呢，为什么对皇上这么无礼呀？”

李夫人说：“我之所以不要见皇上的面，就是要使我嘱托皇上照应我兄弟之事更加有力牢靠呀。我是因为美丽的容貌才得以从卑贱的地位受宠于皇上。要知道用容颜来侍奉别人的女人一旦容颜变丑了，别人的宠爱也就变淡了，宠爱变淡，恩爱也就断绝了，皇上之所以恋恋不舍，关怀照顾我，其原因就是在于平日姣好的容貌，如果见到我的容貌已损，不再像过去那么漂亮，那么一定会厌恶我、唾弃我，到我死后，他还肯提拔我的兄弟、关顾我的儿子吗？”

不久，李夫人去世。事情的结局果然不出李夫人所料。李夫人拒见汉武帝，非但没有激怒他，反而激起他无限的痛苦，他将李夫人不但用皇后之礼安葬，还命画师将她生前的形象画下来挂在甘泉宫，来了个日也看夜也看，无限思念尽在心头。

以色事人者，必以青春与美丽，还有血泪为代价，直到“色衰而爱弛，爱弛则恩绝”。古往今来，这就是那些“绝世而独立”佳人们的悲惨命运。从这一点来看，李夫人无疑做到了最好。

后有汉武帝作《落叶哀蝉曲》，只为怀念李夫人：“罗袂兮无声，玉墀兮尘生。虚房冷而寂寞，落叶依于重扃。望彼美之女兮，安得感余心之未宁？”

第十四章　太子之争

庸人自扰

书接前文。随着时光的流逝，皇太子刘据一天一天爱恋，卫子夫一天一天失恋，汉武帝一天一天倦恋。汉武帝倦恋卫子夫的原因是她的容颜一天比一天苍老，倦恋太子刘据是因为他越来越“不类己”。

汉武帝认为刘据“不类己”的原因有二：

一、才能不如自己。汉武帝小时候就能说出“金屋藏娇”这样惊世骇俗的话语来，从而使得自己在太子争夺战中占据了制高点。而刘据每天只知道说“之乎者也”之类读书人的话，没有看出有什么其他方面的才华。

二、性格不像自己。汉武帝高大威武，登基后雄心勃勃的他用武力打得匈奴满地找牙。总之，汉武帝处处显示出男子汉的阳刚之气，而太子刘据仁厚谨慎，性格温柔得如女生。所以，他做中性人绰绰有余，但做堂堂一国之君就显得缺少了一样东西——霸气。

当年刘邦恨太子刘盈弱得像一根草，风一吹就会左右摇动。此时汉武帝恨太子刘据文弱得像一只风筝，缥缥缈缈没有一点安全感。

“朕百年之后，这样文弱的人能管理好我大汉的江山吗?”汉武帝发出这样的感叹，这对太子刘据来说是个危险的信号。但当时卫青是国家的军事主席，国家的精锐部队都归他掌管。汉武帝并不敢对外面公开对卫氏母子的冷落。而且为了安抚卫氏母子的心，他还对卫青说了这样一句话：“朕四面兴师无非为了大汉的永世万代，朕打天下，贤明的太子刘据负责守天下，我和太子一内一外，是不改变的。”

汉武帝的话已经再明显不过了，太子的地位是不会随便改动的。卫青是聪明人，自然听得懂汉武帝话中的意思，马上就向卫子夫转答汉武帝的“金口玉言”。这样双方消除了隔阂和误会。

按理说有了汉武帝的保证，刘据应该“明哲保身”才对，然而，他依然我行我素，居然还干涉汉武帝的事来了。这里不妨举两个例子来看看。

一、施行仁政德教。汉武帝执行酷吏严刑，这从张汤等最高司法所作所为就可以看出端倪来。这样的好处是很好地打击了那些“贪官污吏”和“罪有应得”之人，但负面作用是牵连的人很多，比如说当年陈阿娇巫毒一事，结果牵扯受罪的人达到浩浩荡荡数千人，真可谓一荣俱荣，一损俱损，只要沾上边了就活该倒霉。

头脑不开窍的太子刘据见了汉武帝的面，就力劝父皇应施以仁政，不要重用酷吏，以免误人子弟。

这样的结果是，汉武帝表面上不置可否，但心里对太子却“恶之”。

二、以和为贵。汉武帝一生主张以武力解决问题，属于典型的“武力派”选手，但刘据却是个“和平派”代表。因此，每次汉武帝要进行大规模的“军事行动”时，刘据都要进行劝说，什么冲动是魔鬼，武力解决不了问题，只会劳民伤财。还是与民休养生息的好，尽量减轻老百姓的负担。汉武帝同样只是笑笑，不答。结果汉武帝对刘据“愈恶之”。

元狩五年（公元前117年），霍去病因病早逝，元封五年（公元前106年），卫青踏青而去。卫家两个顶梁柱相继离世，等待刘据的将是怎样的命运呢？

刘据因为政治观点和汉武帝大相径庭，被他主张打击的酷吏们随着卫氏家族两大顶梁柱的倒塌而浮出了水面，他们对太子忍得太久了，站出来纷纷对太子表示不服，个别大胆的还进行了反击。

吹响和领衔反击太子战的不是朝中的“大人物”，而是一个微不足道的小人物——黄门苏文。然而正是这些小人物给了温文尔雅的刘据当头一棒。

苏文的小动作

苏文见霍去病和卫青双双早逝，卫子夫又因年老色衰而失宠，一时间豪情万丈，马上就对太子刘据进行了几个小动作。

小动作一：诬陷。

一次，刘据进宫探望母后卫子夫，母子两人因同病相怜（失宠）相谈甚欢，结果是日出而来，日落而归。

按理说，人家这是叙叙亲情，不关别人什么事儿。但苏文却不这么认为，他认为这里面大有文章可做。头脑一转，就向汉武帝打了个小报告。

报告的内容提要是“偷情”。这样的标题很吸引人，汉武帝一看这个标题就忍不住问：偷什么情，是谁偷情，情人是谁，谁偷谁的情？好在苏文后面马上就揭晓了答案。

“太子昨天一天都在皇后宫中逗留，是谁留住了他的脚步呢？想必是那些花枝招展的宫女吧。”

宫中偷情的事说大就大，说小就小。汉武帝接下来的举动却让人摸不着头脑，他没有奖赏举报人苏文，而是对“偷情者”刘据进行了奖赏：增调二百名貌美如花的宫女到太子宫。

刘据平白无故得到汉武帝赏给的二百佳丽，却高兴不起来。原因是无功不受禄。他派人去打听，结果才知道是苏文的小报告所致。刘据对苏文自然恨之入骨了。

小动作二：继续诬陷。

都说人善被人欺，马善被人骑。苏文小试牛刀，得到的效果还是很明显的，眼看刘据知道这件事后，也只能哑巴吃了黄连亏，有苦不敢说，他胆子也更大了，信心更足了。

话说汉武帝这一天病了，派贴身宦官常融前去请太子过来。常融早就被苏文拉下了“小人帮”。小人帮的口号是“勿以善小而为之，勿以恶小而不为”，本着这样的宗旨，常融认为这件小事应该“为之”。于是他没有进太子府，而是去找到“帮主”苏文。结果两人一阵交头接耳后，常融马上回来向病榻上的汉武帝打了个小报告。

“太子听说陛下病了，面有喜色，嘴里嘀咕……”常融说到这里突然打住了。

“嘀咕什么……”汉武帝原本病恹恹的脸顿时惨白如纸。

“太子好像是说什么‘老的不去，新的不来’，臣不太明白。”常融的话一出口，汉武帝脸上青筋暴鼓，正要发作时，却看见太子刘据早已泪眼婆娑地站在眼前了。

男儿有泪不轻弹，只是未到伤心处。一切尽在不言中，真相已一目了然。结果汉武帝二话不说就把常融砍了头，罪名是：挑拨离间。

“小人帮”这次非但没有“小人得志”，反而是“小人得治”了。偷鸡不成反蚀把米，带头大哥苏文化悲痛为力量，决定再请一人来助阵。这个人同样是“小人物”，他的名字叫江充。

江充的传奇经历

江充本名江齐，字次倩，西汉赵国邯郸（今河北邯郸市）人。他因其妹善操琴歌舞，嫁与赵太子丹，才得以成为赵王刘彭祖的座上客。

刘彭祖是汉武帝同父异母的哥哥，是个谦逊有加的老好人，做事谨慎而内敛，当了五十多年的赵王，其间什么七国之乱啊等都跟他牵不上什么关系，赵国在他的治理下呈欣欣向荣之势。然而，富不过三代这句话一点也不假。刘彭祖把赵国经营得直奔小康，而他的儿子刘丹却是个典型的败家子。

刘丹最大的特点就是好色。他吃着碗里的看着锅里的，娶了江充貌美如花的妹妹、守着太子宫里花花绿绿的宫女还不满足，还经常跟他老爹刘彭祖抢女人。刘彭祖一大把年纪了，也不计较，但刘丹的胃口并没有因此就满足了，他拥有自己太子宫的宫女，淫乱赵王宫里的宫女，还把目光瞄向了自己的同胞姐姐和妹妹，结果姐妹双双遭到他的“毒手摧花”。非但如此，连他自己亲生的黄花闺女他也不放过，当成了他泄欲的工具。这样的乱伦真可谓大逆不道，闻所未闻。

本着“家丑不可外扬”的原则，刘丹乱伦之事，除了当事人，别人还是很少有知道的，但江充却是个例外。他因为妹妹的裙带关系，是赵王府上的“座上客”，对刘丹的家丑了如指掌。

江充也不是吃素的，握着刘丹的把柄，马上就进行了赤裸裸的敲诈。今天向刘丹要这，明天要那，总之，不是要求升官晋爵就是黄金白银。刘丹也不在乎这些，什么要求和条件都一概答应。

然而，随着时间的推移，刘丹越来越感到不安。他的不安不是道德和仁义上的过不去，而是因为江充的存在。江充不除，总有一天会泄露出去的。与其被别人握着把柄不放（江充敲诈的胃口一天一天地增大），不如把他消灭于无形中。于是刘丹决定先下手为强，想对江充上演一场“毁灭门”。

然而，行动前，刘丹的“情报局”因为保密工作没到位，结果泄了密，被敏锐的江充闻得了风声，连滚带爬地逃跑了。

跑得了和尚跑不了庙，江充跑了，他的家人却没能跑了。刘丹终于把这场精心准备的“毁灭门”上演得鲜血淋淋、惨不忍睹。

俗话说，斩草不除根，必留后患，这话一点都不假。江充一直向北跑，他跑啊跑，万米马拉松结束后，他跑进了长安，跑进了未央宫，然后向汉武帝揭发了赵太子丹的罪行。

“赵太子丹与其女及同产姐奸。”只这一句话，就让汉武帝震怒不已。如此乱伦，国将不国。汉武帝这一次没有丝毫手软，立马派大军把赵王府围了个水泄不通。结果毫无悬念，一张逮捕令把刘丹带走了。

后面就是走过场了。突审—严刑—招供，最后刘丹被判死刑，剥夺政治权利终身。

眼看宝贝儿子被判死刑，刘彭祖不出手不行了。他向汉武帝又是求爷爷又是告奶奶，甚至表示他可以倾尽赵国之力去对付匈奴。总之，如果刘丹死了，他也不想活了。

最终，汉武帝不忍心眼睁睁地看着自己兄弟上演“喋血门”，只好免除了刘丹的死刑，废除其太子资格，永不录用为国家公务员。

处理完赵太子刘丹的事后，汉武帝召见了江充。

江充知道机会就摆在眼前，能不能抓住完全在自己。为了让汉武帝对自己留下好印象，他别出心裁地把自己打扮一番，穿上他自己设计的纱袍，围着燕尾式的裙裾，戴上插着羽毛的步摇冠，加之他身材魁梧，相貌堂堂，武帝一见就称奇，发出这样的感叹来：“燕赵之地果然多奇士。”

面试过关后，江充接下来得过汉武帝的“笔试”关了。汉武帝以当时的“时政”相问，结果，夸夸其谈的江充对答如流。

汉武帝很满意，认为他是个人才，正考虑给他封个一官半职什么的时候，江充有话说了：“我想出使匈奴。”

汉武帝很是惊讶，要知道当时使者并不好当，君不见苏武少壮出使老大归，十九年光阴漫漫年轻人熬成老翁；君不见卫律出使匈奴，有辱使命投他乡，终客死异地。

这样一件费力不讨好的苦差，按理说很多人唯恐避之不及。于是汉武帝问他，如果情况不妙，该怎么应付匈奴啊。江充的回答简洁而明了，四个字：“因变制宜”，意思是事情不可完全预料，只要因变制宜即可。汉武帝于是命他为使者，出使匈奴。

江充的运气很好，顺利地到匈奴旅游参观回来后，汉武帝对他又是另眼相看，就封他做直指绣衣使者。直指绣衣使者，是西汉侍御史的一种，正所谓“衣以绣者，尊崇之也”。这是皇帝派出的专使，出使时持节仗，衣绣衣，可以调动郡国军队，独行赏罚甚至可以诛杀地方官员。这是汉武帝为惩治地方奸猾、办理大案而设置的监察官。

江充由一个亡命徒一下获得如此尊崇，真可谓祖坟冒青烟了。

都说新官上任三把火，江充当上直指绣衣使者后，马上就烧了三把火。三把朝中上上下下都看得见感受得到的火。

第一把火：今天你罚了款吗?

汉武帝交与江充的具体任务，是督察贵戚近臣们这类奢侈逾制的事和在纠劾驰道（专供皇帝驰行的道路）上犯禁的事（有点类似于现在的“交警”）。

江充知道汉武帝是个极好虚荣的人，非常维护自己的尊严，他便向汉武帝奏请，今后若有在驰道上犯禁的，便要将车马没收，把人送往征伐匈奴的军队去。在得到汉武帝的同意后，他便在驰道上布下了一张黑网，大肆捕捉驾车驶入驰道的车马。

汉武帝的姑母、陈皇后的母亲馆陶长公主，也因“误入驰道”被江充逮了个正着，结果江充要馆陶长公主交“罚款”，馆陶长公主杏眼圆瞪，气冲冲地回答道：要钱没有，要命一条。江充毫不手软，以硬制硬，最终以没收馆陶长公主的护卫车马了事。

结果这件事后，江充便对罚款上了瘾，凡是在“高速公路”上“违章”的人和车都严惩不贷。许多贵戚子弟因违犯了这条律令，马上就被江充“拘留”在宫门内，最后只有交不菲的赎罪金才能保释出来。

连年征战，汉武帝正愁府库空虚，眼看江充敲到滚滚而来的银子！汉武帝连连称赞江充。有汉武帝的支持，此后江充更加不可一世，驰道这条特殊的“高速公路”上，从清早至晚上，都能看见他这位绣衣使者的翩翩身影。相传贵戚子弟见面的招呼不再是：你吃饭了吗，而是：今天你罚了款吗?

第二把火：秉公执法为哪般?

江充在甘泉驰道上又发现皇太子刘据的使者驶入道中，江充即遣吏扣下车马，并准备交付有关部门审判。太子知道后赶紧派人向江充赔不是，说：“太子并非是爱车马，而是不想让皇上知道这件事，落得管束左右不严的名声，还请江大人多多海涵啊！”

按理说太子都这般低三下四向你求情了，你江充不看僧面也要看佛面，放太子刘据一条生路吧。但江充却是个铁石心肠的人，他不但没有领太子的情，反而向汉武帝进行了汇报。

汉武帝对他这么忠心耿耿大加赞赏，说：“做臣子的就是要这样啊。”（人臣当如是矣）结果武帝马上就升他为二千石的水衡都尉（职掌上林离宫禁苑农田、水池、禽兽的肥缺）。

江充前两把火一烧之后，效果是显而易见的，八个字：大见信用，威震京师。

江充的第三把火，是和苏文一起烧的，这把火不再是小打小闹了，而是准备来“实”的了——目标直指太子刘据。

识时务者为俊杰

那么，江充为什么敢和太子刘据公然作对呢，原因有三：

一、头把交椅的诱惑。

江充原本就是江湖小混混出身，后来虽然因为机遇把握得好，当了“高速公路交警队”的队长。但其江湖流氓的本质非但没有变，反而随着权力的增加而增加了。苏文建的“小人帮”正符合他的胃口。苏文诬陷不成，为了彻底扳倒太子刘据，不惜让出帮主的位置请“大哥”江充出山。一个有情，一个有义，结果一锤子下去：成交。

“小人帮”的建立目的就是对付太子刘据，江充做了“总舵主”后，自然要替帮里人办事了，太子刘据就是他们的眼中钉肉中刺。

二、得罪了太子刘据。

江充上任后，烧了两把大火，其中就有一把直烧到太子刘据的身上来了，烧的时候江充是初生牛犊不怕虎，只想一手打出自己的名气和声望来。结果事情果然如他所愿，“黑”了长公主又“白”了皇太子，他名声大震，到了如雷贯耳的地步。都说人怕出名猪怕壮，直到这时，江充才后怕起来，他一直在思考这样一个问题：一朝天子一朝臣，太子刘据将来要是登了基，自己还有好果子吃吗？

与其日后遭太子刘据的报复，不如一条道上走到“黑”，一不做二不休，和太子刘据火拼到底。

三、汉武帝的移情别恋。

江山代有美人出，各领风骚三两年。汉武帝的宠妃继陈阿娇之后是卫子夫，卫子夫色衰之后是王夫人，王夫人早逝之后是李夫人，而李夫人早逝之后，又一个集美貌与智慧于一身的奇女子出现了。这个女子名叫赵钩弋。

赵钩弋的家乡在河间（今河北省河间县）。相传汉武帝一次北巡过黄河时，看见河间青紫云气，氤氲缭绕，就向随行的方士询问：此主何征兆？方士们原本就是滥竽充数之人，便信口开河地说道：“这里的天空祥云笼罩，一定有奇女子出现。”

对于风流成性的汉武帝来说，这无疑是打了一针强心剂，于是他派人挨家挨户去寻找，在当时没有卫星定位系统的艰苦条件下，士兵们不负汉武帝期待，真的找到了一位奇女子。

汉武帝一看，又喜又惊。喜的是这果然是一位绝世美女，美得连花儿也会为之逊色；惊的是这位容貌超级美的奇女子竟是个残疾人，她的两只手紧握拳头打不开（可能因为小时患过小儿麻痹症）。

面对这样一位奇女子，汉武帝很是好奇，心想，这紧握着的定是天下最美的玉手了。汉武帝忍不住上前去掰这美女的拳头，奇迹出现了，那美女无人能打开的拳头却慢慢展开，手中紧握着一个碧绿的玉钩。汉武帝大为惊异，连称“妙极，妙极”。

既然是仙苑奇葩，疾病又不治而愈，汉武帝便不假思索地把她带回长安，为她特地在长安城建筑专门的宫室，名“钩弋宫”，封赵钩弋为夫人，称作钩弋夫人。老夫少妻，赵钩弋自然成了汉武帝的心肝。

赵钩弋也真争气，在当年就怀了孕。所有女人都是怀孕十月就生的，偏偏赵钩弋却怀了十四个月后才生下一个男孩，命名刘弗陵。汉武帝老年得子，乐不可支，说：“听说唐尧帝在娘胎中怀孕十四个月才生。而今赵钩弋的儿子，也是怀孕十四个月，简直太奇妙了。”借这个典故，题名赵钩弋的宫门为“尧母门”。

此消彼长，赵钩弋母子受宠的结果是，卫子夫母子更加失宠。江充是聪明人，自然明白物极必反的道理，卫氏家族已经风光过头了，随着卫青、霍去病的逝去，已不可避免地呈现颓败之势了。现在既然汉武帝都把钩弋夫人比喻成尧母了，那么她的儿子就是尧了，而尧不是皇帝又是什么呢？种种迹象表明，汉武帝大有在太子问题上废长立幼的动态。

也正是因为这样，苏文把第三把火直往太子刘据身上烧，大有不成功便成仁之势。这把火直接引出一个震惊朝野的大事件——巫蛊门。

第十五章　巫蛊门

祸起萧墙

话说江充当了“小人帮”的带头大哥后，却偃旗息鼓，似在享受帮主带来的兴奋和自豪感。苏文见江充迟迟不见动静，心里急了，总是催大哥快点儿动手。每次江充只是不冷不热地回答一个字：等。

于是，苏文接下来等啊等啊，在他等待的过程中，他原本寒着的脸随着时光的推移而越来越舒展，因为这期间朝中又出了两件大事，死了两个人，两个都是复姓公孙的人。

第一个人是公孙敖。

公孙敖想必大家不陌生吧。他就是卫青儿时的亲密伙伴。沙场上一起拼杀的兄弟。他年少时曾因哥们儿义气，一人单刀赴会，硬是从陈阿娇宫中将被“劫持”的卫青冒死救出。

后来卫青发迹了，也不忘这位拜把子的兄弟，把他也推荐到战场去干大事业了。不过他的运气可没有卫青那么好。公孙敖先后四次当上将军，但是每每立一点儿功，又犯一些错，总之将功补过，两相抵消之后，再回首时已被“赎为庶人”，最后靠诈死，亡命天涯五六年后，才暂时保住一条小命。看来伴君如伴虎，这话一点儿不假。

然而，公孙敖终究还是没有躲过命运的轮回，太始元年（公元前 96 年），因妻子被诊为“巫蛊”的疑似病例，他牵扯进了“巫蛊”案，被灭了全家。

第二个人是公孙贺。

公孙贺，字子叔，北地义渠（今宁县）人。公孙贺的祖先是匈奴人，祖父公孙昆邪在汉景帝时为陇西太守，率军平定吴楚七国之乱有功，封平曲侯。

出身豪门的公孙贺少年时代没有选择在高校深造，而是选择了“参军”，后来从军征战，屡立战功，很得汉武帝赏识。在汉武帝的牵线搭桥下，卫皇后的姐姐军孺嫁给了这位军人为妻。有了这层关系，公孙贺更得汉武帝宠信，马上就担任了轻车将军，率军驻扎战略要地马邑。

元光二年（公元前 133 年），西汉出动 30 万大军，由李广、公孙贺带领，埋伏于马邑，企图诱歼匈奴单于，但因匈奴单于识破汉军计谋而未能得逞。从此，西汉一改汉初的和亲政策，开始了对匈奴的大规模反击。公孙贺此后戎马倥偬，先后参加了河南战役、河西战役、漠北战役，跟随西汉名将卫青横扫匈奴势力，因战功封南峁侯。

太初二年（公元前 103 年），对公孙贺来说当真是可喜可贺的一年，因为这一年，汉武帝命他代石庆为丞相。然而，面对这样一个一人之下万人之上的宝座，公孙贺却百般推托，甚至为了让汉武帝收回成命，他跪在地上，以头磕地，一把鼻涕一把泪地说：“臣出生在偏远之地，出身卑微。后又长期在军队中做事，干点儿普通之事还绰绰有余，但要我做运筹帷幄之事，我实在没有这个才能，我当不起丞相这个职务啊。”

汉武帝虽然被他的忠诚感动得老泪直流，但他乃堂堂一国之君，说出的话已是覆水难收了，于是命令人“扶起丞相”再说。公孙贺似乎铁了心，表示如果武帝不收回成命，他就长跪不起。事实证明，汉武帝对付后宫那些妃子的“一哭二闹三上吊”见多了，眼看公孙贺又哭又闹，只差上吊这一关键环节了，汉武帝根本就不给他这个机会了，来了个“拂袖而去”。

再闹下去就要吃不了兜着走了，最后公孙贺没辙了，只得含泪接受相印。出宫后，他说了这样一句意味深长的话：“汉武帝太贤明了，我任丞相一定会有不称职之处，一旦出现纰漏，必遭横祸。”

原来当时朝中正值多事之秋，帝相因争权矛盾极为尖锐，石庆之前三任丞相都以莫须有之罪被处死，石庆虽然处处小心，事事谨慎，但也多次受到汉武帝谴责，以公孙贺的聪明，怎能不知道伴君如伴虎这个道理？所以才会上演“哭辞丞相”的闹剧。

事实证明，公孙贺的担心并不是多余的，灾害马上就降临了。话说公孙贺直升“丞相”后，他的儿子公孙敬声继任父亲留下来的职位——太仆。就是这个太仆一职葬送了公孙敬声的前程。公孙敬声不学无术，骄横奢侈，目无法纪，他上任后，擅自挪用国家军费一千九百万钱。

他本以为这事做得神不知鬼不觉，天衣无缝，但他忘了天下没有不透风的墙，很快他“贪污巨额公款”的事被他人告发了，结果自然得蹲牢狱了。

公孙贺为了给儿子立功赎罪，请求皇帝让他做“捕快”，去追捕武帝通缉的黑帮老大阳陵大侠朱世安。汉武帝没有不答应的道理，公孙贺救子心切，不顾艰辛千里追踪，最终将朱世安捕获移送朝廷。抓了黑帮老大，为民除害，汉武帝高兴之下免了他儿子的罪，让他重新做人。

事到这里，按理说应该可以结束了。然而让公孙贺万万没有想到的是，这个朱世安却不是盏省油的灯。他听说公孙贺是要用自己的命来换儿子，就狂笑着说：“丞相就要祸及宗族了！用完终南山的竹子，也不够写完我的状辞；砍光斜谷的树木，也不够做桎梏我的刑具！”（丞相祸及宗矣。南山之竹不足受我辞，斜谷之木不足为我械）朱世安的意思是要跟公孙贺玉石俱焚，拼个鱼死网破。于是他在狱中上书告发公孙敬声和汉武帝的女儿阳石公主私通，还说他们指使人在长安通往甘泉宫的驰道上埋木偶人，诅咒皇上。

汉武帝立即下诏逮捕公孙贺父子入狱。征和二年（公元前92年）正月，长安城中大雪纷飞，寒气袭人，公孙贺父子饥寒交迫死于狱中。随后其家族的最终结局是：满门抄斩。

巫蛊之祸

我们目击的事实
往往只是浮出水面的冰凌
冰山下面的巨大事实
更排山倒海
穿透视听
我们直面的人生舞台
也许只是化蝶幻影
层层垂帘般幕后的故事
更震撼世道人心

这段话是湖南卫视一档叫《背后的故事》的节目中的一段话，每次看这个节目时，我都特别留意这段话，加上解说者浑厚有力的声音，感觉真的很震撼！

是的，我们有时候看到的太多的事情都只是表面的，我们需要去了解背后所隐藏的真实，公孙敖和公孙贺的死其实只是汉武帝晚年的这场“巫蛊之祸”的冰山一角。

巫蛊是什么呢？前面也提过，巫就是巫术，这个好理解，就是画符念咒语；蛊也叫厌胜之术，是一种诅咒的巫术，就是用一个桐木雕的小木偶，在木偶背上书写某人的名字和生辰八字，然后给这个木偶施加某些法术，通常是在木偶的胸前钉上钉子或针，或者用线捆住木偶的双手，然后将这些木偶埋在被诅咒者住所或其附近的地下，每天对这些木偶施念咒语，这样被诅咒的那个人（就是名字被写在木偶背上的那个人）的心智就受施蛊人的控制；如果施蛊人诅咒他死，那他就会不明不白地死去。这种用木偶来诅咒人的法术据说是来自胡人的萨满巫术。

汉朝的皇室是楚人出身，汉朝在行政上采取秦朝的制度，在文化上则是全盘接受的楚文化。楚人自古就有尚巫好鬼的传统，这就使得汉朝的统治者更容易相信蛊术。汉武帝自己就总是求仙拜神，对这一套当然更加深信不疑。因此朝廷上一直很注意防备有人用这类厌胜之术来诅咒皇上，查出来就是灭门的大罪（后来的历朝历代也无不如此）。

闲话少说，下面我们就来看这场旷世无双的巫蛊之祸，这里且叫“巫蛊门”好了。

一、巫蛊门的起因：真作假时假亦真，假作真时真亦假。

汉武帝早年忙着打匈奴和求神仙，没功夫过问巫蛊的事情，可就在他晚年的时候，一件似真似假的案子牵出了巫蛊之祸。

原来武帝整天东征西讨，弄得天下百姓不得安宁；他又拼命地花钱，不但把文景时期积蓄下来的钱财都花光了，他自己千方百计搜刮来的钱也花光了好几次，闹得老百姓苦不堪言，纷纷起来造反，连长安城里也有不少人咒骂皇帝。慢慢地这些怨恨的话有一些就传到了武帝耳朵里，他就小心提防着，疑神疑鬼地老觉得有心怀叵测的人来行刺他。

话说他住在建章宫的时候，有一天恍惚间突然看到一个身带宝剑的男人影子在龙华门外一闪而过。汉武帝以为有人来行刺，急忙下令在建章宫内搜了个底朝天，连半个刺客的影子都没找到，守宫门的侍卫也说根本没见到什么带剑的男子。汉武帝一气之下把守宫门的人杀了，又搜查上林苑，又下令关闭长安的城门，在城里挨家挨户地搜了十一天，闹得长安城鸡飞狗跳。（《汉书·武帝纪》：征和元年冬十一月，发三辅骑士大搜上林，闭长安城门索，十一日乃解。巫蛊起。）

这一次彻底的大搜查没抓住刺客，但结果却搜出大量的小木人，就是这些小木人引发了“巫蛊门”的导火线。

原来两位公孙大人死于莫须有的“巫蛊”之后，巫婆、方士见利用蛊术很有“钱途”，于是纷纷前来长安，到宫中贵戚之门来骗取钱财，教他们如何镇邪避灾，如何用木偶诅咒仇人，如何防患于未然。一时间各大宫中乌烟瘴气，大家都忙着做一件事，埋木头人……

二、巫蛊门的升级：欲加之罪，何患无辞。

汉武帝搜刺客没搜到，却搜出不少小木人后，他感到事态的严重程度已超过了他的想象。巫蛊不除，天下不安；巫蛊不除，汉武帝不安啊。于是，他决定严厉打击一下长安城里的这股乌烟瘴气。也正是因为这样，汉武帝叫来了一个人，一个一直在苦苦等待汉武帝召唤的人，这个人便是“小人帮”的带头大哥江充。

江充听到汉武帝的宣见，脸上笑开了花，他知道他烧第三把火的机会终于来了。果然，汉武帝召见他便是商量如何打击巫蛊，在江充表达了愿替皇上分忧的忠心后，汉武帝直接给了他一个权限——特使，专门负责打击和摧毁巫蛊案件。

于是乎，一个新的部门——“巫蛊办”成立了。“巫蛊办”的站长毫无悬念可言，是江充。其主要成员有：案道侯韩说、御史章赣、黄门苏文（兼任小人帮的副帮主）、胡巫檀何。

接下来江充带领几员得力干将，整天穿梭于各大宫，成了不折不扣的“掘木人”，最后竟然是“哪里不平（地），哪有我，哪里不平，哪有我”。更为重要的是，“巫蛊办”沆瀣一气，想整治谁就事先把木头人埋到他的家附近，然后再以搜查的名义来“追踪寻迹”，抓到人以后，两条：第一，严刑拷打。不惜动用烧红了的铁器钳人、烙人，总之一句话：一定要让他们认罪。第二，一定让这个人咬出来他的同案犯，被打得无奈了就咬其他人。这样抓一个咬一个，抓一个咬一片。不管是谁，只要被江充扣上“诅咒皇帝”的罪名，就不能活命。没过多少日子，他就诛杀了好几万人。

一时间全国陷入白色恐怖当中。

三、巫蛊门的终极目标：巫蛊之祸，意在太子。

江充花这样大的力气来打击巫蛊，花费的人力、物力、精力是巨大的，而牵连的人也是不计其数的。其实江充这样做只是为了放长线钓大鱼，他一手打造的“巫蛊门”的终极目标不为财也不为利，只为太子。

于是，他指使“巫蛊办”的得力干部胡巫檀何对汉武帝说：“皇宫里有人诅咒皇上，蛊气很重，若不把那些木头人挖出来，皇上的病就好不了。”

此时的汉武帝已近古稀之年了，人到老年，多多少少有些伤寒杂病，磕磕绊绊的。于是，已是体弱多病的汉武帝认为胡巫檀何的话“言之有理”，批准了“巫蛊办”进入皇宫搜查巫蛊。

江充的终极目标只是太子刘据，但聪明的他知道饭要一口一口地吃，茶要一口一口地喝，心急吃不了热豆腐。于是，他带领浩浩荡荡的“巫蛊办”的人马先从嫔妃下手，一直把汉武帝的三宫六院七十二妃查了个底朝天，这才对卫皇后和太子宫进行搜查。

如果说在嫔妃的宫里搜查只是为了走过场的需要，那么卫皇后和太子府就是动真格了。据说江充为了搜查的需要，还派上了猎犬，在两大宫中进行了地毯式的搜查。

搜查的结果是：太子宫的木头人有两个特点：一是木头人多，二是木头人毒。多到什么程度，四个字：多如牛毛。毒到什么程度呢？四个字：咒语连连。

江充的“追魂夺命”组合拳终于亮出致命杀招了。那么懦弱的太子刘据见宫中平白无故多了这么多木头人，知道定是江充等人做了手脚，他会眼睁睁地做沉默的羔羊，任江充宰割吗？

答案是否定的，羔羊也有怒吼的时候，更何况太子刘据还是个有血有肉的大活人呢？且看刘据是如何“冲冠一怒为巫蛊”的。

太子的反击

话说太子府凭空被挖出那么多木头人后，刘据意识到了事态的严重性，在这个紧急的关头，他想到了他的老师石德。

石德也许大家还有点儿陌生，但一提到他的爷爷万石君——石奋，想必大家一定会豁然开朗。情况紧急，刘据找来老师石德，不再拐弯抹角，便直接询问怎么办。

石德果然不愧是刘据的老师，马上就当前形势进行了详细的解析，教会了太子三个关键词。

第一个关键词：前车之鉴。

公孙敖夫妻和公孙贺父子，都是因为巫蛊而掉了脑袋的，包括汉武帝的女儿也没能逃脱一劫。现在“巫蛊办”的人在东宫挖出这么多木头人来，只怕江充之意不在木头人，在于栽赃陷害太子您啊。

第二个关键词：秀才遇到兵，有理说不清。

我知道您是清白，虽然清者自清、浊者自浊，但欲加之罪，何患无辞，江充等人的小报告一旦打到汉武帝那里了，只怕太子您就算跳进黄河也洗不清啊。

第三个关键词：先发制人，后发制于人。

与其坐以待毙，不如先发制人。皇上现在在甘泉宫避暑养病，对目前宫里的形势一无所知，太子可假传圣旨，先抓住江充等“巫蛊办”的人，以迅雷不及掩耳之势逼令其招出其中的阴谋，只有这样，方能化险为夷，转危为安。

石德的解析精辟在理，太子刘据听了直点头称是。但对“先发制人”的方案他还是提出了心中的疑惑和顾虑。

“江充等‘巫蛊办’的人都是父皇赋予的权力，享有特事特办的特权，在没有父皇签发的逮捕令的情况下，怎么能随便对他们进行逮捕和审讯呢？”

石德随后教会了刘据第四个关键词：该断不断，必受其乱。

现在都到了火烧眉毛的时候，你居然还想“循规蹈矩”地办事，只怕还没等到皇上的逮捕令，你自己早已被逮捕了，难道你想做扶苏第二不成？

扶苏是秦始皇的大儿子，但在和弟弟胡亥争夺皇位时，因为“心太软”，结果把皇位拱手让给了胡亥，从而也使得秦朝迅速走向灭亡。石德的话连傻子也听得懂是什么意思了。一句话：起（行动），还有生的希望。不起，只有死路一条。

然而，刘据就是刘据，汉武帝从小教他读书识字并没有白教，教条书里的“可为”和“不可为”他记得清清楚楚明明白白。因此，当石德苦口婆心地说出四个关键词后，他的头还是摇得像拨浪鼓，说了这样一句话：我不能做大逆不道的事。

他决定先派人到甘泉宫去请示一下汉武帝，把木头人一事当面说清楚。这种消灭不良因素于萌芽之中的想法，应该说也是不错的。但问题是，这仅仅是刘据一厢情愿的想法，江充根本就不给他这样一个解释的机会，他早已派人赶在他之前去甘泉宫报告去了。

刘据一听，面色惨白，瘫倒于地，嘴里直呼：怎么办，怎么办？

石德不愧是他的老师，第五个关键词又新鲜出炉了：箭在弦上，不得不发。

这个关键词简单易懂，不用解释大家也明白，意思是江充等人现在已把你逼到悬崖边了，是生是死就看你的选择了。

说完这句话，石德起身甩袖就要走人，这样“迂腐”的学生不教也罢。但这一次刘据却突然一把拉住石德，说道：弟子愚钝，悔误甚迟，请多原谅。

接下来的事简单的描叙过程如下：假传圣旨、征调士兵、抓捕犯人。

而江充接下来的表现如下：措手不及、瓮中之鳖、束手就擒。

刘据打了个出其不意，结果成功抓获“巫蛊办”的头号人物江充和四把手胡巫檀何。也许是这个先发制人的过程太顺利、太缺乏悬念了，刘据在抓住江充后，脸上笑开了花，他认为他已“转危为安”，现在该是“打击报复”的时候了。

于是，刘据马上上演一场“泼妇骂街”的闹剧，直把江充骂得恶贯满盈，猪狗不如。而混世魔王江充自从落到刘据手上，知道没有好果子，抱着一副死猪不怕开水烫的态度，自始至终都选择沉默。

骂不还口，打不还手。愤怒的刘据马上上演新花招——砍。可怜的江充，连一句发泄的话都没能说出口，就挥一挥衣袖到阎王那里报到去了。考虑到江充一个人走太孤单，刘据马上也为胡巫檀何安排了隆重的火葬。

可以说刘据终于拿起手无缚鸡之力的拳头，痛痛快快地做了回真男人，然而，他不会知道，他痛快的背后留下了两大致命伤。

第一大致命伤是刘据抓住江充后太过兴奋和激动，结果在大脑发热的情况下，当场就解决了江充这个不法分子。先斩后奏，朝廷不是没有这样的先例，但问题是他在砍江充的脑袋时，忘了做一件事，一件举手之劳，但却关系他的脑袋的大事，就是没有得到江充的供词。

在江充还没有“招了”的情况下，刘据就擅自对江充处以极刑。江充死了是小事，但如何向汉武帝交代却是件大事了。

第二大致命伤是刘据发动突然袭击，但他的目标太窄，只盯着罪魁祸首江充一人，却忽略了“巫蛊办”的其他几个主要成员。结果除倒霉的胡巫檀何被顺便抓进来了，“巫蛊办”的另三位危险人物，苏文、韩说和章赣却成了漏网之鱼。于是乎，江充前脚被抓，他们后脚就踏进了甘泉宫。

斩草不除根，后患无穷。前面已有先例，可惜却没有引起刘据的高度重视，否则他先将“巫蛊办”的人全部一网打尽，再向汉武帝汇报，结果自然会迥然不同。

“刘跑跑”出马

接到苏文、韩说、章赣三人的“太子造反”的小报告后，汉武帝第一反应是惊，第二反应是不可置信。对于他来说，太子虽然在言行上“叛逆”了些，在做人上“另类”了些，在做事上“迂腐”了些，但人还是诚诚实实，本本分分。因此他觉得苏文的“造反”两字有点儿言过其实，于是就让内侍去把太子招来，准备来个当面“质问”。

然而，就是这样小小的一个内侍，却成了左右刘据命运的人。这个内侍虽然不是“小人帮”的正式成员，但也属于“小人”。因此，他接到跑腿的光荣任务后，关键时刻心理素质不过硬的缺点暴露无遗。

如果说以前他对太子刘据是敬的话，那么现在他对刘据就是怕了。怕什么呢？这个太子连京城最火的“巫蛊办”的老大江充都敢擅自抓了直接砍了头，他这一去太子的东宫该不会是黄鹤一去不复返吧？

去太子府是不敢去了，可不去，又怎么向汉武帝复命呢？只剩下华山一条道可以走了——编谎言来骗汉武帝。他是这样一把鼻涕一把泪地说的：太子的的确确是造反了，我去请他，他非但不肯来，反而想杀了我灭口，幸好我跑得快，要不然就再也见不到陛下了。

汉武帝的第一反应还是惊，第二反应还是不可置信。

正在这个关键的节骨眼上，丞相刘屈氂的秘书长（长吏）到了，给汉武帝的报告同样只有简单明了的四个字：太子造反。

原来丞相刘屈氂听说太子造反，吓得七魂丢了三魄，二话不说，拔腿就以百米冲刺的速度向城外跑。据说中途连丞相大印跑丢了也浑然不觉，由此可见丞相跑步的慌张程度。什么仁义道德，什么舍己救人。天塌下来什么也不管，先保住性命要紧。

"刘跑跑"到了驿站才派唯一跟着自己的秘书长骑快马到甘泉宫向汉武帝报告。

都说众口铄金。江充、章赣这样直接跟太子打交道的人，自己最贴心最信任的内侍，以及丞相的秘书长都报告都说太子造反，这一回汉武帝终于相信太子造反是事实了，于是他便问丞相的长吏："既然太子造反了，丞相打算怎样摆平这件事呢？"

长吏答："丞相已封锁了太子造反的消息，至于要不要采取军事行动还得听皇上您的指示。"

汉武帝一听，怒道："事情已经到这个地步了，丞相封锁消息有个屁用啊。防民之口甚于防川，现在整个长安都听风就是雨。如果不尽快平息暴动，后果不堪设想。丞相难道没有听说过周公当年大义灭亲、含泪忍痛诛杀管步和蔡叔的事吗？是风度重要，还是温度重要？"

既要风度又要温度。长吏心里是这样嘀咕的，但嘴里却不敢再多说一句话。关键时刻，汉武帝展现出一名老领导的素质，他立马就向丞相做出了如下部署：

一、集京城临近各县之兵力，关闭所有的城门。

二、用牛车堵住街道，捕斩谋反者重重有赏。

三、放走谋反者罪加三等。

都说酒壮英雄胆，丞相刘屈氂接到汉武帝"杀无赦"的诏书后，实权在握，他一改刚才狼狈至极的形象，掉转马头，组织人马将长安城围了个里三层外三层，然后再打出抓捕太子的牌子。

太子刘据虽然有点后知后觉，但终究还是知道丞相要抓他的消息了。

在对待江充等人方面他已经先下手为强一次，这一次他没有选择束手就擒，而是选择再一次的“先下手”。

于是他假传圣旨释放长安城里的囚犯，发给他们武器，他的老师石德和门客张光光荣地成了“带头大哥”，抵抗丞相的军队。出发前，他还来个“先礼后兵”，召开了动员大会，内容无非是说皇上病得很严重，住在甘泉宫休养了很久了，不知道那里是不是发生了什么变故，而“巫蛊办”在以江充为首的黑社会势力的带动下，乘机准备叛乱。我们身为大汉的子民，有责任也有义务为国效力，应该马上行动起来，共同诛杀逆贼。

都说磨刀不误砍柴工，动员大会后，掌声雷动，众人纷纷表示誓死为国效忠，绝不让奸臣的阴谋得逞。随后他们和丞相的政府军队发生了武装冲突。这一战就战了三天三夜，结果是双方旗鼓相当，不分胜负。

眼看这样战下去对自己非常不利，太子心急如焚，丞相军可以从城外调来源源不断的后续部队，而自己的军队却是随着伤员的增多一天一天地减少。无水之源，终会有枯竭的一天。

太子决定再次铤而走险，派使者持节杖去调驻扎在长水及宣曲两地的胡人骑兵军团。哪知人算不如天算，太子派的使者前脚刚到，汉武帝的使者后脚也随后到了。接下来就看两大使者的比拼了。

两大使者立马上演一场真假节杖的表演。太子使者说他的节杖绝对是货真价实，假一赔十。汉武帝的使者却说他的节杖才是真的，如假包换。

眼看两大使者争执不下。胡人也被弄得云里雾里，最后叫两人别只顾逞口舌之快，来点实际的。

“我的节杖是纯赤色，大家谁不知道纯赤色的节杖才是正宗的皇帝审批的节杖呢?”太子使者毕恭毕敬地交出节杖，果然那节杖清一色的赤色，连一根杂毛都没有。

胡人点了点头，下结论了：这才是正宗的节杖嘛！

“真正的节杖在这儿。”汉武帝的使者手中有货，心中不慌。他拿出节杖，喃喃地道：“真正的节杖不是纯赤色，而是赤黄色。”说着拿出汉武帝写的节杖易毛的诏书，悠悠地道：“皇上早就料到太子会有这么一步棋，所以临时把节杖换成赤黄色，就是用来防盗的。”

汉武帝的使者关键时刻使出了撒手锏，真假节杖立见分晓，黔驴技穷的太子使者得到砍头的代价。

接下来，胡人骑兵在汉武帝使者马通的带领下对太子进行了反戈一击。原本平衡的两个天平，因为胡人骑兵的加入而发生了质的倾斜。

太子眼看不再调来军队，必败无疑了，于是亲自乘车到北军营外，请求护军使者任安发兵助战。

任安接到太子的符节，顿时陷入了左右两难的尴尬境地。帮还是不帮，这是一个问题。帮，如果太子最终失败，他便是同谋，必定受到株连之罪。不帮，如果太子最终胜利，他便是见死不救的犯人，必定会受到太子的严惩。

在摸不清看不明的情况下，任安考虑来考虑去，最终决定还是按兵不动，先坐山观虎斗，看谁胜谁败再去捡功劳。然而，聪明反被聪明误，最终“中立”的任安也没能逃脱被砍头的命运。

任安拒不发兵，太子已陷入绝境。都说屋漏偏逢连阴雨，正在这个危急的节骨眼上，汉武帝颁发的太子造反的告示已传遍了整个长安。太子军听到后已是军心涣散，无心恋战。

此消彼长，结果就毫无悬念了，太子军兵败如山倒。兵败如山倒的太子刘据只有华山一条路可以走了——逃。

几人欢喜几人愁

征和三年（公元前90年）七月十七日，是太子刘据一生当中最凄惨的一天。这一天，他才真正体会到流浪是什么滋味。刘据只带了两个儿子和几个保镖静静地站在覆盎门下，等待命运的裁决。

覆盎门上的司直田仁双手背后，耷拉着脑袋站在城门上踱着步，似乎在思考着什么，又似乎在权衡着什么，抑或在忧虑着什么。只见他踱来又踱去，踱去又踱来，他每踱一步，城下刘据的心里都会咯噔一下，也不知道过了多久，终于，田仁站定了双脚，长叹一声，手一挥，说了四个字：“打开城门。”

刘据悬着的一颗心终于放下，他向田仁投去感激的一瞥，转身回头深情地看了一眼长安，心里叹道：别了，我的母后；别了，我的父皇；别了，生我养我的地方；别了，长安。

再回头，一滴晶莹的泪花飘散在风中。刘据不再迟疑，带领两个儿子策马奔出了覆盎门。

田仁终于还是以“慈悲”之心放了刘据一条生路，然而，他自己却走上了一条不归路。

刘据走了，追兵随后就到了，丞相刘屈氂听说司直田仁自作主张把刘据放了，心中的气不打一处来，抓住田仁就要当场砍了他的头。

就在这个千钧一发的时候，御史暴胜之站出来，他有话要说：“司直是享受国家待遇两千石以上的高级官员，就算有罪该杀，也应该听从皇上的发落。”

刘屈氂没辙了，一边派人继续追太子，一边押了田仁去向汉武帝请命。没有抓住太子，抓了田仁好歹有台阶下了，结果，汉武帝听说太子跑了，二话不说就把田仁拉出去砍了。

田仁是田叔之子，小时候因为长得一副好体魄，被大将军卫青慧眼相中，招收为贴身的保镖，后来多次随卫青参加对匈奴的军事行动，因为表现得很出色，再加上卫青不遗余力地推荐，后被汉武帝封为郎中。再后来，迁升为二千石的丞相长史。再后来他见河南、河内、河东多是丞相御史的亲戚子弟，相互勾结，狼狈为奸。他不顾强权，给汉武帝打了这样一个小报告：“天下郡守多为奸吏，而三河尤甚。”这个“直言不讳”的小报告引起了汉武帝的高度重视，结果三河太守都被抓到牢里然后砍了头。最后，田仁被提为京辅都尉，再升为丞相司直。

据说田仁还和司马迁是好朋友，两人常有书信往来。任安被抓后，司马迁写了一封《报任安书》：我听说，修身是智慧的集中体现；爱人和助人是仁的发端；要得到什么和付出什么是义的标志；有耻辱之心是勇敢的先决条件；树立名誉是行为的最终目标。士人有了这五个方面，然后才可以立身于世并进入君子的行列。

从这一点来看，田仁无疑就是这样的君子。可惜“为谁去做事，谁来听从你”，一堆黄土埋掉的是道义还是真理？

杀了田仁还不解恨，汉武帝马上又使出了“逼将法”。

第一，马上派法吏到暴胜之那里去“问话”。

法吏对汉武帝的牛脾气了如指掌，自然知道汉武帝问话是假，逼供是真，于是，对暴胜之进行了强有力的责问：“司直擅自放走太子，罪不可恕，丞相杀这样的奸叛之徒，是符合先斩后奏这条法律的，不知道御史大人为何偏偏要帮田仁说话呢？”

暴胜之心知盛怒之下的汉武帝已经对他“产生怀疑”了，于是对法吏说：“行，行，行，你不要再多说了，我知道怎么做了。”说着，拔出身上的剑朝自己的脖子就抹。

暴胜之选择了自杀这种极端的方式，解决了自己年轻而宝贵的生命。他自杀的原因有二：除了恐慌外，更重要的是怕连累到家里人。牺牲自己一个人，保全全家人，这无疑是暴胜之选择的最明智的方法。要不然以汉武帝多疑之心，熬到最后，只怕不单单是暴胜之一个人掉脑袋的问题，他的整个家族都脱不了干系。

第二，派宗正刘长、金吾刘敢前往皇后的宫中收缴卫子夫的印玺。

卫子夫支持儿子刘据谋反，汉武帝只是派人去取印玺，留给卫子夫自行了断的权利，已经是非常给卫子夫面子了。

卫子夫早已料到会有这一天，只是这一天还是来得有点儿突然，快得让她感叹世事无常，她用那双早已变得粗糙的手握着汉武帝当年亲手交给她的白玉大印，若有所思若有所叹，良久，一滴晶莹的泪掉落在印玺上。悲切良久，她推出厢房大门，恭恭敬敬地把印玺递交给刘长和刘敢两人。

接到印玺的刘长和刘敢两人并没有马上就走，而是木然地站在那里，良久，从卫子夫的厢房里传来一声凄惨的叫声，血腥之味顿时弥漫开来。刘长和刘敢对视了一眼，知道他们的使命已经完成了。

“生男无喜，生女无怒，独不见卫子夫霸天下。”当时的民间流传着这样的歌谣，这是卫子夫从歌女到皇后，书写的一人得志、全家富贵的传奇。然而，卫子夫在后宫复杂的环境中做了三十八年的皇后，并不是独霸天下，而是处处小心，以恭谨谦和赢得汉武帝的恩宠，赢得了大臣和后宫等人的尊敬。在后来的日子里，尽管卫子夫年老色衰，汉武帝移情别恋。但是因为卫后小心谨慎，所以汉武帝对她还是很信任的。汉武帝每次出行，都把后宫事务托付给卫后。

然而，最终卫皇后还是因为太子的事“一着不慎，满盘皆输”。生女当如卫子夫，这是后人对卫子夫的肯定，还是对汉武帝的讽刺？

而参与革命政变的，除了太子逃脱外，其他几个主要人物的命运如下：

太子的老师石德被景通擒获，张光被商丘成擒获。结果汉武帝封景通为德侯、商丘成为成侯。

眼看景通和商丘成得到封赏，这时“中立派”的任安不失时机地来向汉武帝请安了。他原本以为得个小小的封赏应该是不成问题，然而，他不会知道，他自己把自己送上了鬼门关。

任安的事，汉武帝早已洞若观火，他那点儿小伎俩怎么能逃得出汉武帝的火眼金睛呢，结果，面对不但没有立功、反而想邀功的任安，汉武帝冷笑道：“嫌官小是吧？好，我给你封一个超级大官，派你去当阎王爷。”说着，给任安安排了隆重的上任仪式——腰斩。

处理了任安的事，随后汉武帝对参加叛乱的进行了两个“凡是”的处理：凡是太子刘据的门客，一律格杀勿论；凡是跟从太子参加战斗的人（不管是自愿还是被逼的），全部流放到偏远的荒漠之地。

失去后才懂得珍惜

话说太子刘据被司直田仁以“牺牲自己来救别人”的大无畏精神放走后，带着两个儿子开始了漫漫逃亡路，翻过千层山，跃过万道水，到了湖县泉鸠里（今河南灵宝西部与陕西交界处的泉里村）。

刘据到这里也不隐瞒自己的身份，直接说了他所遭遇的情况，事实证明，泉鸠里的人虽然少，但个个深明大义，听到太子声泪雨下的“表白”后，纷纷表示了对太子的同情和怜悯，更有甚者还流下了眼中多余的分泌物。

结果，这个小山庄的人不但收留了刘据这几个“难民”，而且还免费提供吃喝。可惜这里乃是穷乡僻壤，一没交通优势，二没地理优势，三没特产，生活水平离“温饱”还差一大截，刘据等人的到来，无疑加重了他们的负担，但他们任劳任怨、日夜加班地编织草鞋，靠这个卖点儿钱来维持太子等人的生活。

这样一来，太子心里就过意不去了。曾几何时，他衣来伸手饭来张口，过着锦衣玉食的生活；曾几何时，他呼之即来挥之即去，拥有呼风唤雨的权力。现如今，他却靠这里的父老乡亲的“血汗钱”来养活自己。

心怀愧意的刘据为了“减轻他们的负担”，写了一封信。这不是一封上访信，而是一封求助信，他想求助湖县一位颇有交情的“老相好”。以前刘据是太子，他所交的人不是达官显贵，就是富得流油的富翁。这位老相好便是属于后者，别的都嫌少，就是钱多。

找这样的人打打牙祭，够刘据几个人吃上好几年。鉴于现在情况特殊，刘据又不好直接去投奔“老相好”，直接写信要点救济款无疑是最佳办法。然而，刘据不会知道，就是这样一封小小的信，让他走上了不归路。

因为当时的条件有限，送信要经过很多“手续”，结果信还没送到老相好手里，风声早已传到了官府的耳朵里。

“什么？泉鸠里来了几个来路不明的人?”这一份报告，引起了当地知县李寿的高度重视，此时追捕太子的通缉令已传遍五湖四海。他当机立断，连夜带领一群精兵强将进行了一次突然行动。

小小的泉鸠里被大量的官兵围了个水泄不通。结果泉鸠里的村民和官兵们展开了一场激烈的“太子保卫战”。太子刘据也许是不忍看到官民“相煎”，于是他紧闭房门，用一条白绫结束了自己的生命。

而官民的决斗，就好比是专业和非专业的比拼，结果毫无悬念，泉鸠里的全部村民以及太子刘据的两个儿子，用血淋淋的生命代价，谱写了一曲可歌可泣的悲歌。

提着太子刘据的人头，李寿笑了，笑得那样灿烂，笑得那样无邪，笑得那样不可一世。天上掉馅饼居然被他接到了，这意味着凭着这块馅饼，他的一生将有享之不尽的荣华富贵。

他马上派人快马加鞭去京城“报喜”。接到喜报的汉武帝非但没有喜，表情反而是：忧伤的泪直往下流。

他痛哭失声，如果不是自己放不下“面子”，如果听从令狐茂的劝告，下令赦放太子，太子会有这样“身首异处”的下场吗？人世间，有多少后悔可以重来呢？

男儿有泪不轻弹，只是未到伤心处，他不顾堂堂一国之君的身份，滴滴混浊的老泪掉落在案前令狐茂写的劝告书上：

臣闻父者如天，母者犹地，而儿子好比是天地之间的万物。所以天平地安，万物才茂盛；父慈母爱，儿子才会孝顺。而今皇太子为汉家社稷的正式继承人，将承受万世的基业，担负祖宗的重托。江充，只不过是一介布衣，穷乡僻壤出来的无赖，陛下使他显贵，给他高官大权，而他竟迫害太子，栽赃陷害。而且这些邪佞之人把事情搞得一团糟，太子进则不能见到皇上，退则被那些乱臣贼子所围攻，他蒙受了冤屈却无法奏告，所以郁积愤怒之情到了无法控制的地步，这才杀了江充。他心怀恐惧，所以子盗父兵，用以救难自保罢了。臣窃以为太子并无谋反之心。《诗经》上有一首《小雅·青蝇》是这样写的：绿头苍蝇真正讨厌，把它赶出篱笆外面。和善明理的正派人，绝不听信挑拨离间。从前江充陷害赵国太子刘丹，天下人有目共睹。现在江充又谗言挑拨皇上和太子的关系，激怒皇上。皇上偶尔疏忽，过度责备太子刘据以致派大兵围攻，由三公亲自指挥作战。智者不敢言，辩者不敢说，臣感到无限痛惜。愿陛下放宽心怀，慰平怒气。对亲人不要过于苛求，不必担心太子的错误，应迅速解除这么多守兵，别让太子在外面长时间地流亡，以致再误入奸人的诡计。臣一片忠心，谨在建章宫阙外待罪，昧死上闻。

其实这是一封感人至深而又有理有据的信，它之所以没有起到任何作用，原因不是这封信写得不太好，相反是因为写得太好了，其中“太子进则不得见上”一句委婉地击中了汉武帝的软肋。汉武帝当时对这封奏章评价很高：文辞优美，抑扬顿挫，好极了。但因为“恼怒”，他“追捕太子，无论死活，捕获者封侯”的命令依旧不变。

也正是因为这样，太子才会这么快就死在一个小小的知县之手。然而，后悔归后悔，汉武帝擦干了眼泪，还得做一件事，就是对李寿的奖赏。君无戏言，不能不赏啊。结果李寿被封为邘侯。而身先士卒的张富昌因为第一个冲进房门，虽然没有救活太子刘据，但因为“踢门”有功，被汉武帝封为“题侯”，当真是名副其实啊。

亡羊补牢空余悔

太子的死，令汉武帝追悔不已。就在汉武帝备受折磨、进行批评与自我批评时，郎官田千秋上疏了，他是巫蛊门太子刘据冤死之后第一个上疏为太子鸣冤的人。（令狐茂是在太子流亡期间上疏的）因为巫蛊门事件，牵连的人实在太多了，大家都对太子的事讳莫如深，都选择沉默，避免祸从口出。

也正是因为这样，田千秋的鸣冤书才引起汉武帝的高度重视。还是先来看一下田千秋的这封鸣冤书都写了些什么吧。田千秋的书写得很特别，采取了“自问自答”的方式，当真别具一格，独具匠心。

第一问：儿子盗用父亲的兵马，该杀还是该打？

第二问：天子的儿子错杀了人，该判什么罪？

第三问：上面这两个问题，你知道这是谁说的吗？

三问提出后，田千秋马上就进行了“自我解答”。

第一，儿子盗用父亲的兵马，这只是家事，顶多被父亲打一顿，进行严厉的教育。

第二，天子的儿子错杀了人，也不是罪。

第三，上面两个问题不是我说的，是一位白发老翁教我这么说的。

养不教，父之过。前面两问已经很明白了，太子刘据之所以会犯错误，太子固然有错，但真正该负责的人是汉武帝您自己啊。当然，话虽如此，如果田千秋这样直言汉武帝在太子一事上的过错，以汉武帝死爱面子的牛脾气，自然不会主动承认（令狐茂的上疏就是很好的例子，汉武帝当时明明已知道自己错了，但因为拉不下面子，仍然不肯放弃对太子的通缉令，结果致太子惨死）。也正是因为这样，聪明的田千秋成功地杜撰了一个“白发老翁”。

事实上，田千秋弄来白发老翁，非但不是“画蛇添足”，而是“出奇制胜”之举。田千秋的前两问击中了汉武帝的软肋，而后一问摧毁了他的高傲。因为这个白发老翁不是空穴来风，而是具有“含沙射影”之功效：田千秋是个管理高祖庙的郎官（守陵官），他梦见的“老翁”自然就是汉高祖刘邦了。

田千秋话里的意思就是，刚刚这些话都是你的祖先刘邦说的，不是我说的。这无疑给了汉武帝一个很好的台阶下了。汉武帝可以谁的话都不听，但高祖刘邦的话却不能不听啊。

于是，汉武帝马上就召见了田千秋，见面就直抒心声：“祖孙之间，外人最难插话，你却能明白其中道理，用这样简单实用的话说清楚道明白。这一定是高祖托梦给你，让你来转教给我，看来你应该作为我分忧解忧的辅佐大臣啊。”

随后汉武帝马上就开展了“一升二查三诛四思”活动。

一升：提升长相英俊、知书达理的田千秋为大鸿胪。国家正需的是像田千秋这样的人才啊。

二查：对宫中的木头人展开调查。很快，各个部门的调查报告如雪花般飞到汉武帝的办公桌前，结论是：太子宫和卫皇后宫里根本就没有埋什么木头人，都是以江充为首的“巫蛊办”的人捣的鬼。最终汉武帝下的结论是：刘据本没有造反之心，只因被江充等小人所逼，才起兵反抗属于“防卫过当”，虽有小错，但错不及杀。

三诛：诛杀以江充为首的“巫蛊办”和“小人帮”的所有成员。巫蛊门盖棺论定后，考虑到罪有应得，死有余辜的江充早已魂归天国了，汉武帝把怒火都迁移到苏文身上，结果苏文被一根根点燃的柴火活活烧死。而其他诛杀太子的人也落得个不得善终的下场，邗侯李寿、题侯张富昌在侯位上屁股还没坐稳，就被拉出去砍了头。正如莫罗阿所说的名言一样：如果你相信天上会掉馅饼，那你一定是第一个被馅饼砸伤脑袋的人。接到“馅饼”的李寿和张富昌的结局无疑更严重、更凄惨，他们不单单是受伤那么简单，而是被馅饼砸碎了脑袋。

四思：先在长安马上兴建“思子宫”，随后又在太子自尽的湖县建了“归来望思台”。老子曾说过这样的名言：“朝闻道，夕可死矣。”解决了苏文，消灭了“小人帮”，遣散了“巫蛊办”，砍了逼死太子的罪人李寿和张富昌。汉武帝终于用实际行动报了太子刘据的仇，还了刘据一个“公道”。但逝者已去，汉武帝的思念和忏悔却是一天一天地增加，与其这样“朝思暮念夜成空”，还不如来点儿实际的，于是修建了“思子宫”和“归来望思台”。世事无常，归去来兮，一个“思”字真真切切地代表了汉武帝的心声：是后悔，是感伤，是怀念，还是无尽的思念？

老迈的汉武帝是怎样的心境，让人去猜吧。唐代的吕温为此留下著名的《望思台》：

浸润成宫蛊，苍黄弄父兵。
人情疑始变，天性感还生。
宇县犹能洽，闺门讵不平。
空令千载后，凄怆望思名。

第十六章　几度风雨几度春秋

罪己诏

太子的死让汉武帝终于静下心来开始对自己进行反省。很快，他就消磨掉了不可一世的锐气，放下了唯我独尊的架子，他一改“王者风范”，走进了“平民化”风格。

这里不妨举两个小例子来说明一下。

第一，征和四年（公元前 89 年），汉武帝到钜定（今山东广饶县北）考察，他居然脱掉黄靴，光着脚和农民兄弟干农活儿，堂堂一国之君，在当时的所作所为，实在是难能可贵，绝无仅有。汉武帝的做法起到了鼓励农民勤劳致富和告诫百官重视农业的双重作用。

第二，汉武帝在泰山的明堂里祭祀时，在祭拜天、祭拜地、祭拜神灵后，他没有像以前那样，来也匆匆去也匆匆，而是接见了当地地方官员。

在听取他们的工作汇报和了解乡土民情后，汉武帝这才进行了总结性的发言。他的话归纳起来有两点：

一、自我批评：我自即位以来，南征北战，大兴武力，做了一些实事的同时，也做了很多疯狂荒谬的错事，弄得天下的老百姓受苦受累，我真的很后悔。

二、禁止和废除：凡是伤害天下老百姓的事，一律禁止再做；凡是浪费天下老百姓财力的事，一律禁止再做；凡是“有害于”天下老百姓的事，一律废除。

看到汉武帝关心民生疾苦，体察民情，急民生之所急，想民生之所想，这样可喜的变化，迁升为大鸿胪的田千秋看在眼里喜上心头，他马上上了第二封奏章。大致内容有两点：

一、求仙有什么用？皇上您求仙这么久，为何连太子都不能保全，为什么救不活死去的太子呢？

二、求仙不如求己。宫中的方士多如牛毛，关键时刻都成了哑巴，与其白养他们在宫中，不如遣散他们回家抱孙子去。

看了信，汉武帝发出了这样的感叹：“我以前是天底下一等一的大傻瓜啊，放着宫里的锦衣玉食不吃，居然听信方士们的鬼话，到处去寻什么仙丹妙药，全是妖言惑众，一派胡言。我以后只要注意饮食，按时请医吃药，就没有什么疾病可以入侵我了。”

谦虚的汉武帝在发出感叹之余，采纳了田千秋的建议，遣散了所有的神仙方士，至此，汉武帝的求仙行动才彻彻底底画上了一个句号。

而田千秋因为进谏有功，驱神有劳，被汉武帝封为丞相。田千秋从掌管高祖陵墓的守陵官，一步登上了一人之下万人之上的丞相宝座，升官的速度比坐火箭还要快。

一人得道，众人仿效。看到田千秋两封家书就实现了“鲤鱼跳龙门”，不甘寂寞的人也开始上疏。征和四年（公元前 89 年），由搜粟都尉桑弘羊领衔的上访团对汉武帝进行了上访，提出了“派兵到西域轮台（今新疆轮台县）戍边屯垦”建议。并且说了这样的种种好处，归纳起来为两点：

一、轮台以东有能够灌溉的田地五千多顷，可派军队前去屯田垦殖，设置校尉三人分别统辖，让他们在那里大量种植五谷，张掖、酒泉两郡派出骑兵，为他们开路警戒。

二、招募民间身强力壮、敢于远赴边塞的人前往该地，开垦更多可灌溉的农田，同时逐步修筑堡垒哨所，一直向西延伸，既可加强对西域各国的影响，又能辅助公主出嫁的乌孙国。

出人意料的是，汉武帝想都没有想就拒绝了这项“宣扬国威”的建议，原因是：这样太劳民伤财。为此，他还专门下了一道诏书，以诏书的形式追悔以前的过失和错误，对自己进行了批评和自我批评，这便是历史上著名的《轮台罪己诏》。

在《罪己诏》中，汉武帝阐述了自己四个观点：

首先，他以公开的形式婉拒桑弘羊等人的上疏，表示不会派兵到西域轮台戍边屯垦。原因是这样做劳民伤财。

其次，回顾他晚年的几次不成功的军事行动，对李广利失败原因进行了总结，表达自己对失败的责任。

再次，表示以后不会再苛刻暴虐，废除一切不合理的法律，轻役减税，总之，以减轻农民负担为主。

最后，实行各种惠民政策，恢复农业生产，以弥补多年南征北战的亏空。

总之：团结一切可以团结的力量，为建设民主富强、具有大汉王朝特色的封建主义社会而努力奋斗。

从此，汉武帝不再派兵出征，而是一心一意搞建设，殚精竭虑谋发展。后来他又封丞相田千秋为富民侯，寓意不言而喻，表示他从此要与民休息，大力发展生产，让人民尽快富裕起来。

对此，司马光在《资治通鉴》中是这样评论说的：“汉武帝穷奢极欲，刑罚繁重，横征暴敛，对内大肆兴建宫室，对外征讨四方蛮夷，又迷惑于神怪之说，巡游无度，致使百姓疲劳凋敝，很多人被迫成了盗贼，与秦始皇没有多少不同。但为什么秦朝因此而灭亡，汉朝却因此而兴盛呢？是因为汉武帝晚年能改变以往的过失，将继承人托付给合适的大臣，这正是汉武帝之所以有造成秦朝灭亡的错误，却避免了秦朝灭亡的灾祸的原因吧！”

出招

在平定太子的起义中，丞相刘屈氂名声大震，先是惊天地泣鬼神一跑出名，“刘跑跑”之名随即传遍长安走向全国。但好歹在汉武帝的大发雷霆下，“刘跑跑”及时悬崖勒马，在平定太子中起到了中流砥柱的作用。抛开对错不谈，总之，“刘跑跑”在“巫蛊门”事件中，没有功劳也有苦劳，没有苦劳也有疲劳。

而前面已经说过了，田千秋这个原本毫不起眼的在陵墓中“荡秋千”的守陵者，因为假借高祖刘邦托梦一说，委婉地提出了太子的“冤案”，结果方法得当，语言得体，使得汉武帝第一次放下高高在上的架子，进行了自我反省：为太子平反，建思子宫等，到最后的公开形式的《轮台罪己诏》，可谓一步一个脚印，见证了汉武帝的蜕变。

而田千秋两次上疏，就由郎官到大鸿胪，从大鸿胪到丞相，最后集丞相和富民侯两大铁帽于一身。细心的读者看到这里肯定就有疑问了，田千秋被汉武帝破格提升为丞相，那那个刘屈氂“刘跑跑”刘丞相呢？

事实上，自从那一跑成名后，“刘跑跑”在丞相的位置上就坐不住了，他不但成功地跑下台来，而且还跑上了断头台。

事情是这样的：汉武帝一共生了六个儿子：刘据、刘闳、刘旦、刘胥、刘髆、刘弗陵。其中最有可能得到汉武帝继承权的是太子刘据、昌邑王刘髆、刘弗陵。原因是他们三人的母亲是汉武帝一生早、中、晚三个时期的三个最爱。早年汉武帝宠爱卫子夫，结果爱屋及乌下，卫子夫所生的儿子刘据被立为太子（另一个原因是刘据是汉武帝第一个儿子，拥有得天独厚的优势）。中年汉武帝宠爱李夫人，昌邑王刘髆当然也是汉武帝最喜欢的儿子之一了。晚年宠爱钩弋夫人，钩弋夫人所生的刘弗陵是汉武帝最小的儿子，而且因为“类己”，所以最得汉武帝喜爱。

太子刘据没死时，汉武帝就在很多场合公开表示了对刘弗陵的喜爱。

也正是因为看到汉武帝有废长立幼的迹象，以江充为首的“小人帮”才敢公然对太子刘据下毒手。太子刘据死后，太子一位空出来了，刘弗陵无疑是太子的最大热门。

闲话少说，下面就来看汉武帝后宫的太子争夺战吧。

第一个向太子位进军的是昌邑王刘髆。刘据死后，汉武帝废长立幼之心已是司马昭之心，路人皆知。昌邑王刘髆感到了危机感。怎样谋取太子一位成了他思考的一个难题。昌邑王刘髆在思考，丞相“刘跑跑”和贰师将军李广利也在思考。

刘髆是李广利的外甥，李广利思考也在情理之中，那么跟这个“刘跑跑”又有什么牵连呢？原来“刘跑跑”和李广利是儿女亲家，一损俱损，一荣俱荣。如果刘髆能当上太子，那么李广利和“刘跑跑”无疑都将是最大的受益者。

也正是因为这样，征和三年（公元前90年），汉武帝最后一次对匈奴进行的大规模军事行动中，李广利这个“平庸的天才”依然被汉武帝定为主帅。李广利这趟匈奴“凶险”之旅，他身在战场，心却在朝廷。毕竟临行前，他和“刘跑跑”交头接耳，似有道不完的离别之愁，叙不完的分别之恨。

李广利和“刘跑跑”谈论的只是“太子”的事。

天下没有不透风的墙，更何况这个李广利和“刘跑跑”是在率队亲征，是在大庭广众之下进行“密谈”的，尽管他们的声音压得很低很低，尽管他们只是装着拉家常的样子，但他们的“卿卿我我”却还是被汉朝的“狗仔队”给拍到了，结果这些好事者充分发挥想象大放舆论，居然把两人的心事猜了个八九不离十。

言者无心，听者有意。汉武帝很快就知道了这样的小道消息。太子的事是汉武帝的家事，李广利和“刘跑跑”私下商议，而且还在这种公开的场合，这不是一个错误的问题这么简单了，而是一个罪：大逆不道，欺君罔上。

于是，汉武帝马上派人对“刘跑跑”展开调查，李广利已在匈奴的战场上了。没有调查就没有发言权，调查的结果让汉武帝又惊又怒，“刘跑跑”不但和李广利交往甚密，行踪诡异，而且还与妻子有巫蛊之事。

巫蛊门之后，朝中上上下下谈到“巫蛊”两字就色变，“刘跑跑”和妻子居然顶风作案，而且诅咒的人就是汉武帝本人。

汉武帝很生气，后果是“刘跑跑”一家全部被凌迟处死。而受到牵连的李广利的妻子和家人都被汉武帝打入了死牢。也正是因为“后院突然起了大火”，本来在匈奴顺风顺水、一路高歌的李广利方寸大乱，结果想以孤军深入的方式立功赎罪，却最终落得个全军覆没的下场。

李广利兵败投降后，李家也遭到了汉武帝的血洗。只剩下昌邑王刘髆怎么处理是个刺头。

最终，汉武帝这一次格外开恩（也许是受太子刘据之死的影响），没有直接把刘髆拖出去砍了，而是直接赦免了他的罪过。汉武帝这样做，原因有二：一是刘髆是个弱不禁风的病秧子；二来李广利和“刘跑跑”密谋太子的事是他们的私人行为，刘髆并不知晓。

这件事的最终后果是：刘髆已宣告退出太子竞争行列了。

枪打出头鸟，刘髆第一个向太子位置发动进攻，结果天不遂人愿，还没发力就已经败下阵来。也不知是不是受此打击，只过了一年，郁郁寡欢的刘髆就英年早逝了，又给了汉武帝一次白发人送黑发人的打击。

第二个向太子位置发动进攻的是燕王刘旦。在汉武帝的六个儿子中，“老大”刘据因为“先发制人”反而“制于人”，结果来了个悲壮的“后手死”（以自杀的方式来解决）；“老二”刘闳又是个短命鬼，正值壮年就挥一挥衣袖到阎王那里报到去了。因此，“老三”刘旦时来运转，成了“活着”的众皇子中年龄最大的，按以往“立长”的原则，他是太子的不二人选。也正是因为这样，刘旦开始狂妄自大，打出的口号是：我是太子接班人，我怕谁？

刘旦开始为自己的未来着想，汉武帝后元元年（公元前88年），刘旦也来了个上疏。他上疏的内容是要求到武帝身边任侍卫。这是以往历代太子应该做的分内事，刘旦这样急急忙忙地做，原因有二：

第一，可以正大光明、光明磊落地向天下人宣布自己是太子继承人不二人选。

第二，可以在宫中处于进可攻退可守的绝对有利位置，从容对付其他觊觎太子之位的皇子，消灭各种不利因素于萌芽状态。

应该说不管结局怎么样，首先从外人的角度来看，刘旦的想法还是“看上去很美”的。但事实上汉武帝那是啥人，他走过的桥比你刘旦走过的路还要多，洞若观火，对刘旦的“小伎俩”早已看得清清楚楚明明白白。况且他早就对刘旦平时骄傲蛮横不满了，于是，借此机会对燕王刘旦进行了毁灭性的打击。

他首先斩了燕王刘旦的上书使者，给了他一个下马威。然后来点实际的，抓住“燕王匿藏朝廷通缉要犯”的小辫子不放手，以“窝藏罪”削去燕王刘旦所管辖的良乡（今北京房山区）、安次（今河北廊坊市安次区）和文安（今河北安次县）三个县。

削了地比削了你头上的乌纱帽后果更严重。刘旦立储的梦想至此彻底破灭，失败的原因，八个字：井底之蛙，自以为是。

用排除法来看，这下太子之争实际上只剩两个候选人了：刘胥对决刘弗陵。

我们首先还是先来看看刘胥的情况。俗话说有其母必有其子，这句话用在刘胥身上来说就是，有其兄必有其弟。他的哥哥燕王刘旦是个骄横跋扈之人，同样，刘胥也好不到哪里去，因此，汉武帝早早就把他兄弟俩排除在“立储”之外。

至此，太子一位的人选只剩下硕果仅存的刘弗陵一人了。就这样，年幼的刘弗陵不费吹灰之力、兵不血刃地就成了汉武帝唯一的接班人。当真印证了一句老话：踏破铁鞋无觅处，得来全不费工夫。

立储的代价

和其他朝代的太子血拼相比，汉武帝是感到庆幸的，毕竟他的六个儿子，除了太子刘据是“自作孽不可活”外，其他五个，刘闳过分谦让，来了个“英年早逝”；刘髆又“心急吃热豆腐”，结果自己“烫伤”了自己；而刘旦很识大体，信誓旦旦地上疏“主动退出”；可怜的刘胥又根本就不入汉武帝的“法眼”；只剩刘弗陵坐享其成，成为太子之位的唯一合法继承人。

当然话又说回来，刘弗陵也有两大得天独厚的优势。一是自身条件好，从十四月怀胎而出生，刘弗陵就开始了他传奇的一生。小小年纪便是四肢发达（身材魁梧），头脑也发达（脑子特别灵活），具备当大领导的先天条件。二是和汉武帝脾气性格最相像，套用武帝自己的话来说就是“很类己”。这和刘据的“不类己”形成鲜明的对比。

然而，刘弗陵的优势越是明显，汉武帝的烦恼也就越多，他在思考和担心着这样两个问题：

烦恼一，刘弗陵年龄太小。

刘弗陵的优势很明显，但唯一的劣势就是年龄太小，还不满八岁，要他继承皇位，要亲政至少还得等上十年。这十年，他能不能坐稳皇帝的宝座？能不能服天下？这是一个未知数。

年龄太小这是刘弗陵的致命弱点。因此，自己百年之后，刘弗陵能不能制服两个“不安分”的哥哥刘旦和刘胥成了汉武帝颇为头疼的事。

烦恼二，钩弋夫人太年轻。

钩弋夫人正值花儿绽放般的黄金年代，才二十多岁，一旦自己百年之后，这朵娇艳的国花会不会红杏出墙呢？如果她到时候因为寂寞，做出了“寂寞难耐”的事（骄奢淫乱），怎么办？她到时候是堂堂的皇太后，谁能管得了她？还有，刘弗陵还小，如果钩弋夫人代他亲政，被她抓住了朝中大权，到时候屠杀刘家的人，窃取刘氏天下怎么办？她会不会学吕后，成为吕后第二呢？

“主少母壮”这个难题摆在汉武帝的面前，让汉武帝“费思量”。思来想去，想来思去，为了避免重蹈吕后覆辙，最终，汉武帝决定采取“杀母存子”之法先解决第二个烦恼。

“杀母存子”这个很好理解，就是杀掉钩弋夫人，然后保存刘弗陵。欲加之罪，何患无辞，汉武帝既然狠下心对自己最心爱的女人下毒手，就没有什么能阻拦他的行动了。

一次，汉武帝随便找了一件芝麻大的小事，故意对钩弋夫人进行了前所未有的“狮子吼”，结果吓得钩弋夫人摘下头上身上所有的金银首饰，趴在地上磕头主动承认错误，左一句我不是故意的，右一句非常抱歉。

然而，这一次汉武帝似早已铁了心，也不管钩弋夫人认罪态度良好不良好，先把她打入了死牢再说。钩弋夫人被可怜兮兮地拖出去的时候，汉武帝分明听见钩弋夫人嘴里发出这样的悲歌：依然记得从你口中说出再见，坚决如铁，昏暗中有种热泪灼伤的感觉，黄昏的地平线，画出一句离别，相爱已经幻灭……

汉武帝心里叹道：有一种爱叫作放手，为爱放弃天长地久，我们相守若让你付出所有，让真爱带我走，有一种爱叫作放手，为爱结束天长地久，我的离去若让你拥有所有，让真爱带我走，说分手。

就这样，汉武帝以“屡践圣意”为由狠心地将钩弋夫人打入冷宫，后元元年（公元前 88 年）钩弋夫人困在云阳宫里生不如死，最终在绝望之下忧郁而死。结束了她短暂的、如花一般二十多年的青葱岁月，后被葬于甘泉南。

汉武帝的《落叶哀蝉曲》写的是李夫人，是否也可以道出钩弋夫人的心声：“罗袂兮无声，玉墀兮尘生。虚房冷而寂寞，落叶依于重扃。望彼美之女兮，安得感余心之未宁。”

临危托孤

汉武帝用忍痛割爱的方式、以牺牲自己最心爱的女人为代价，成功地解决了一个烦恼。接下来只剩下接班人刘弗陵“太年轻”的烦恼了。由于人要一天一天才能长大，不可能揠苗助长，汉武帝想到了一个好办法，以托孤的方式为太子找几个辅助大臣。这个方法有点类似于当年高祖刘邦的做法，重用了周勃和陈平两个人，从而使吕后没有办法把吕氏春秋演变成吕氏江山。

只要找几个可靠又德高望重之人，那么在他百年之后，刘弗陵的皇位就没有人能动得了了。

汉武帝首先想到的托孤大臣是霍光和金日磾两人。

首先我们先来看看霍光的个人简介。

霍光，字子孟，河东平阳（今山西临汾市）人，他是著名将领霍去病的同父异母的弟弟。他的父亲霍仲孺先在平阳侯曹襄府中为官吏，与平阳侯的侍女卫少儿私通生下了霍去病，后来又娶妻生下了霍光。再后来霍去病在京城发迹任将军后，才知道他的亲生父亲霍仲孺。汉武帝元朔四年（公元前119年），二十一岁的霍去病以骠骑将军之职率兵出击匈奴，路过河东时开了个“小差”，父子俩正式相认，霍去病为此为其父购买了大片田地房产及奴婢，当时，霍光仅十多岁，一下子由“贫寒窘迫”变成了锦衣玉食的生活了，当真是时来运转。随后，霍去病得胜回京时，又将“小弟弟”霍光带至京都长安，把他安置自己帐下任郎官，后升为诸曹侍中，参谋军事。两年后，霍去病去世，霍光做了汉武帝的奉车都尉，享受光禄大夫待遇，负责保卫汉武帝的安全。所谓“出则奉车，入侍左右”。在跟随汉武帝时期，他谨慎小心，受到汉武帝的极大信任，同时，他也从错综复杂的宫廷斗争中得到锻炼，为他以后主持政务奠定了基础。

都说伴君如伴虎，但霍光在朝中为官二十余年，居然没有任何过失，可见霍光为官之精明。再加上霍光多多少少和卫子夫沾亲带故，巫蛊门致使太子刘据和卫皇后双双毙命，在朝中“一片漆黑”中，霍光好歹也算是自己人了。也正是因为这样，汉武帝首先想到的就是霍光。

此时汉武帝早已把刘弗陵立为接班人了，但并没有向天下人公开，于是他画了一幅画送给霍光。画用一句话来概括就是：成王坐在周公的背上朝见天下诸侯。

其实汉武帝这是“醉翁之意不在画，在乎画中寓意也”。这幅画是什么意思呢？周武王临终时，儿子成王还很小，周武王就将成王托付给他的弟弟周公姬旦。现在汉武帝送这幅画给霍光，就是要他效仿周公，辅佐少主刘弗陵。

出乎汉武帝意料的是，画送给霍光后，便如牛泥入海没了音讯。是霍光没有看懂还是另有隐情？

答案随后揭晓，后元二年（公元前87年），汉武帝病危，霍光泪流满面地问道：“陛下如果有个三长两短，立谁为太子继承皇位呢？”

汉武帝道："你难道不知道我送你那幅画的意思吗？"

霍光自接到画后就知道了汉武帝的意思，只是他一向做事谨慎，知道不到万不得已不能乱说。此时见汉武帝问，他仍然装糊涂地说："臣很愚钝，请陛下明示。"

汉武帝道："朕决定立刘弗陵为太子继承我的位置，你要承担周公的责任，辅佐少主的事就交给你了。"

霍光推托道："臣才短识浅，还是金日磾更适合些。"

金日磾当时就在场，连忙跪在地上说："我的祖籍不是汉人，还是霍光更合适些。"

汉武帝听了他们两个人的话，不做任何点评，而是说了这样一句模棱两可的话："辅佐幼主的事就交给你们了。"

汉武帝这句话已确定了他们两个为辅佐大臣。那么，这个金日磾又是何许人也？

驯服金日磾

诗云："缗蛮黄鸟，止於丘隅。"

汉武帝御人之术最高的表现，是驯服匈奴王子金日磾。

金日磾原名日磾，是匈奴休屠王的太子。元狩二年（公元前121年），霍去病在河西之战中攻破匈奴西路浑邪王军，打通河西走廊。匈奴伊稚斜单于迁怒浑邪王兵败，打算召浑邪王回龙城（匈奴王城）杀掉。浑邪王得知消息，为求自保，与休屠王密谋降汉。当时大行（官名，主管对外联络）李息率兵驻在成河，知道了浑邪王想投降的消息，立即报告了汉武帝。汉武帝却担心浑邪王是诈降，便命霍去病带重兵前去迎接浑邪王等人。这时候休屠王后悔了，不想投降汉朝。浑邪王就杀了休屠王，挟持休屠王的部下投降了汉朝。汉武帝封浑邪王万户，为漯阴侯。因为休屠王不肯投降，休屠王的太子日磾和阏氏都被没入官中为奴。

而就是这个为"奴"期间的金日磾却做了三件让汉武帝另眼相看的事。

第一件事：细节决定成败。

金日磾当时十四岁，被安排在黄门署养马。因为他从小生活在草原上，精通马术，宫廷马经他调养后，匹匹高大肥壮。有一次，汉武帝在游逸宴乐时，让十多个马奴牵出马来供他们观赏，当时有许多宫女在场，有些马奴忍不住偷看宫女，只有金日磾神态庄重，目不斜视。金日磾以他正直的人品和熟练的养马技能很快赢得了汉武帝的注意和器重，不久便拜他为马监，又提升他为侍中、驸马都尉、光禄大夫。金日磾在受到重用后更加严于律己，汉武帝对他越发敬重，赏赐金日磾累计达千金，待遇也比其他臣子优厚。朝中一些大臣十分忌恨，纷纷抱怨，但汉武帝不为这些流言蜚语所动，反而更加器重他。

金日磾在细节上做得很好，汉武帝随后也在细节上下功夫。金日磾的母亲阏氏死后，汉武帝为了表彰这位教子有方的伟大母亲，令人画下金日磾母亲的画像，挂在甘泉宫中供奉。这令金日磾很感动，从此，他死心塌地地归附汉朝。

第二件事：敢于大义灭亲。

金日磾生有两个儿子，两个小子从小就束发垂髻，典型的“匈奴人”的打扮。因为可爱，汉武帝对这两个混血儿很是喜欢（金日磾的妻子是汉人），像是带自己的儿子一样跟他们嬉笑玩乐。也正是因为这样，他的大儿子有一次在武帝背后做有违君臣之礼的“小动作”，正好被金日磾看见了，当着汉武帝的面，他又不便发作，于是对儿子来了个“横眉冷对”。

按理说，他的儿子应该马上远离武帝，“洁身自好”才对。但他的大儿子的反应却出人意料，他小小年纪竟然知道先发制人，他马上向汉武帝来了个恶人先告状：“阿翁（阿爹）恨我！”

汉武帝于是责问金日磾：“你何故恨视我儿啊?”

金日磾不知道怎么回答，只好选择沉默地退出去了，但从此却多了一块心病：担忧大儿子将来闯大祸。事实证明，金日磾的担心并不是杞人忧天，他的大儿子长大后，借出入宫禁的机会，开始调戏汉武帝身边的宫女。一次，又被金日磾看见了，气得差点儿没吐血，回家之后，竟然动用家法，将大儿子来了个“家中斩”。汉武帝不知道原因，很生气，便要拿金日磾“是问”。后来经过金日磾顿首陈明，汉武帝这才转怒为乐，从此对金日磾更加看重。

金日磾挥泪杀儿后，还拒绝女儿“钓金龟婿”。金日磾的女儿长得美貌如花，又正值十八的花季，汉武帝想将金日磾的女儿纳入后宫。面对女儿钓上金龟婿的千载难逢的大好机会，如果放在别人那儿，那肯定是欢天喜地、老泪纵横地直呼“谢主隆恩”了，可出人意料的是，金日磾却总是摇摇头，有人问他为什么，他总是选择沉默，后来问的人多了，他还是摇摇头，说了一句意味深长的话：一无所有。

原来金日磾怕的就是将来女儿入了宫，发展成外戚的力量，给自家招来祸害（在这一点上，他比老想着把女儿送进宫当皇后的霍光强多了），到头来只会弄得“一无所有”了。

“遭遇拒亲”的武帝这一次显得格外大度，不但没有生气，反而感到高兴，心里叹道：做人就要做这样诚信的人啊。从此，金日磾更受恩宠。

第三件事：制服与反制服。

后元元年（公元前 88 年）夏六月，汉武帝到外面去旅游，随遇而安地住在林光宫。也就是一天夜里，武帝遭遇了一生中最难忘的“刺客”——马何罗行刺。

马何罗和马通兄弟俩之所以敢冒杀头灭门之险行刺造反，纯属狗急跳墙的无奈之举。而直接导致马氏兄弟谋反的导火索，就是发生在后元元年（公元前 88 年）夏的御史大夫、成侯商丘成的自杀事件。据说商丘成自杀的原因是喝醉了跑到汉文帝的宗庙里去耍酒疯，狂呼号歌，因犯了“大不敬”的重罪而畏罪自杀。商丘成“莫须有”的死给了马氏兄弟很大的刺激，因为在商丘成之前，江充、苏文、刘屈髦、张富昌、李寿这些或直接或间接将太子迫害致死的人，一个个都被武帝铲除掉了，现在又去了一个商丘成。活到现在还没有受到惩处的，就只剩下马氏兄弟了。居安思危中，他们都觉得命运已无可挽回，只有奋力一搏，或许可以换来一线生机。

马何罗和马通的计划很简单，就是由马何罗利用常在皇帝身边的机会，前往行宫行刺，事成后由马通发兵攻打行宫，将皇帝的扈从、卫队和随驾的大臣一网打尽，从而乱中取胜。马何罗之所以如此计划，是因为他有充分的机会接近皇帝，这跟他的职位有关：侍中仆射。侍中就是皇帝的侍从，而侍中仆射则是侍中的首长，比别的侍中有更多的机会在皇帝身边陪驾。

也正是因为这样，马何罗才敢于制订这么大胆而粗糙的造反计划，在他的眼里，他的计划成功的可能性几乎是100%。然而，人算不如天算，他完美无缺的计划偏偏坏在一个匈奴人、侍中驸马都尉金日磾手里。

马何罗之所以选择在林光宫对汉武帝下毒手，原因是金日磾病了。原来，当马何罗兄弟紧锣密鼓地策划叛逆谋刺的时候，他们鬼鬼祟祟的举动引起了心细如发的金日磾的注意和警觉。作为武帝身边的亲信，他熟悉朝中的大小事务；经过对前因后果的一番仔细推敲之后，他作出如下结论：马何罗兄弟图谋不轨。为了不打草惊蛇，他选择了“盯梢”的方法，严密监视马何罗的一举一动。而马何罗也不是傻子，也觉察到了金日磾在盯着他，迟迟不敢下手。

就在这次汉武帝临幸甘泉宫附近的林光宫的时候，金日磾恰好病了，虽然病得不严重，可也没办法再像往日那样陪着马何罗一起侍候汉武帝，只能在自己的房间里躺着养病。马何罗隐忍了很久，见到这个好机会怎么肯轻易放过？

当天晚上他就伙同两个弟弟重合侯马通、马安成矫制（就是假传武帝的命令）溜出宫去，一起杀了军中的使者，发兵埋伏在林光宫附近。

第二天早晨，一切安排妥当之后，马何罗就入林光宫，准备执行第二步、也是最重要的一步计划——行刺汉武帝。

就在这个千钧一发的时候，金日磾心灵感应般突然起身准备解手，结果看到了“鬼鬼祟祟”的马何罗拿着明晃晃的刀从东厢房上殿，李鬼见到了李逵，马何罗一惊之下，拔腿就跑，直奔天子卧室而去。

拔腿就跑本来就犯了“夜行人”的忌讳，更重要的是，慌不择路的马何罗一个不小心还碰到了挂在墙上的宝瑟，结果马上上演了一曲“贝多芬交响乐”。

本来金日磾只是怀疑马何罗怀有异志，并没有抓到真凭实据，现在见到马何罗鬼鬼祟祟的慌乱模样，又听到武帝卧室内传出瑟音，立时便追了进来，一把抱住马何罗，大叫道：“马何罗造反了！”马何罗听见金日磾这么大声嚷嚷，无异于耳朵里打了个闷雷，也陡然清醒过来，挣扎着想要逃跑。无奈金日磾身高力大，两个人扭作一团，扭打起来。

金日磾这么一叫，汉武帝当时就惊醒了。左右侍驾的卫士听到喊声都拔刀赶过来。他们见金、马两人紧紧地纠缠在一起，想要插手又实在找不到准头，就准备不管三七二十一，把两个人都剁成肉酱，反正里边有一个是反贼，准错不了。汉武帝关键时候出马了，他说了个“慢”字，然后说不能误伤了金日磾。因此，卫士们只能看着金、马两人贴身肉搏而无能为力。

论单打独斗，还是金日磾更胜一筹，十来个回合后，他将马何罗摔了“猪啃泥”，结果就没有悬念了：马何罗被擒。马何罗抵不住武帝手下那帮如狼似虎的酷吏的严刑，不一会儿就将全部计划和盘托出。于是武帝顺藤摸瓜，将还懵懵懂懂地埋伏在行宫附近等候消息的马通、马安成一网打尽。

行刺汉武帝的风波至此画上了一个句号。

金日磾救了汉武帝的命，立下这么大的功劳，汉武帝更看重他了。也正是因为这样，汉武帝在临危托孤才会把他也列在首选之列。试探了霍光两人之后，汉武帝把朝中的可用的重臣都翻衣服一样翻出来晒晒，最终确定了五个辅佐幼主刘弗陵的大臣。

后元二年（公元前89年）正月，汉武帝正式下诏书立幼子刘弗陵为皇太子，而“托孤五人组”也正式出炉：司马大将军霍光，车骑将军金日磾，左将军上官桀，丞相田千秋和御史大夫桑弘羊。

千秋功过

石室天坛封禅了。青鸟含书，细报长生道。宝鼎光沉仙掌倒。茂陵斜日空秋草。百岁真同昏与晓。羽化何人，一见蓬莱岛。海上安期今亦老。

——李齐贤《蝶恋花·汉武帝茂陵》

后元二年（公元前 87 年）二月十四日，汉武帝在五柞宫走完了他一生七十年的光辉岁月。

霍光作为首辅大臣，充分显示其办事能力的老到和干练，马上做了四件事。

第一件事是马上把刘弗陵“扶正”。汉武帝死后的第二天，霍光手持宝剑，亲自把只有八岁的刘弗陵“请”上了皇帝的宝座，但见他的宝剑剑光闪闪，寒气逼人，剑光寒气笼罩下的是朝中文武百官的臣服。刘弗陵便是汉昭帝。

第二件事是把皇上的御玺拿在手里，御玺在手，霍光等把朝中的大权独揽在他一个人身上了，为辅助汉昭帝提供了有利的条件。

第三件事是把刘弗陵的姐姐鄂邑公主接到宫里与刘弗陵同住，负责他的饮食起居和日常照理。

第四件事是成立治丧委员会，把汉武帝的遗体从五柞宫运到未央宫入殓。据说梓宫内，汉武帝口含蝉玉，身着金缕玉衣。总之，一句话：治丧一切从重进行。

后元二年（公元前 87 年）三月二十二日，长安城里出现了十里送别汉武帝的场面，茂陵将是汉武帝最终的魂归之处。

茂陵位于今陕西省兴平县东北原上，东距长安市、西距兴平县、北依九骏山，南濒终南山，此地原属汉时槐里县之茂乡，故称“茂陵”。

建元二年（公元前 139 年），也就是汉武帝登基后第二年，茂陵开始营建，至后元二年（公元前 87 年），也就是汉武帝去世时才宣告竣工，一共经历了五十三年的修建和维护工作。《晋书·索綝传》云：“汉天子即位一年而为陵，天下贡赋三分之一，一供山庙，一供宾客，一充山陵。”也就是说，汉武帝动用全国赋税总额的三分之一，作为建陵和征集随葬物品的费用。建陵时曾从各地征调建筑工匠、艺术大师三千余人，工程规模之浩大，令人瞠目结舌。

汉武帝走过了七十年的风雨历程，茂陵成了这位雄才大略的皇帝的安息之处。

这里且引用汉武帝的名著《秋风辞》对他表示深切缅怀，其诗曰：

秋风起兮白云飞，草木黄落兮雁南归。

兰有秀兮菊有芳，怀佳人兮不能忘。

泛楼船兮济汾河，横中流兮扬素波。

箫鼓鸣兮发棹歌，欢乐极兮哀情多。

少壮几时兮奈老何！

第十七章　料事如神

刘旦造反

汉武帝在临终前选择刘弗陵为继承人，两大烦恼并非没有道理。为预防钩弋夫人在他死后“不安分”，避免吕后第二的局面出现，他选择了忍痛割爱，从“小事”着手，然后硬是活生生地把钩弋夫人逼上了绝路。钩弋夫人死后，汉武帝在剧痛之余才稍感到宽心。然而刘弗陵太年轻的问题却更是一个问题。

最后，思来想去，汉武帝想到了托孤。也正是因为这样，以霍光为首，金日磾、上官桀、田千秋、桑弘羊为辅的“托孤五人组”浮出水面。而霍光果然不负汉武帝重托，汉武帝前脚一走，他便以首辅大臣的资格做了四件事。这四件事也使刘弗陵正常继承皇位和国家得以继续稳定下来。

然而，正所谓树欲静而风不止。尽管霍光想把各种不利因素消灭于无形中，但汉武帝的担忧还是应验了。那就是立了刘弗陵后，他的另两个儿子刘旦和刘胥不肯“善罢甘休”。

事实上，汉武帝死后，燕王刘旦果然不服气。心想，原本自己才是真正具有继承权的人，汉武帝这般废长立幼为哪般。

于是，就在举国悲哀、万民齐痛时，刘旦却显得很另类，他不喜不悲，不乐不嗔，面无表情地称自己“病了”，病了的好处就是可以不去长安“披麻戴孝”。当然，他没有去，但接到新皇帝即位后赐给各国诸侯王玺书后，他总得有所“表示”了。别人一般是回一封书信，一方面表示对老皇帝的无限缅怀，另一方面表示对新皇帝的无限景仰。总之，书中可极尽拍马屁之神功。但刘旦却和别人的做法不一样，他没有选择回书信，而是派了两个心腹之人寿西、孙纵以治丧为名，到长安去悼唁，名为悼唁实为侦探。

寿西和孙纵呼啦啦地去了，又呼啦啦地回来了。把众将军共立少子为帝的事原原本本地进行了汇报。最后刘旦问他们看到了汉武帝的遗诏了没有？两人都把头摇得像拨浪鼓，表示说不但遗诏没看见，就连鄂邑公主的影子也没有见着，事情恐怕有点儿怪啊。

好，有了这两点似是而非的消息就足矣，就可以大做文章了。于是，刘旦马上来了个“投石问路”，派中大夫到长安去上疏称颂先皇盛德，请求在天下郡国为先皇立庙祭祀。

实权在握的大将军霍光见到燕王的上疏后，第一反应，惊，第二反应，喜。心道：都说刘旦这位王爷很难伺候，不想还是挺有孝心的嘛，这真是人不可以貌相，海水不可斗量啊。于是，他以皇帝的名义下诏褒赐燕王钱三千万，增加封地三千户。

你这般假惺惺地想立什么庙，无非就是想乘机捞点“油水钱”嘛，这有何难，我直接拨给你就是。按理说，得到实惠的刘旦应该很高兴很知足才是，不料，面对霍光送来的“嗟来之食”，刘旦不喜反怒，说了这样一句话“本来我才是现在在长安当皇帝的，怎么要你来奖赏我呢？”

为了夺回原本属于他的皇位，刘旦这下来实的了。他马上去找了两个人做帮手：中山哀王的儿子刘长和齐孝王的孙子刘泽。都是刘家子孙，论辈分论资格都比现在登基的八岁皇帝刘弗陵“老”。于是，三个人坐在一起越说越生气，越说越愤怒，最后，三个人达成以下共识：本是同根生，相煎也要急。

三个人都是实干家，既然决定“相煎”，马上就付诸实际行动了，刘长和刘泽回到各自封地“准备”去了。刘旦有了两个鼎力帮手的支持，胆子和信心大增，马上就来了个双管齐下：

一、制造舆论。刘旦发挥三寸不烂之舌的嘴上功夫，声泪俱下地发布“讨逆”檄文。檄文无非是说登上皇位的刘弗陵不是武帝要立的储君，是大臣们自作主张弄的，最后号召天下人共同起兵声讨。

二、厉兵秣马。他招集国内亡命之徒、检阅封国军队，大肆封官许愿并且命令从相、中尉统领军队在文安县内大搞军事演习，大有磨刀霍霍大干一场之势。

然而，就在刘旦风风火火地准备要大干一场时，被人冷不防浇了一盆冷水。泼冷水的是郎中（官名，非医生之谓）韩义等对刘旦一腔忠诚的人，他们一致认为刘旦这样做很危险，等于玩火自焚，都好言劝他“苦海无涯，回头是岸”。但已经利令智昏的刘旦左耳进右耳出，非但没有“回头”，反而“冲冠一怒”将韩义等十五名耿介之士直接送上了断头台。

种种迹象表明，造反还没造，内部出现这种情况，一般都没有好下场。果然，就在刘旦一手抓舆论、一手抓军队，万事俱备，只等刘长和刘泽两人的“东风”时，却不料他等来的结果是：刘长那里是“无风”（一回了自己的封地就没有动静，可能是心理素质不过硬，关键时刻下不了决心，处于观望阶段）；刘泽那里倒是起风了，只不过不是东风，而是“寒风”。

原来，刘泽在关键时候工作马虎，保密工作没有做到位，结果在临淄还没发动“起义”的东风，就走漏了风声，把起事的消息泄露给了他的同宗刘成。刘成不听不知道，一听吓一跳，这还了得，汉武帝尸骨未寒，你们身为刘氏子孙就想“窝里斗”啊。于是，他本着大义灭亲的原则，立即向青州刺史隽不疑打了个小报告。

隽不疑也不是吃素的，他当机立断，以迅雷不及掩耳之势将在青州境内准备举事的刘泽等人抓起来关进大牢。然后，他才向“汉中央”进行汇报。

这引起了以霍光为首的汉中央政府的高度重视，于是，他们马上派人前来调查审问。

刘泽开始一副死猪不怕开水烫的大无畏态势，百般抵赖。眼看刘泽敬酒不吃吃罚酒，软的不行得来硬的了，隽不疑投其所好，马上拿出“惩罚”的工具，眼看“皮肉”得受苦了，从小娇生惯养的贵胄公子刘泽怎么能承受得住，很快就将“生死与共”的誓言抛在脑后，直接把主谋刘旦供了出来。

“三皇子”要造反，集生杀大权于一身的霍光为难了，怎么处置成了一个不大不小的难题。处罚的结果无非是三种：第一种是直接把造反未遂的刘旦给杀了，反正他这也是罪有应得嘛。第二种是把刘旦关起来，囚禁你，让你没有自由权，更别说再想造反之事了。第三种是原谅刘旦这一次的无心之过，不追究其任何刑事责任。谁没有个过失？知错能改，善莫大焉。

霍光没有擅作主张，而是和“托孤五人组”其他成员进行了紧急磋商，结果五个人商量来商量去，达成如下共识：刘旦不能杀。原因是刘旦毕竟是先皇武帝的硕果仅存的两个皇子之一，属于珍稀“物种”，不能乱动。

刘旦不能杀，刘泽则必须杀。原因是：杀鸡儆猴。总得找个替死鬼，要不然这案子怎么向天下人交代？

总之，幸运的刘旦就这样逃过了一劫。

人生得意须尽“拍”

按理说刘旦从鬼门关走了一趟后，应该“洁身自好”才对。然而他除了觉得生命诚可贵，要好好珍惜外，更大的感受是：汉中央政府拿自己没辙。于是，他继续做他的“皇帝梦”。

鉴于上次的经验，这次他更是有备而来，首先把目光瞄向了五大辅臣之一的上官桀身上，怎样拉拢这位“人才”成了当务之急。

上官桀，陇西上邽（今甘肃天水）人，绰号：上官拍马。

之所以得到这个外号，顾名思义，是因为上官桀天生是拍马屁的料。当然，上官桀之所以拍马屁拍得好，原因有二：

第一，天生神力。

力气大，这具有对拍马屁有利的先天条件。他的力气大到什么程度了呢？上官桀年轻时因为高大魁梧，被选中担任羽林禁卫官。据说有一次，他护送汉武帝到甘泉宫去，当时正是红红火火的夏天，但车行到中途时，突然就变天了，乌云伴随着狂风，狂风席卷着黄沙，黄沙也不是安分的主，上演了这样一幕：黄沙，黄沙，满天飞，谁为你憔悴……

霎时间遭遇这么大的黄沙，众人的眼睛都睁不开，结果在一阵惊呼声中，出现了这样的不良反应：骚动。

骚动的结果是：汉武帝所乘的车车前的黄绫伞盖在大风中左右摇摆，随时都有掉下来的可能。就在这个千钧一发的时刻，上官桀开始上演“英雄救车”义举了。只见他一个箭步冲上前去，握住黄绫伞盖，来了个“一柱顶天”。结果任凭狂风加黄沙地吹，他高举黄绫伞盖如铁人般屹立在风中不动。

汉武帝事后直呼：勇士，勇士。从此，汉武帝的眼睛里多了位勇士。

第二，职业有关。

话说自从上官桀“英雄救车”后，汉武帝马上把他提升为未央宫厩令。厩令，如果大家对这两个字不太明白的话，说得直白些就是，上官桀干的是弼马瘟的职业。因为总是跟马打交道，所以上官桀的拍马屁自然有他的独特功夫了。

前面已经说过了，汉武帝很喜欢马。一旦有空他常常到马厩里看马的情况。一次，汉武帝生病了，病了有一个多月的样子。龙体痊愈之后，他没有跑到后宫去看他的七十二妃，而是先去看他的宝马，结果这一看不打紧，看得气血往上冲。原来他发现他心爱的宝马瘦了一圈。

什么都可以瘦，唯独宝马不能瘦，结果汉武帝很生气，后果是怒直往上官桀身上冲：“混账！你是不是认为老子从此就再也见不到宝马了？”

上官桀本来就是在汉武帝生病期间，进行了偷工减料，没想到汉武帝会来个“突击检查”，先是诚惶诚恐。但他头脑一转，已是计上心来，当下恢复常态，不慌不忙地道：“小的该死，小的该死，不是酱紫（这样）的，不是酱紫的。”

汉武帝继续发飙：“不是酱紫，是啥子?”说着，就要拉出去砍了。

上官桀磕头如捣蒜：“小的听说皇上贵体有恙，担心得茶饭不思，整天为皇上祷告，哪里还有心思喂马啊。”说着，哭得跟泪人似的，把皇上哭得心也软了。人家这是一片忠心啊，怎么能怪罪人家呢？于是乎，不仅没有治罪，反而把他连升三级，提拔为皇家车队的大队长（侍中太仆）。

上官桀没有尽到职责，把皇帝的马养瘦了，非但没有过错，反而成为一种资本，这是找到皇上的软肋了。皇上的软肋是什么呢？是阿谀奉承，再英明伟大的皇上，也经不住这样温柔的小刀。一语中的，马屁拍得十分到位了。把皇上这匹烈马服侍舒服了，马厩里的马，死几头，都没啥。

上官桀凭着这样巧言令色的拍马功夫，在朝中一路青云直上。而汉武帝在林光宫遇刺，除了金日磾立下头功，及时发现并且用身体挡住了马何罗的“致命一击”外，上官桀因为及时赶到事发现场，护驾有功而被汉武帝记为“二等功”。

也正是因为上官桀拍功天下第一，所以很得汉武帝欢心，于是在他的托孤大臣中，上官桀排在“三甲”之列，也就不足为奇了。

和稀泥的代价

刘旦把“邪恶”的目光停留在上官桀身上，是有原因的：霍光和上官桀面和心不和。

事情是这样的，上官桀的儿子叫上官安，他娶了霍光的女儿为妻。两人是“亲家”。关系也很融洽，但随着上官安的女儿的出生，一切都改变了。两个“亲家”到最后竟然来了个反目成仇。

上官安生的这个女儿不但漂亮，而且聪明伶俐，当真是集美貌与智慧于一身。有了这么一个好女儿，上官安就有想法了：要是能把自己的女儿纳入后宫，将来当上统领三宫六院七十二妃的皇后那多好啊。

然而，上官安的“痴心妄想”很快就被人泼了一盆冷水，泼他冷水的不是别人，而是他的“岳父”霍光。霍光反对外孙女入宫的原因一是外孙女年龄太小，二是后宫的水太深，这浑水最好别去蹚。

遭到岳父当头一棒的上官安并没有灰心，他又想到了一个人。这个人的名字叫丁外人。上官安开门见山地对丁外人说了一句这样的话：“你要是能帮我的女儿当上皇后，我上官家一定不会亏待你，将来一定会让你娶公主封侯爵。”

丁外人一听大喜，上官父子现在都在朝中当大官，如果再加上皇后做金牌后盾，实现这两个梦想只是朝夕之间的事啊。于是，他以后总在鄂邑公主那里吹枕头风。事实证明，温柔帐里的枕边风最有效。果然，鄂邑公主不久就以皇帝名义下诏召上官小姑娘入宫为婕妤，一个月后立为皇后，年仅六岁。

那么，这个丁外人又是什么来头，他和鄂邑公主又是什么样的关系呢？这里不妨简单地来说说。

前面已经说了，霍光在汉武帝死后，所做的四件实事中，就有一件是接刘弗陵的姐姐鄂邑公主入宫来照顾他的起居。意思很明显，鄂邑公主以后是既当刘弗陵的“姐”、又当“妈”的双重身份了。照顾皇子，将来皇子临政，怎么会亏待自己呢？鄂邑公主自然是一百个同意了。

当然，霍光之所以钦定鄂邑公主为新皇帝的“母后”，原因是没得选。汉武帝有六个儿子，也不知是不是本着男女平等的计划生育原则，总之，他的女儿不多不少也正好是六个。除了卫皇后所出的卫长公主、诸邑公主、石邑公主，还有阳石公主、夷安公主以及鄂邑公主。到刘弗陵即位时，只有鄂邑公主还活着。不选她为“母后”还选谁？

接到霍光的“调令”，鄂邑公主在答应的同时，还说了一个条件：她得带一个随从去。

霍光说：带女同伴行，带男同志不行。

鄂邑公主说：她非男同志不带。

霍光左右为难地思考了半天，最后痛苦地咬咬牙，点头说，行，只要你好好照顾好皇上，我答应你的要求。

就这样，鄂邑公主把情人丁外人带入了宫中。原来鄂邑公主早年嫁给盖侯王信为妻，但王信是个短命鬼，鄂邑公主年纪轻轻就守活寡，自然耐不住寂寞，结果就来了个红杏出墙，引鄂邑公主出墙的人就是盖侯门客丁外人。

这个丁外人天生就有两大优势：一是年轻，二是帅。据说那长相跟潘安有得一比了，尽管地位低微，但这样的美男子去勾引“蠢蠢欲动”的鄂邑公主，自然是手到擒来、弹无虚发了。

一个干柴，一个烈火，遇一起自然一点就着。霍光请鄂邑公主入宫照顾幼皇帝，按理说是天大的好事，但鄂邑公主高兴之余也有忧愁，那就是去了宫中，丁外人怎么办，难不成幽个会偷个情还得从宫中跑到盖府来？也正是因为这样，鄂邑当“母后”前，底薪待遇等什么要求都不提，只要求让她把情人丁外人带进宫。

霍光眼看鄂邑公主陷入“情网”不可自拔，完全不把丁外人当“外人”看了，他知道此时如果棒打鸳鸯，非但起不到什么效果，而且还会得罪鄂邑公主。最终霍光本着“舍不得男人套不住鄂邑公主”的原则，痛苦地答应了她的请求。

从此，宫中多了这样一道美丽的风景线：鄂邑公主在负责幼皇上刘弗陵起居饮食时，一个小白脸的男人为鄂邑公主负责饮食起居，两人双宿双飞，俨然是一对恩爱夫妻。

也正是因为这样，上官安在遭到岳父霍光拒绝后，马上把目光转向了丁外人身上，并且许下了“共繁荣”的承诺。搞定了丁外人，也就等于搞定了鄂邑公主，搞定了鄂邑公主也就等于搞定了皇上。结果正遂上官安所愿，他的女儿以年仅六岁的最小年龄成功登顶皇后宝座，一举打破最小皇后的吉尼斯纪录。

一荣俱荣，上官安的女儿升为皇后，他马上也得到了迁升令，被升为车骑将军。

上官安也是个知恩图报的人，他站在人生的风光处，饮水思源，并没有忘了挖井人丁外人。他多少次找到岳父霍光大人，在他耳边吹着“丁外人如何如何好，如何如何忠诚，如何如何善良，如何如何劳苦功高”的风，无非是想岳父帮一下忙，给丁外人一官半职什么的。

霍光本来就对女婿公然违背他的意愿把外孙女送到宫中大为光火，但眼看生米已煮成熟饭了，他也无可奈何。此时听女婿的意思，是想把丁外人封王封侯，他不干了，对着上官安就是一阵狮子吼，你小子是吃饱了撑着没事干了，丁外人的事关你什么事，用得着这般瞎操心吗？

上官安眼看自己搞不定岳父，马上搬出了老爹上官桀来。上官桀和霍光不但是儿女亲家，还是莫逆之交的“同事”（同为五人帮的成员），两人的关系自然非同一般，据说有时霍光休“公休”“病假”之类的，就由上官桀代为处理一些事情。

按理有了这两层关系做保障，上官桀一出面，霍光没有不答应的理由。不看僧面看佛面，女婿的面子可以不给，但亲家公的面子却不得不给。然而，出人意料的是，这次在丁外人的事上，霍光像是吃错药的蚂蚱，一条道上走到黑。

“高祖当年有令，非有功之臣不得封侯，非刘氏子孙不得封王。不知道这位丁外人符合其中哪条？”被上官父子逼急了的霍光大为光火地来了这样一句怒气冲冲的话。

上官桀哑口无言，丢不下面子的他来了个拂袖而去，结果是两人因丁外人的事反目成仇，成了不折不扣的“外人”。

几多变折

霍光两拒女婿上官安，除了原则的问题外，还有一个鲜为人知的原因就是，霍光对上官安这个女婿一直不满。

原来，在霍光的眼里，他的准女婿不是上官安，而是京兆尹隽不疑。隽不疑想必大家都不陌生了。前面已经说了，汉武帝死后，霍光按汉武帝的遗诏把刘弗陵扶上了皇帝的宝座，但燕王刘旦不干了。他为长，刘弗陵为幼，汉武帝“废长立幼”，他不服，不服的结果是马上就来了个叛乱。

可惜刘旦在“废长立幼取乱之道”上并没有走多远，就因为隽不疑的出现而戛然而止。和刘旦一起举事的刘泽只因走漏了一点点小小的风声，就被敏锐的隽不疑捕捉到了，结果刘泽被抓，突审后，事情马上就真相大白，把刘旦造反消灭在了萌芽状态。

也就是由于这件事，隽不疑被提升为京兆尹。隽不疑新官上任三把火，秉公办事，强不怕、弱不欺，百姓折服，一时间“隽青天”之名闻天下。

这里不妨来看他的一件小事。

始元五年（公元前82年），那是一个春暖花开的时节，这一天整个长安城都轰动了，原因是来了一位花公子。这位花公子长得那叫一个风度翩翩、玉树临风，总之，三个字：酷呆了。更令人称奇的是，这位花公子不但长得酷，说话更酷。他玉唇轻启，一张口竟是一句酷得让人快要晕倒的话：“在下戾太子，初来乍到，请多多包涵。”

戾太子指的就是汉武帝的大儿子刘据。自从巫蛊门刘据“造反”后，天下百姓都对他讳莫如深，连做个评价都要三缄其口，生怕祸从口出。后来听说太子刘据死了，百姓也就渐渐地淡忘了这位老太子，接受了新太子刘弗陵。而现在这位花公子居然说他是戾太子，也就等于说他是旧太子刘据了。

刘据不是明明已经死了吗？这位花公子这句酷呆了的话一出口后，效果是显然易见的，马上就被人围了个水泄不通。众人对着这位花公子左看右看，上看下看，结论有三种：一是说他像戾太子，二是说他不像戾太子，三是说他似像非像。总之一句话，众说纷纭。

“把这个假冒戾太子之徒给我拿下。”关键时刻，隽不疑出现了，他二话不说，就下令抓人。

“是真是假，得找DNA去验证才好，大人不要这么快下结论啊。错抓了太子是欺君之罪啊！”身边的下人小心地“提醒”隽不疑。

“不管是真是假，这个人我抓定了。”隽不疑语气坚定地说。接着他马上说了这样一个小故事：春秋时，卫蒯聩得罪了灵公，为了避难，他逃到国外晋国去了。后来，等灵公死了，他想回国，但遭到了太子的拒绝，不准他再回来。《春秋》都认为太子这样做是对的。如今戾太子得罪先帝，就算逃亡不死，现在想回来了，也应该定罪的。

最后，他下的结论是：这样的人怎么不能抓呢？

俗话说是骡子是马拉出来遛遛。结果，这位花公子一到牢狱中就现了原形。冒充戾太子想骗取荣华富贵的花公子，结果，搬起石头砸自己的脚，落得个“自作孽不可活的下场”——以诈骗罪和欺君罪被处以腰斩之刑。

这个案子后，隽不疑更是名声大震，无论朝中大臣、还是百姓黎民，都对这个隽青天肃然起敬。

霍光也对隽不疑刮目相看，便想把自己的女儿许配给他。以霍家当时的权势，谁都想攀这门高亲！ 但隽不疑就是隽不疑，他并没有答应。霍光大为不解，但隽不疑却总是摇摇头，表示自己一无所有。再过了一段时间，他竟然辞官做一个隐士去了。

隽不疑拒绝攀霍家这门亲，又不愿在仕途上发展，究竟是淡泊名利，还是早已料定官场沉浮无常，不得而知，但霍家最终落得个“满门抄斩”的下场，而这位隽青天却得以保全性命，这是事实。

因为隽不疑的婉拒，上官桀的牵线，最终霍光的女儿嫁给了上官桀的儿子。但无论如何，隽不疑才是霍光认定的“准女婿”。

话说丁外人的事，因为霍光的把关，他虽然身在宫中，却仍然是“外人”，没有一官半职，也没有显赫地位。鄂邑公主因此也对霍光大为光火，连我的情人封个侯这个面子都不给，你霍光算什么东西，老皇帝重用你，新皇帝还得听我这个“母后”的。

鉴于她自己不好干预情夫丁外人的事，她选择了“迂回”的战术，决定团结上官父子，共同对付霍光，为此她做了两件事。

第一件事是她首先动用自己的权力优势，先把上官安的职位由车骑将军变成了桑乐侯。由士变将，由将变侯，都离不开鄂邑公主的提携和帮助，上官安自然对鄂邑公主感激不已。

第二件事是解了上官父子的燃眉之急。急从何来？这得从一个叫充国的太医说起。充国原本就是一个在朝廷治病救人的小医生，但有一天他心血来潮，到宫中瞎逛，结果证明宫中这地方根本就不是他这种人能随便走随便逛的，被抓住了就关进了死牢。

充国入狱后，上官安父子却着急了。原来这充国是上官安外祖父“最宠爱的人”，外祖父自然不会眼睁睁地看着他不管了，于是轮到上官安父子出力的时候了。

结果没辙了，上官父子只好又厚着脸皮去求集朝中生杀大权于一身的霍光了。结果霍光还是没有给亲家和女婿面子，说了这样一句话：“天子犯法与庶民同罪，更何况他人乎?”

上官父子出面“保释”失败后，充国经过最高人民法院审判，最终判决是：处以死刑，剥夺政治权利终身。

充国如果死了，上官安怎么向外祖父交代？就在上官安急得快要吐血时，鄂邑公主出现了，她没有带来一张保释令，而是带来了二十多匹重金购来的宝马。汉朝有用钱赎命的法律，当年杨仆就是靠钱救了一命。

凭鄂邑公主的身份加地位，再加上金钱效应，最终充国被无罪释放了。这件事的结果是，上官父子对鄂邑公主更加感激了，而对霍光由不满变成了憎恨，由憎恨变成了愤怒，愤怒到霍光于他们而言已是眼中钉肉中刺。

上官父子很愤怒，他们很快就把愤怒转化成力量，决定大义灭亲，除去霍光这个“无情无义”之人。

除去霍光，凭他们父子之力是行不通的，再加上鄂邑公主也没有十足的把握，毕竟鄂邑公主乃是一介女流，实权都在霍光手中。于是，他们想啊想啊，想到了两个人。只要联合了这两个人，扳倒霍光那就是举手之劳了。

第十八章　窝里斗

桑弘羊的“理财”之道

摧抑兼并，均济贫乏，变通天下之财，后世唯桑弘羊、刘晏粗合此意。

——王安石

上官桀找的第一个人便是桑弘羊。桑弘羊想必大家都不陌生吧，他也是汉武帝临终前钦点的“托孤五人组”的成员之一。

桑弘羊，洛阳（今河南洛阳东北）人，出身商人家庭，自幼善心算，十三岁即入侍宫中。在长安城里有一个响当当的绰号——理财家。

汉武帝上任后主张武力解决问题，最初十余年中，其财政开支的来源除利用文景以来的财政积蓄外，主要是靠加重各种捐税的征收，如加征口赋、算赋、助边费、商人车船税、六畜税、资产缗钱税等，还卖官鬻爵、发行白鹿皮币、银锡白金币等。然而，随着连年的对外用兵，加上他本人又纵游幸、营宫室，挥霍无度，以致府库空虚，财用不继。

为了摆脱财政困境，桑弘羊拟改革经济政策，做了两件最突出的有关“理财”的事，一举摘掉了汉武帝“贫困”的帽子。

第一件事是推行盐铁专卖政策。

桑弘羊仿照春秋时期齐相管仲的办法，实行“笼盐铁”，也就是盐铁专卖政策，具体做法有以下几条：

一、鼓励平民从事食盐生产，官府供给他们主要的生产工具，平民生产出来的食盐由政府统一收购，不得私自买卖。

二、官府在各地设立盐肆，任命官吏，负责出售食盐。

三、在政府无力设置盐肆、进行经营的地方，特许一些小商人进行分销。铁矿的开采、冶炼、锻造也全部由官府控制，产权归官府所有，由官府设置官吏负责销售。

四、盐铁的价格都由政府统一规定，以保持价格的稳定。

五、任何人不得私自铸铁煮盐，违者没收工具产品，处以重刑。

六、在盐铁产地设置盐官和铁官，负责盐铁的生产和收购，在不出产盐铁的地方设置小盐官和铁官，负责盐铁销售，回收废铁。盐铁专卖所得的高额利润全部上交中央政府。

应该说这样的政策有点儿类似于现在的“政府出钱，农民种田”，这在当时来说很难得。盐铁专卖政策为西汉政府提供了巨额的收入，尤其是耗费巨大的抗击匈奴、开通西域以及开发西南等项目，一直都是依靠盐铁的收入来支撑的。

第二件事就是整顿货币。

汉朝初年，国家对钱币的铸造采取放任的政策。当时不但钱的大小、轻重不一，钱币的重量与实际重量相差悬殊，因而盗铸钱的风气盛行，结果自然出现这样严重的后果：通货膨胀。到了汉文帝五年（公元前175年），政府更撤除了禁止私人铸钱的命令，放任大家自由铸钱，因而币制更加混乱。一些豪强和大商人，常常在铜内掺入铅、铁，铸大批的劣钱来牟取暴利。政府虽然一再禁止和打击，但因为有利可图，而且铸钱者又多是一些有权有势的人物，所以并不能制止私铸的大量劣钱混入市场，破坏社会的正常经济生活。

汉武帝上任后，为了整顿财政，曾在元狩四年（公元前119年）整顿过一次货币，但效果不好。当时造了三种货币：第一种是皮币，用禁苑里养的白鹿皮制成，每个一尺见方，上面还绣上五彩花纹，每个值钱四十万，它是作为诸侯王朝觐皇帝时垫璧的礼品，所以只在上层贵族中流通和使用；第二种是白金，这是用少府库存的银、锡做的合金币，分值钱三千、五百和三百三种；第三种是取消半两钱，改铸三铢钱。还规定，盗铸钱者要处死。这次改革因为品类复杂，币值的规定又不合理，所以不但使用不便，而且一些人纷纷去盗铸比值很大的白金币，所以第二年就放弃了三铢钱而改铸五铢钱。当时虽然因盗铸钱政府抓了数十万人，仍不能制止盗铸劣钱，所以市场和货币仍然比较混乱。总之，一句话：钱的样式太多，假币猖狂。

元鼎四年（公元前113年），汉武帝成立了“打假消费者协会”。桑弘羊任会长，由他负责全权改革和整顿货币。

桑弘羊马上就进行了大刀阔斧的改革，施行的具体方案如下：

一、取消郡国铸钱的权力，由中央政府指定掌管上林苑的水衡都尉下属钟官、技巧、辨铜三官分别负责鼓铸、刻范和原料。这样的好处是使私铸者得不到铸钱的原料。总之，起到的效果是：谨防造假。

二、郡国把所铸的旧钱销毁，把铜送到中央。

三、废除过去铸的一切钱币，而以上林三官铸的五铢钱为全国唯一通行的货币。

事实证明，桑弘羊的币制改革是成功的，他的方案出炉后，效果显而易见。这一政策严厉地打击了“假币”的流通，结果一是增加了国家的财政收入，二是稳定了市场和流通。

这次币制改革是中国历史上第一次将铸币权完全收归中央政府，它最终将汉朝的币制稳定下来，使汉朝的五铢钱成为质量稳定的钱币，一直流通至隋朝七百余年而通行不废。

也正是因为桑弘羊干了两件漂亮的“理财”大实事，自元狩三年（公元前120年）起，桑弘羊的官位像是芝麻开花，节节高。由大司农丞到大司农再到搜粟都尉，都是主管财政要职的官位。直到最后升为御史中丞，位列三公，权倾朝野。汉武帝临终前把他列为“托孤五人组”的成员，可见对他的重视。

“托孤五人组”一开始还是很融洽，霍光果断，金日磾仁和，上官桀老练，田千秋善良，桑弘羊大气。但没过多久，金日磾就英年早逝，使得“托孤五人组”变成了四人组。而四人组中，原本关系最铁的霍光和上官桀因为“志不同”而变成了“道不合”。于是四人帮中就分裂成两派了。鉴于田千秋是个安分守己的老实人，他只在其位，不谋其权，宫中的这些尔虞我诈的事，最好别找他，找他也是白找。于是桑弘羊的立场就至关重要了。

也正是因为这样，上官桀首先想要拉拢的人便是他。上官桀原本以为搞定桑弘羊得花不少力气，但没想到，他们两个也是一个有情，一个有意，两人一谈就拢了。马上就站成了一条线，达成如下共识：共同对付霍光。

当然，桑弘羊“投靠”上官桀是有原因的，霍光抢了他的饭碗，事情的缘由起于一场《盐铁论》的会议。

都是“盐铁会议”惹的祸

会议时间：昭帝始元六年（公元前81年）二月。

会议目的：对汉武帝时期推行的各项政策进行总的评价和估计。

会议创始人：杜延年（谏议大夫）。他提议：“现在年景不好，一些农民还流落在外乡，应该恢复汉文帝时的政局，提倡节俭，对下宽和，争取百姓的支持。”霍光同意了他的意见，就让各郡国推举贤良文学之士六十多人，集中到首都开会，讨论民间有什么疾苦，国家应该采取什么措施的问题，这就是“盐铁会议”。

会议主持：田千秋。

会议记录：桓宽。（后根据当时会议的记录，整理成《盐铁论》一书）

会议派别：这次会议一开始，就形成了鲜明的两派。一是以桑弘羊为代表的“政府派”，二是以贤良文学之士为代表的“民间派”。

会议议程：与其说是商讨会，不如说是辩论会更贴切些。会议开始后，政府派和民间派畅所欲言，进行了激烈的辩论。首先由“政府派”提出了他们的观点：桑弘羊代表政府派发言，他以抑扬顿挫的语气全面肯定汉武帝“轮台诏”以前各项政策，并希望继续推行这一政策的意见。

“民间派”也不是吃素的，贤良文学之士中的代表否定了汉武帝“轮台诏”以前的各项政策，要求全面地估价和修改政府派的意见。

随后政府派和民间派就以下三个问题展开了激烈的辩论：

第一，关于盐铁等官营政策的得失问题。

民间派认为：国家应当鼓励农民从事农业生产，而不应当弃农业而从事工商业活动。国家经营盐铁、酒榷、均输，将这些营利的事业掌握在自己手中，集中了大量的人力和物力去从事工商业，就是与民争利，破坏了社会纯朴的风气。而且平准、均输法，造成农民贱卖自己生产的东西，又去用高价买自己不生产的东西去上缴国家，使得农民负担很重，官府又随意收购货物，常造成物价飞涨，这有利于商人投机倒把，不利于百姓生活；盐铁官营之后，生产的农具大而不适用，质量差，价钱贵，农民不愿买，就用木头工具耕田，用手去除草，有时买盐铁要走很远的路，官吏还常强迫购买，给农民造成很多不便。

以桑弘羊为首的政府派承认了盐铁等官营事业，由于一些地方官不按国家规定的办法行事，所以造成了一些流弊，但他批驳了民间派全盘否定的极端看法。他们认为，是利多弊少，应当选良吏除流弊，继续坚持下去。因为抗击匈奴，巩固边防，救济灾民，都需要大量的开支，如果不搞这些官营事业，增加政府的收入，就要增加农民的赋税，反而会更加重农民的负担。如果国家不经营，豪强大贾就会把持这些工商业，他们不但借此鱼肉百姓，还会因此形成分裂割据势力，不利于加强国家的统一。

第二，关于对匈奴的和战政策问题。

民间派反对动用武力来解决匈奴问题，而主张和亲。他们认为，匈奴远处漠北，对其侵扰活动，主要应用德化，多给他们点儿财物，与他们和亲，搞好双方的关系，而不应当用武力解决。用武力抗击，双方都要死人，把国家的大量人力和物力用在对外战争上，除了牺牲将士、增加百姓的负担外，对国家没有多大的好处。他们认为汉武帝对匈奴进行的几次大规模的战争，都是几个好事之臣故意夸大敌情，欺骗了汉武帝，挑起了祸端。这几次战争没有能削弱匈奴，反而造成了西汉国势的衰弱，应该追究他们的责任。

以桑弘羊为首的政府派马上进行了坚决反驳：不是我们汉朝薄情寡义，不想与匈奴和平相处，也不是没有进行过和亲，而是由于匈奴反复无常，屡次破坏和亲，派兵侵扰边境，因而才被迫对匈奴动用武力。他认为反击匈奴的战争是成功的，虽然在战争中牺牲了一些将士，消耗了大量的财物，但却屡次击败了匈奴的大军，迫使其一部分投降，一部分北走，从而使国家边境得到了安稳。汉武帝反击匈奴所取得的功绩很大，将会流传千古，怎么能说它是得不偿失呢！

第三，关于行德制还是行法制的问题。

民间派主张行仁政，搞德治，反对严刑峻法，任意陷害人民。他们认为，汉武帝时法律繁多，官吏随意乱用，造成百姓犯法者多，但并不知道自己犯了什么法。特别是汉武帝任用的一些酷吏，如杜周、张汤、王温舒等人，连法律也不顾，随意陷害无辜的群众，动不动就一人犯罪，株连九族，搞得人心惶恐，动乱不安，因而激起了人民的反抗。他们警告说，如果继续这样搞下去，就有重蹈秦朝覆亡的危险。

政府派认为治民之道不在教化，而在励行法治。要用法治来教民，让他们知道什么该做，什么不该做，做了就会犯法。严刑峻法，百姓害怕犯法，社会秩序才能安定。如果法网疏漏，奸民就可能钻空子，因而造成社会的不安定。他还针对民间派对一些酷吏的指责，而对他们的政绩作了充分的肯定，他认为这些酷吏都能做到以法治事，对犯法者雷厉风行地加以处决，毫不手软，所以在他们治理的地方，能做到寇止奸禁，取得了良好的政绩。

就在政府派和民间派相持不下时，中立派顺应形势诞生了。这次领衔中立派的是霍光。他既不同意以桑弘羊为首的政府派的意见，也不接受贤良文学之士要求全部罢除盐铁、均输等官营事业的建议，而是站在“中立”的角度做出了如下决定“罢榷酤官”：取消酒专卖政策，在部分地区停止铁器专卖，其他政策不变。

霍光的“罢榷酤官”，结果是桑弘羊的很多弟子因此光荣地下岗了。弟子们下岗，桑弘羊当然不会不管了，于是他就想着怎么让弟子们“再就业”，但结果不识相的霍光却处处“亮红灯”，不但不给予优惠政策补偿，反而给予限制。

我手下的弟子是因为你而下岗的，你非但不给予关照，反而落井下石，分明是不把我桑弘羊放在眼里嘛。结果，桑弘羊很生气，对霍光很怨恨。

桑弘羊的不满，上官桀看在眼里，喜在心头，于是，他马上就以“关照”为由，对桑弘羊进行了拉家常套近乎，一来二往，两个“同病相怜”的人就勾搭上了。结果，他们把枪口马上就一致对准了霍光这根眼中钉、肉中刺。

站直了，别趴下

上官桀成功地把桑弘羊拉进“反霍组”后，想到的第二个人便是曾经造反未遂的燕王刘旦。刘旦风风火火地想大干一场，但时不利己，“反”字都还没有一撇就被消灭于无形中。也正是因为这样，刘旦“壮志未酬，壮心不已”。他时刻准备着，为的只是圆自己心中的皇帝梦。结果就在上官桀想到刘旦时，刘旦却主动地送上门来了。

上官桀想拉刘旦入伙，刘旦也想拉上官桀入伙。一个干柴，一个烈火，结果两位大老爷儿们自然是一点就着。再加上早就站在同一条线上的鄂邑公主和桑弘羊，一个新的反霍“四人帮”组成了。

内外有人，实力显赫，上官桀的胆子大了、信心足了，决定“动手”了。当然，话又说回来，真要下手，还得等。总要选择好时机，抓住霍光的小辫子，然后再发力，一锤子将霍光打趴下，永远都别再让他站起来，否则后患无穷。

考虑到霍光为人老到、干事果断细密，别人就算鸡蛋里挑骨头，也根本上挑不出骨头来，上官桀并没有操之过急，而是磨刀霍霍以待天时，他明白，心急吃不了热豆腐，更明白君子报仇，十年不晚。

都说机会留给有准备的人，这话一点儿都不假。光阴荏苒，转眼间，刘弗陵已是十四岁的少年了。上官桀也已是白发苍苍之人了，他等的机会终于来了。

就在这一年，霍光做了一件“欠考虑”的事，那就是他以国家军事主席的身份，检阅了羽林军（皇帝的禁卫军），这本是皇上要做的事，当时霍光觉得皇上还小，自己代皇上检阅一下国家军队也是好的，一来展国威，二来谋发展。检阅军队也罢，他还进行了“挖人”之举，把一名素质过硬、品行合格、作风硬朗的校尉调到了他的大将军府里。

这两件霍光原本以为“理所当然”的事，在以上官桀为首的“四人帮”眼里却是一阵狂喜，从细微处着手，正好可以从这两件事上大做文章啊。于是，上官桀以燕王的名义给小皇帝刘弗陵打了一个小报告。报告有两点内容：

一、大将军霍光检阅羽林军的时候，坐的车马比皇上的有过之而无不及。

二、霍光自作主张，调用校尉为己所用。

结论是：霍光的反心已昭然若揭，不可不防啊。

办法是：保卫皇上乃是为臣的责任和义务，在这危急时刻，臣愿意离开自己的封地，回到京城来保卫皇上，免得坏人作乱。

刘弗陵接到“小报告”后，看了又看，想了又想，最后若有所思地点了点头，把它搁在一边，目光变得悠长而深远，良久，发出这样的感叹来：原来每个臣子都不简单啊。

第二天霍光要进宫朝见，听到燕王刘旦上书告发他的消息，一向天不怕地不怕的他，此时竟是阵阵寒意直冲心头，他双脚哆嗦地木然站在宫门外，没能再移动半分。

眼看朝中文武百官都到齐了，唯独少了大将军霍光，刘弗陵便想派人去“请”。这时上官桀先来了个恶人先告状，他说：“大将军就在门外，只是被燕王刘旦的小报告所吓，心怀鬼胎，所以不敢进来。”

刘弗陵吩咐内侍召霍光进来。霍光一进去，一句话没有说，先把自己头上的“乌纱帽”脱下来，然后跪在地上，说了这样一句话：“臣罪不可恕，请皇上制裁。”

“霍爱卿，你这是干什么呀？”刘弗陵不顾堂堂一国之君的身份，下石阶把霍光扶起来，亲自为他戴好帽子，柔声道：“朕知道有人陷害你啊。”

霍光又惊又喜，失声道：“陛下是怎么知道的?”

“燕王的小报告是假的。”刘弗陵胸有成竹地说。随后他马上进行了解析：“大将军检阅羽林军是在长安附近，调用校尉也是最近的事，前前后后不到十天的时间。如此短暂而仓促的时间，身在遥远的北方的燕王怎么会知道这些事呢？退一万步来说，就算知道了，要打个小报告送来，只怕再怎么快马加鞭也还在路上啊，怎么能这么快就送到了我的办公桌前呢。这明明是有人想陷害大将军啊。”

霍光和别的大臣听了，没有一个不佩服小皇帝刘弗陵的聪明和老到。一时众人齐声道：“皇上英明，皇上英明。”

“英明”的刘弗陵又对大臣们说：“你们得把那个送假奏章的人抓来查问，还霍爱卿一个公道。”

上官桀怕这样追查下去，把他们的阴谋查个水落石出来，只好硬着头皮站出来对汉昭帝刘弗陵说道：“这种小事情，不值得陛下去追究啊。”

“罢了，罢了，这事点到为止，就先到这里吧。”刘弗陵说完意味深长地看了上官桀一眼。

上官桀战战兢兢，闻言提着的一颗心终于放下来，心中暗自侥幸，这件事总算和稀泥和下去了。然而，上官桀不会料到，刘弗陵不追究的背后是因为明白了什么，从此，刘弗陵对上官桀的人品产生了严重的怀疑和不信任，与之相反的是对霍光更加宠信了。

眼看偷鸡不成反蚀把米，上官桀与儿子上官安几次交头接耳后，达成如下共识，十六个字：“杀死霍光，废掉昭帝，诱杀燕王，自立为皇。”当然，当他把四人帮的另三位成员招来，他的话马上就缩水了，就变成了十二个字：杀死霍光，废掉昭帝，迎立燕王。

三人对上官桀的计谋表示同意，并且制定了具体行动方针：鄂邑公主负责举行一次“鸿门宴”，在宴席上解决“老毒物”霍光。只要解决了这个实权在握的“老毒物”，一切就好办了。燕王刘旦厉兵秣马，随时准备带兵入京。而上官桀和桑弘羊则负责“接应”和“望风”的工作，总之，一句话：共同努力，里应外合，成者为王，败者为寇。

黄粱一梦

因为有了皇位的致命诱惑，燕王刘旦的积极性很是高涨。他马上就跟燕相平进行了商议，燕相平听了这个消息，不喜反忧。忧从何来，燕相平直接教会了刘旦一个道理：吃一堑，长一智。

解析如下：大王以前和刘泽曾共谋过，并且誓言共进退，结果以失败告终。原因是刘泽这个人喜欢夸夸其谈，好高骛远，结果成事不足，败事有余。现在上官桀生性轻佻，上官安骄傲蛮横，只怕上官父子跟刘泽也是同一路货色，和这样的人合作只怕很难成功。再退一万步来说，即使能成功，他们也难免出尔反尔，最终只怕落得个被人利用的下场啊。

结论是：吃一堑，长一智，凡事三思而后行啊。

应该说燕相平的分析有条有理，还是非常不错的，如果刘旦真的按他的建议，放下屠刀，回头是岸的话，灾难或许可以避免发生。然而，雄心勃勃的刘旦此时已利令智昏，回了一句：箭在弦上，不得不发。

他马上厉兵秣马，准备等长安的“好消息”一到，就大干一场。然而，这一次也不例外，就在等的过程中，发生一个小插曲：那就是天气出现了严重反常现象。一会儿晴一会儿雨，东边日出西边雨，总之，各种怪现象都在没有征兆的情况下发生了。

因为当时还没有气象专家，刘旦只好请占卜大师登场了。占卜大师回答得非常简洁明了，一个字：凶。刘旦追问究竟，占卜大师被逼急了只好如实相告：谋事不成，祸在眼前。

就在刘旦占卜问卦时，他哪里知道京城正上演一场惊心动魄的变革。

原来，鄂邑公主按照上官桀既定的行动方针，积极筹备着“鸿门宴”，上官桀父子眼看事情都在朝自己所预期的那样发展，自然是欢欣鼓舞。正是在这样的欢欣鼓舞下，上官父子两人提前来了个“庆功宴”。

天下没有不透风的墙，结果就是这场关起门来的“庆功宴”，竟引起了朝中一个大臣的注意。这个人就是谏议大夫杜延年。他见上官父子可疑就派人去明察暗访，结果是：上官父子行为反常，似乎有什么重大的阴谋。

杜延年不敢怠慢，马上就向霍光进行了汇报。霍光一听也是半信半疑，毕竟上官父子一个是自己的亲家，一个是自己的女婿，本着兔子不吃窝边草的原则，就算有点小过节，也不会对自己下黑手吧。就在这个节骨眼上，鄂邑公主请他去喝酒。鄂邑公主一介女流，平时只是点头之交，怎么突然要请他去喝酒呢？疑惑中的霍光派人一打听，才知道这次宴会宴请的只是他一个人。

一个人的宴会，宴无好宴啊，这分明是一场“鸿门宴”嘛！ 事实摆在眼前，霍光终于无奈地下结论了。就在这时，搜粟都尉杨敞也上报“四人帮”“欲造反”的消息，霍光不再迟疑，马上向汉昭帝进行了工作汇报。汉昭帝马上下达了对“四人帮”的逮捕令。

接下来，该是霍光表演的时候了。他没参加鄂邑公主的鸿门宴，而是以其人之道还治其人之身，自己马上举行了一场“鸿门宴”，他假意传诏请上官父子来赴宴，结果不知情的上官父子一到宫中就被“刀斧手”砍了头。

霍光以快刀斩乱麻之势解决了上官父子，马上派兵把“四人帮”中另一位成员桑弘羊的大府包了个严严实实，结果瓮中之鳖的桑弘羊只有被抓的份儿了。

霍光一发力，就把上官父子和桑弘羊来了个一网打尽。可怜的鄂邑公主后知后觉，还在苦苦等待霍光“光临”她的寒舍。结果霍光并没有令她失望，终究还是来赴她的“鸿门宴”了。

霍光不但来了，还带了一大堆人，一大堆手持明晃晃的刀剑的人，当霍光说出“鄂邑公主，你已经被包围了”的时候，鄂邑公主终于明白了什么：生，已经没有希望了；死，就在眼前。

鄂邑公主选择了自我了断的方式，用手中的剑解决了自己的年轻而宝贵的生命。丁外人知道霍光不会把自己当“外人”看的，也追随鄂邑公主去了。至此，霍光以迅雷不及掩耳之势很快就摧毁了“四人帮”中的三个“主内”成员，只剩下“主外”的燕王刘旦还在做他的黄粱大梦。

当噩耗接二连三地传来时，得知阴谋败露的刘旦这才慌乱起来，只见急得像是热锅上的蚂蚁，关键时刻只好又把燕相平招来，询问对策。

“看来我只剩下举兵起事这一条路可走了。”刘旦说。

“左将军已死，‘四人帮’已缺了四分之三，我们没有了内应，举兵也是于事无补了。”燕相平叹道。

“悔不该不听相国之言，才惹今日之祸啊。”刘旦无奈道，“但事已至此，难不成坐以待毙?”

“坐以待毙也比飞蛾扑火要好，现在天下人都知道‘四人帮’造反的事，你再起兵，只怕连家族也不保了。”燕相平话中的意思已经再明显不过了：起兵，死路一条；不起兵，也是死路一条。不起兵，死的只是自己。起兵，死的不单单是自己，还包括你的全家。刘旦，现在就看你的选择；是死自己一个人，还是想搭上你家族所有人的性命了。

刘旦是个明白人，他最终选择了牺牲自己保全家族的做法。不过，他死之前，还玩起了“今朝有酒今朝醉”，把他后宫的花花艳艳的妃妾都叫来，举行了“告别宴”。宴会上且歌且舞，酒水和泪水融为一体，当真是壮观至极。

李白说：人生得意须尽欢，莫使金樽空对月。刘旦说：人生失意须尽欢，莫使美人空对月。我说：人生无意须尽欢，莫使生死空对月。不管是得意还是失意，何不想痛饮的时候就痛饮，这才是人生的真正欢乐。

就在刘旦须尽欢时，汉昭帝派来的“纳命使臣”也到了，“纳命使臣”带来了汉昭帝的玺书。刘旦跪在地上，用颤抖的手接过玺书，但见上面写道：“你只有叛逆的心，没有一点忠义仁爱，像你这样的人，如果先皇地下有知，你有什么面目去见九泉之下的高祖皇帝呢?”

汉昭帝玺书的意思已经很明显了，是劝刘旦自裁，免得他亲自来“诛戮”，从而背上杀兄之恶名。刘旦是聪明人，自然知道他的意思，他本来就准备“以死谢罪”，保全家族，这时，酒壮英雄胆，他没有再迟疑，拔剑就给了自己一剑。据说也许是刘旦挥剑的姿势太优美了，以至于追随他而去的妃妾竟然有二三十人之多，当真印证了这样一句话：牡丹花下死，做鬼也风流。

汉昭帝随即追谥“识时务”的刘旦为刺王，赦免了他的儿子的死罪，只是贬为庶民。燕国也随着刘旦的死去而飘逝，变成了一个郡。鄂邑公主的儿子被撤了侯爵，只有上官皇后事先毫不知情，再加上又是霍光的外孙女，成了这次的“不动产”。

除去以上人员，“四人帮”谋反的事还扯出一个人来，他“富贵不能淫，威武不能屈，贫贱不能移”；他在异国他乡，忍辱负重十九年，才得以重回家乡；他以大无畏的精神让世人知道了两个字：骨气；他以实际行动证明了两个字：坚持。

这个人的名字叫苏武。

独在异乡为异客

未入麒麟阁，时时望帝乡。
寄书元有雁，食雪不离羊。
旌尽风霜节，心悬日月光。
李陵何以别，涕泪满河梁。

——杨维桢《题苏武牧羊图》

话说汉武帝驾崩后，朝廷上下，悲伤的悲伤，夺权的夺权，造反的造反，总之，天塌下来了，还会有另一块天顶着。只是忙碌的人们不会知道，在遥远的异国他乡，被困在匈奴的苏武听说汉武帝噩耗后，他面朝南方，竟然忍不住号啕大哭，其声也切，其情也真，最后，眼泪哭干了，嗓子哭哑了，心中咯血了，他还是忍不住心中的悲伤。

也许是怕汉武帝一个人去黄泉路上太孤单，不久，且鞮侯单于竟然来了个“舍身相陪”。这个“雄心勃勃”的短命鬼，年纪轻轻就随风飘逝了。且鞮侯单于死后，壶衍鞮单于即位。壶衍鞮单于上任和前几位单于的想法是一样的，怕自己刚坐上单于的位置，汉朝就乘机对他们“动武”，所以又故技重演，用上了老掉牙的“忽悠”政策——求和。

此时汉朝物是人非，即位的汉昭帝刘弗陵还是个小毛孩，揽政的霍光属于保守派的人物，自然没有心思再对匈奴动武了。因此，明明知道匈奴求和的诚意几乎为零，霍光对匈奴使节的到来还是按贵宾进行了隆重的接待。

在随后的接待会上，匈奴使者向大汉皇朝的“总理”霍光转达了匈奴壶衍鞮单于诚心诚意求和的意愿。霍光首先对壶衍鞮单于睦邻友好的态度表示感谢，随后，他表达了大汉也诚心诚意和匈奴建交的愿望。最后霍光委婉地提出了一个小小要求：匈奴释放扣留的汉朝使节。匈奴如果真心和大汉“求和”，就应该先把扣留的汉朝使节放了，以示诚心。

匈奴使节表示他理解“总理”的心情，但他们表示做不了主，请求汉朝派使者跟他一起去匈奴，商讨这件事。

霍光欣然同意，于是派汉使出使匈奴。

面对汉使，壶衍鞮单于同样表示了热烈的欢迎。当听说汉使提出的条件后，壶衍鞮单于表示同意，不就是放了扣留的汉使吗？这个没问题啊。但当汉使点名要求释放苏武时，壶衍鞮单于原本轻松的面孔顿时严肃起来，他先很遗憾地说一句对不起，然后告诉汉使苏武他已经死了。

面对壶衍鞮单于的忽悠，汉使信以为真，就在他们准备带着一分遗憾、两行清泪回国时，常惠出现了。这个当年作为苏武副使一起被扣的常惠听说汉朝派使者来了，千方百计联络上了他们。他告诉了汉使苏武还活着的消息，并且教他们营救之法。

于是，汉使临行前又改变主意，再一次会见了壶衍鞮单于，这一回，不再拐弯抹角，直接点明要接苏武一同回国。壶衍鞮单于自然还是那句老话：我不是告诉你们，苏武他早已死了吗？

“大王如果想真心和汉朝和好，就不要一而再、再而三地欺骗我们。”汉使义正词严地说。

壶衍鞮单于原本是不想把苏武送走，想把这样千年难遇的有骨气的人才占为己用。此时面对汉使的质问，毕竟做贼心虚，只是结结巴巴地一味搪塞：“此话怎讲？”

汉使喃喃地道：“我们皇上在御花园射下一只大雁，雁脚上拴着一条绸子，上面写着：‘山无棱，江水为竭，冬雷阵阵，夏雨雪，天地合，乃敢与君绝。’落款是北海牧羊盼归国的苏武。既然苏武明明在北海牧羊，大王您为什么要说他死了呢？”

汉使按照常惠教他的“飞雁传书”的方法，果真，他的话一出口，壶衍鞮单于顿时像哑了的炮无言以对，良久，他长长地叹了一口气，道：“或许一个人的真心，能够感动天感动地，但却没有听说过能感动雁的？”

他马上向汉使进行了诚挚的道歉，最后表示“一定放人”。汉使并没有小富即安，他马上提出了把常惠、马宏等汉使一并归还汉朝的要求，并且说，只有这样才能确保两国关系和平友好发展下去。

事情已经到了这种地步了，壶衍鞮单于不答应也不行了。只好无力地挥了挥手，极为痛苦地说了两个字：放人。

就是因为“放人”两个字，李陵和苏武又有一次面对面的机会了——李陵是奉壶衍鞮单于之命到北海去召还苏武的。接下来匈奴为苏武举行了“告别宴”，宴上，李陵回顾了自己的一生，并且说出了自己心中的无奈，苏武想劝李陵跟他走，李陵只回答了八个字：“异域之人，一别长绝！”

说完，悲伤阵阵，无尽泪水滚滚落。李陵站起身来，拔出身上所带佩剑，然后就是一阵狂舞，那是怎样的一种无奈心情？只见他边舞边吟道：“径万里兮度沙幕，为君将兮奋匈奴。路穷绝兮矢刃摧，士众灭兮名已颓。老母已死，虽欲报恩将安归！”

劝君更饮一杯酒，与尔同销万古愁。苏武和李陵痛饮，一醉方休，只是一个人喝下的是苦尽甘来的百年老窖，一个人是喝下人生的苦酒。人生的路就是这样，永远没有回头可走。

后来霍光念在旧交的分儿上，派任立政等做“说客”到匈奴想把李陵说服回国，身在异国他乡的李陵依然坚持不肯吃“回头草”。任立政甚至在回国前，还对李陵一步三回头地说：长安欢迎你。

“走吧，走吧，人生难免苦与痛。”李陵头摇得像拨浪鼓，“我已经受了一次羞了，你还想我再受第二次辱吗？”

最终李陵为了尊严客死他乡，悲哉惜哉叹哉。

始元六年（公元前81年），苏武随汉使团回到了长安。他出使时是个四十岁的壮汉，在异国他乡苦苦挣扎苦苦等待十九年后，终于守得云开见月明，他回来了，带着那根早已光秃秃的使者节杖，带着副使常惠、徐圣和赵终根等九人，带着满腔赤子爱国之心，带着永不泯灭的骨气和民族之魂，带着后世为之流传和景仰的大无畏精神，回来了，创造了一个“海外游子”异地游最长时间的奇迹。

也正是因为这样，长安的居民自发地组织起来，夹道欢迎这位只有五十九岁，但已是白发苍苍的老人。苏武紧握手中的秃头节杖，发出最耀眼的光。人群中发出这样的感叹来：“大丈夫当如是耳。”

正在这时，苏武惊喜地发现，人群中竟然还有汉昭帝的身影，汉昭帝紧紧地握着他的手，说了三个字：辛苦了。苏武在北海那冰天雪地、荒无人烟之处，在生不如死的艰苦条件下，没有流过一滴泪，此时再也忍不住了，刹那间热泪盈眶，他哽咽道：为人民服务。

随后汉昭帝以“太牢九鼎”的最高礼节在汉武帝的陵庙中进行隆重祭奠仪式，当苏武脸色含悲地郑重把节杖供在神坛上时，汉武帝如果真的九泉下有知，想必也会为苏武所感动。

苏武被汉昭帝封了一个新鲜出炉、专门为他设置的职务：典属国。这个职务和现在的外交官差不多，主要负责汉朝与他国之间的往来和外交。来得好不如来得巧，就在苏武回归祖国的第二年，上官桀、上官安父子和桑弘羊组成的“四人帮”谋反被先知先觉的霍光镇压。苏武的儿子苏元因为“参与罪”，连累父亲，使得苏武头上的乌纱帽掉了，回家种田去了。

直到汉昭帝死后，苏武以一介平民的身份，因为参与到了拥立汉宣帝的组织当中去，被赐爵关内侯，一代忠良终于迎来最美的“夕阳红”。这是后话，按下不细表。

后人用一首诗概括了他的一生：

苏武在匈奴。
十年持汉节。
白雁上林飞。
空传一书札。
牧羊边地苦。
落日归心绝。
渴饮月窟水。
饥餐天上雪。
东还沙塞远。
北怆河梁别。
泣把李陵衣。
相看泪成血。

第十九章　变化无常

西域各国的见风使舵

前面已经说过，张骞的两次“西游”，结果西域各国都知道了遥远的东方有一条巨龙，他的名字叫汉朝。而汉朝急于联合第三方的力量，以便对头疼的匈奴形成合围之势，但结果西域各小国虽然羡慕强大的汉朝，但并不畏惧，原因是：汉朝离他们太远。山高皇帝远，能拿他们如何？

事实证明，这只不过是他们一厢情愿的想法，随着汉武帝派出赵破奴和李广利的千里远征，他们终于明白了这样一个道理：拿鸡蛋碰石头，无异于自取灭亡。于是他们马上对汉朝表示臣服，对汉使的态度也来了个一百八十度的大转弯，见面语是：有朋自远方来，不亦乐乎。

但这种“乐”并没有乐多久，随着汉武帝的逝世，西域各国又开始不安分起来，而此时汉昭帝年幼，霍光只能和匈奴进行没有结果的和亲谈判，但随后两位“民族英雄”的出现，却让这一切得到了改变。

首先，我们来看第一个“民族英雄”范明友。

就在汉朝和匈奴大打“和平”牌、进行忽悠和反忽悠时，一个不显山不露水叫乌桓的小国却浮出了水面，他站出来第一个公然“宣布”独立。汉朝和匈奴正忙得不可开交，谁也没有空闲来管这个不安分小国。眼看汉朝和匈奴都对它“无动于衷”，乌桓决定首先给匈奴一个“下马威”再说。结果在攻其不备之下，竟然如入无人之境，直到匈奴中心地带挖了老单于的坟墓才尽兴而归。

这件事的直接后果是匈奴很生气，后果很严重，于是扬言要倾全国之兵对乌桓动武，这下乌桓才知道马蜂窝捅大了，于是马上向汉朝求救。汉朝本来恼怒乌桓平常的“不安分”，但面对乌桓可怜兮兮的求救，此时掌管朝中一切大权的“总理”霍光陷入了左右为难的境地。救，只不过去做吃力不讨好的苦事，不救，乌桓如果真被匈奴给“吃”了，对汉朝来说是此消彼长的不利大事。

霍光作为朝中实际的“揽权者”，当然有高人一筹之处，很快，他就想到了一条妙计，八个字：明攻匈奴，暗取乌桓。用意很明显，与其等你匈奴来“吃”乌桓，不如我大汉先下手为强，先“吃”了乌桓再说。

结果范明友被委以重任，被封为度辽将军挂帅亲征。范明友只带了两万人马就呼啦啦地朝匈奴奔去。相对于汉武帝时对匈奴的军事行动动用人马都是十万以上，这点儿人马显然少得可怜，然而，两万人马，对范明友来说已足矣。因为他得到霍光的交代，只需吓退匈奴就行了，真正的目的在于对付乌桓。

于是，范明友的军队行走得很慢，因为他们不单身上要背着重重的干粮和行李，还要高声呼喊。口号很多，无非是大骂匈奴的“冷言恶语”，比如骂匈奴出尔反尔，比如骂匈奴无情无义，总之有什么狠毒的话尽管往匈奴身上招呼。结果范明友率军慢腾腾地边走边骂，直把匈奴的祖宗十八代都骂了个遍，走到塞外时，效果看得见了，匈奴早已听到风声，主动放弃对乌桓的军事行动，脚底抹油，开溜了。

听说匈奴退了，范明友马上对部队进行了紧急整改，首先卸下身上的所有的包袱，用身上的干粮饱食了一顿，然后下达禁口令，不许再高声喧哗半句，最后，焕然一新的汉军，开始以百米冲刺的速度向前冲锋。

此时的乌桓正为匈奴的退兵而欢欣鼓舞，正敞开城门举行“庆功宴”，结果有一大群来路不明的人不请自来，他们冲进来就是一阵刀光剑影，猝不及防的乌桓人顿时血肉模糊，哭爹喊娘，只有四处逃窜的份儿。

一切都照计划进行，出奇地顺利，不费吹灰之力就攻入乌桓城的范明友，最后清点战利品时，数到被汉军砍下的人头居然有六千人之多，俘虏更是不计其数。试想，一个小小的乌桓总共才那么一点儿人，用灭顶之灾来形容这次偷袭一点儿也不为过。

结果范明友不但一战而扬名海外，班师凯旋时，头上还多了一顶“平陵侯”的帽子。而范明友手下的平乐监傅介子因为立下了赫赫战功，也引起了霍光的另眼相看。

杀鸡儆猴

第二个民族英雄就是傅介子。

楼兰国是汉朝通往西域的交通要冲，也是一个小国。自公元前108年赵破奴将军率领七百精骑猝不及防地掳获楼兰王后，楼兰国已臣服汉朝。汉军走后，匈奴发兵击之，楼兰王只好把一个王子送到匈奴做人质，另派一个儿子到汉朝做人质，来个两头都不得罪。李广利西伐大宛凯旋时，匈奴中途拦截汉朝军队未成，又派骑兵潜藏在楼兰国，寻机打劫汉朝过往使者、商队，汉武帝下令派兵拘捕楼兰王抓来问罪，楼兰王直言了匈奴和汉朝都得罪不起的苦衷，汉武帝就没有治他的罪，匈奴从此也不信任楼兰王。

征和二年（公元前91年），楼兰国王去世，楼兰人请求汉朝归还楼兰王子，以即位做楼兰国王。但问题是当时楼兰王子虽然在大汉是作为“人质”，却无法无天，目空一切，结果因犯了法落得和司马迁一样的下场——受了宫刑。换句话说，这个楼兰王子已是废人了，但这件事汉朝向楼兰国又难以启齿，说出去无异于自找麻烦。因此，面对楼兰的请求，汉朝的回复只有简短的四个字：另立新王。非但如此，汉朝还提出了这样的要求：另遣一个王子入汉朝。新上任的新王慑于汉朝的国威，只得再派一个王子到汉朝当人质。

但这个新王又是个短命鬼，上任没有多久就一命呜呼了。结果这次头脑开窍的匈奴人马上放了在匈奴的王子，让这位叫安归的王子即位当了楼兰国王。

安归上任后，汉朝不干了，他们马上派出汉使到楼兰，要求安归亲自去汉朝朝觐。去还是不去，这是个头疼的问题。就在安归犹豫不决时，他的小老婆和继母对他进行了劝诫："先王曾派两个王子到汉朝，结果却是黄鹤一去不复返，如今大王您还想去自投虎口吗？"

最终安归决定不再步两位王子的后尘，对汉使进行了义正词严的拒绝。拒绝容易，但后果安归也是知道的，汉朝肯定不会善罢甘休。安归本来就是在匈奴长大，此时自然玩起了"投入母亲的怀抱"的知恩图报游戏，索性撕下"两派三刀"的伪善面罩，直接归附匈奴。

楼兰的举动，汉朝自然不能不管。于是在平定乌桓过程中立下赫赫战功的傅介子出场了。

霍光派傅介子出使西域各国，进行游说工作，目的只有一个：和匈奴站一条线上是没有出路的，只有跟着汉朝才有好日子过。公元前 77 年，傅介子奉命出使大宛，并且受大将军霍光的指令，去顺路责罚楼兰、龟兹等国早些年的罪过，并扬言"大将军"（霍光）要带兵来亲征。楼兰王和龟兹王是见风使舵之人，马上向他谢罪，并且诚恳地承认自己的"罪过"。

傅介子眼看他们认罪态度良好，于是来了个"杀鸡儆猴"的表演，这时刚好也有匈奴使者到乌孙等西域各国游说，正在龟兹停留没有走，傅介子便乘机杀死了匈奴使者，然后，才大摇大摆地回国。

接下来傅介子向霍光进行了工作汇报：楼兰、龟兹等西域各国对汉朝反反复复，不给他们一点儿颜色看看，他们是不会甘心服汉的。

霍光对他的话表示赞同，但同时也表示了无奈：国家在汉武帝时因多年动武，导致国库已成赤字，如果想直接对西域各国动武，只怕人力、物力、财力上都有困难。

傅介子说：平定西域各国，不用千军万马，仅凭我一人之力就足矣。随后在霍光的惊讶声中，他说出了心里的计划，很简单明了，两个字：暗杀。傅介子的解释是：只要去西域暗杀了龟兹王，就可以起到对西域各国震慑的作用。

杀鸡儆猴，实是一条不错的妙计。霍光答应了他的请求，但是他把傅介子行刺的对象由龟兹王改成了楼兰王。楼兰王是喝着匈奴水长大的，不除去这样不听话的异类不行啊。

于是乎，傅介子马上上演他的第二次“西游记”了。楼兰王听说傅介子又来了，很不高兴，只是派普通官员来迎接他，自己则给了傅介子一个“闭门羹”。傅介子打定主意，见机行刺安归，此时连楼兰王面都不见不着，怎么行刺？于是对接待他的官员说了这样一句话：“我奉天子之命，翻山越岭远道而来，不是来白吃白喝的，是来给你们发奖金的，你们如此怠慢，大王连见都不见我，看样子我还是去别的地方好，这年头真奇怪，有奖金都没有人愿拿。”说着故意露出所带的金银珠宝。

接待官哪里见过这么多黄灿灿的金子和亮晶晶的银子，眼睛都直了，急忙向安归进行了汇报。安归听说竟有天上掉馅饼的好事，那自然是喜上眉梢，赶紧安排酒席，为傅介子“接风洗尘”。

傅介子把金帛放在桌子上，直看得安归眼花缭乱，于是来者不拒，两人开始痛饮，结果等安归喝到有七分醉意时，傅介子有话对安归说了：“我们大汉天子有密诏在，只是这里人多，不便当面陈述。”

安归于是令左右之人都退到帐外去了。接下来的故事就有点儿老套了，傅介子乘宣读密诏、安归跪身接旨之机，轻而易举就将手中的小刀插进了安归的胸膛。然后，傅介子割下安归的人头，威风凛凛地出了帐篷，对早已呆若木鸡的楼兰士兵说了这样一句话：“你们的大王私通匈奴，多次杀死汉使，汉朝天子特派我来诛杀他，安归死有余辜，与你们没有任何关系，你们千万不要轻举乱动，最好都臣服我大汉，否则难免步安归的后尘。”

楼兰士兵此时早已是群龙无首，被傅介子的气势所慑，惊恐之余，都纷纷表示“臣服”。傅介子接下来充分发挥一名领导的才华，进行了长篇大论的演讲。他首先表示，各位的官位和职位都不会改变，给楼兰士兵们吃了一颗“定心丸”。接着，他安排了新的楼兰王。这个新楼兰王便是在汉朝做人质的尉屠耆。他叫楼兰臣民耐心地等新王的到来。最后，他提着安归的人头，扬长而去。

傅介子凭借一腔热血，在楼兰境内取了安归的人头，来去如风，如入无人之境。结果他被霍光封为义阳侯。而“软禁”在汉朝多年都没有自由的尉屠耆时来运转，拿着霍光封给他的鄯善王印，带着嫁给他的汉朝宫女，领着派给他的亲兵护卫队，风风光光地回到了楼兰国。他上任后，楼兰国马上变成了另一个名字——鄯善。

第二十章　何以解忧

汉朝、匈奴与乌孙三国的恩怨情仇

前面已经说了，汉武帝死后，年幼的汉昭帝即位，匈奴也换了新的单于，由于两个对手都是“新鲜派”选手，都没有直接开打，而是选择了拖延时间的“和亲”。结果这样的和亲谈来谈去没有谈出什么名堂（汉朝唯一的收获就是迫使匈奴放了苏武等人），西域却开始兴风作浪了。

第一个发出挑战的是乌桓国。但结果雷声大雨点小，民族英雄范明友一出马，就吓得成了缩头乌龟。相对于乌桓的“软弱”，同样姓“乌”的另一个西域国乌孙就显得“强悍”多了。在汉朝两位“民族英雄”示威后，它仍然不为所动，对外严重申明自己是“独立国”。不但不买汉朝的账，而且对匈奴更加不客气，直接就对着干起来了。

小小的乌孙国之所以敢与强大的匈奴动武，那是有历史原因的。

匈奴崛起之前，左右都有强邻，秦朝时期的格局是“东胡强而月氏盛”。东胡分布于西拉木伦河流域与老哈河流域；月氏则分布在河西走廊，以及宁夏、甘肃一带，西至阿尔泰山，东至河套。匈奴冒顿单于杀父夺位之前曾在月氏为人质，可见那时匈奴的“渺小”。

如果说匈奴是处于两大强国中的“夹缝”，那么乌孙则是“夹缝中的夹缝”——匈奴西边的小国。也正是因为这样，当时的乌孙在别国眼里根本不值一提，汉文帝前元三年（公元前 177 年），月氏对乌孙施行了“掠吞政策”，结果小小的乌孙根本没有抵抗之力，很快就失守了，连乌孙昆莫王难兜靡都成了刀下之鬼。

亡国后的乌孙部众纷纷逃亡，迁徙到今哈密、巴里坤、吉木萨尔、乌鲁木齐、玛纳斯一带游牧，成了真正“移动的民族”。而王子猎骄靡由傅父布就翎抱着投奔匈奴。据说傅父布就翎带着他逃亡途中，为了觅食，将他藏在草丛中，回来后发现狼在给他喂奶，还有乌鸦衔着肉在身旁盘旋，因有“神灵”相助才得以苟活。到达匈奴后，冒顿单于很喜欢这个“大难不死”的猎骄靡，认为他是个“神”，就将他抚养成人。

后来，逐渐强大的冒顿单于东败东胡，西逐月氏，南灭楼烦、白羊，北服丁零、坚昆等部，西南与羌人相接，东南与汉朝对垒。从那时起，楼兰、乌孙、呼揭及其旁邻的二十六国皆为匈奴属国，当真是：冒顿一出，谁与争锋？

然而，好景不长，冒顿正想进一步“雄心壮志”时，生命却走到了尽头。老上单于继位后，这时的猎骄靡已长成伟岸英俊的大人了。俗说话养兵千日用兵一时，老上单于见他已成年了，该是猎骄靡报养育之恩的时候了，便令猎骄靡率兵征战，结果猎骄靡没有令他失望，立下赫赫战功。老上单于为了奖励他，将当年一起逃到匈奴的乌孙民众交还给他，让他自成一军镇守匈奴西部重地。

俗话说，君子报仇十年不晚，猎骄靡随着势力壮大，当军臣单于上任时，他开始了替父报仇的举动，结果三十年河东，三十年河西，猎骄靡轻而易举就打败大月氏。大月氏王后和王子被逼率众逃往西南的阿姆河流域，他们穿过锡尔河，进入康居人的领地，不久又夺取了原属于巴克特里亚希腊王国的部分领土，在阿姆河上游一带重建了大月氏国。猎骄靡则在伊犁河流域和伊塞克湖盆地重建了乌孙国，立都于赤谷城（今吉尔吉斯斯坦伊塞克湖东南别迭里山隘西北的伊什提克）。

猎骄靡重新建国后，翅膀长硬了，飞出去的鸟是不愿受任何约束的。于是，猎骄靡不肯再去匈奴王廷朝会。军臣单于大怒，发兵攻打乌孙，结果屡战屡败，再经过屡败屡战后，匈奴放弃了“武力”，选择了约束、牵制的办法。后来军臣单于想到乌孙毕竟帮助他们打败了月氏，并且两国有着传统的通婚关系，于是不再把乌孙当“仇敌”，而是当“盟友”，两国到了和平共处的时期。

如果说匈奴对乌孙或多或少有点儿“害怕”，进行着面和心不和的“伪装表演”，那么他们对汉朝就明显“不客气”多了。在匈奴人看来，汉朝初期的皇帝从高祖刘邦白登山一围后，产生了“恐匈症”，只会采取和亲进贡的消极政策，这个优良传统的症状一直延续到惠帝、文帝、景帝。只有到汉武帝时期，这个“不平等”的条约才终止。

汉武帝和匈奴的关系彻底搞破后，匈奴以其骑兵的优势，忽聚忽散，出没无常，经常对汉朝的边境进行“打草谷”。结果汉朝顾此失彼，焦头烂额。使得汉朝防不胜防、驱之更难，和亲也不能解决根本问题。年轻气盛的汉武帝不顾一切困难，毅然决然地对匈奴发动大规模反击。在这场斗勇的较量中，汉武帝还和匈奴进行了“斗智”，他想找一个同盟者形成合围之势，来共同对付匈奴。

当时汉朝从匈奴投降过来的人中了解到以前匈奴和月氏之间的“恩恩怨怨”，于是，汉武帝就派出张骞来了一次“西游记”，建元三年（公元前138年）张骞取道陇西开始了他的“西游记”。尽管最终张骞出使大月氏没有达到预期目的，却给汉武帝提供了西域的情况，为中西交流奠定了基础。

联合月氏不成，汉武帝又想联合乌孙，于是重新起用因军职罪而免为庶人的张骞出使乌孙，开始了他的第二次西游。元狩四年（公元前119年），张骞出使乌孙，猎骄靡收了汉朝的厚礼，却不想与匈奴为敌，因此当张骞提出出嫁公主给他，以求乌孙与汉朝联手对付匈奴，猎骄靡也没敢答应，自称“无福消受”。张骞在乌孙泡了四年蘑菇没有收获，便悻悻回国了。

后来猎骄靡从随同张骞到长安的使者汇报中了解到汉朝的强大，这才再派使者入汉下聘，求娶公主，愿与汉朝结为亲盟。结果貌美如花的细君公主出嫁，使得乌孙与汉朝结盟成功。

匈奴听说乌孙与汉朝交往，既恼怒，又无可奈何（匈奴此时在汉朝不断地反击下遭受重创，一个汉朝都已吃不消了，哪里还敢再兴战事），于是也来了个邯郸学步，送公主嫁给乌孙王进行和亲。面对送上门来的匈奴美女，乌孙王猎骄靡没有拒绝的理由，于是把匈奴送上门的公主立为左夫人，而把细君公主立为右夫人。当真印证了这样一句话：左右逢源。

“持两端”的乌孙开始“坐山观虎斗”，也正是因为这样，汉朝两次出动大军讨伐大宛时期，乌孙也没有积极配合，而是静观其变。随后细君公主病逝乌孙，乌孙王军须靡向汉朝请求续娶汉家公主，汉武帝考虑再三，最终还是决定：忍一时风平浪静，退一步海阔天空。

于是一个叫解忧公主的奇女子浮出水面，走上了历史的舞台。她的出嫁不仅使汉朝的和亲联盟得以继续下去，而且逐步显现出匈奴丧失对西域三十六国宗主地位的新开端。那么，这个解忧公主又是何许人呢？

有多少公主值得期待

“昭君出塞”的故事广为流传，昭君也一直为后人所景仰和敬佩。但很少有人知道，在昭君之前，解忧公主的故事同样惊心动魄，感人至深。她凭借一人之力，穿梭于乌孙、匈奴及汉朝之间，演绎出一曲可歌可泣的爱国之歌。

解忧公主的家世令人“忧伤”。她的先祖是刘交，也就是汉高祖刘邦的四弟，这个当年班上唯一的“三好学生”被刘邦封为楚王。刘交博学多才，他兢兢业业，长期恭谨为官；重用贤德的人才，国民安享富足安康。著名的申培公是刘交的同窗学友，楚元王的诗经学著曾经风靡天下。刘交死后，刘郢客承继了楚王王位；吕后时期刘郢客迁职为宗正，掌管皇族的户籍族谱；汉文帝时期改封为夷王；夷王在位仅四年，也因美好的名望被人称道拥戴。因望子成龙，期望子孙能够使汉朝的基业发扬光大，刘郢客聘请了天下堪称泰斗的名师，招募了许多杰出的人才群集在楚国都城彭城。传授学业的是两代楚王十分交好的申公，他是鲁学诗经派的祖师爷；辅佐政事的是三代楚王的老师韦孟，他是举世闻名的儒学家。楚王府的书香氛围，可谓得天独厚；楚王的身边，大都是君子一类的栋梁之材。

可惜的是夷王刘郢客的寿命太短；可恼的是不学无术的刘戊，他生活淫荡、性情骄狂，父亲去世以后，他更是无法无天。申公见刘戊是个“扶不起的阿斗”，离他而去遁隐山林，韦孟也很寒心，也学着申公辞去官职。结果刘戊手下没有了人才，只剩下“庸才”。

后来，刘戊超越国家礼制修建自己的陵墓，规模宏大可比皇帝的陵墓。因为犯下所谓的私奸罪（皇帝皇后丧期间亲人不得寻欢作乐，此为急于削藩的晁错强加的莫须有的罪名），结果被汉景帝削去了楚王直属的东海、下邳两个郡，刘戊因而心怀不满。于是，刘戊一伙参与吴王的造反。最后“七国之乱”兵败如山倒，刘戊死则死尔，他的“过失”却还连累到子孙后代。自从刘戊死后，他的家族从此败落，皇亲国戚的居住地没有他们的一寸地盘，皇族宗籍里找不到他们的名字，王侯将相都不敢和他们打交道，当真印证了这样一句老话：落地的凤凰不如鸡。

元狩二年（公元前121年），解忧出生在楚王府的一个偏远简陋的屋子里。谁也不会料到，就这个“丑小鸭”，千年之后的今天，她“天鹅”的芳名依然载于青史，垂范后人。

太初二年（公元前103年），西域最远的乌孙国客人来到长安，上疏汉廷为乌孙王求娶汉家公主，以此延续乌汉联盟。汉武帝无奈之下，想到了“丑小鸭”解忧公主。解忧公主既是他刘氏宗族的血亲，又可以让这个“罪臣”的后代去西域受受苦，于公于私都说得过去。

然而，汉武帝不会料到，解忧公主此一去九千里的漫漫征途何其遥远，此一去五十年的岁月何其坎坷，她如鹤翔蓝天一样奋力展翅，谱写了一首悲欢离合的赞歌。

长相美貌，善解人意，而又多才多艺的解忧公主一到乌孙，就很受乌孙王军须靡的宠爱。然而，很快解忧公主就面临两大“忧愁”：

一是肚子不争气。尽管解忧公主一到乌孙就一直和乌孙王军须靡进行着“蜜月期”，但这并没有能让解忧公主为乌孙王怀个一儿半女的。与之形成鲜明对比的是匈奴公主的开心，因为她生有一个儿子，名叫乌就屠（后来成为乌孙小昆弥），母因子贵，这对解忧公主无疑是最大的威胁。

二是乌孙王军须靡不久就因病去世。解忧公主和匈奴公主都依照乌孙国的习俗改嫁给了号称肥王的翁归靡，接下来解忧公主位居右夫人的不利地位。但是忍辱负重的解忧公主志向坚定，为了维护汉朝和乌孙的联盟，她马上把“忧愁”化为“优筹”，具体表现为：

一、她经常不辞辛劳地到各个部落视察民情、访贫问苦。

二、每逢发生山洪、寒流、地震等自然灾害，她都毅然奔赴前线，与各族牧民并肩战斗抗洪救灾。

三、大力发展植树造林和发展农业的活动。

四、她积极支持贤臣的建议，说服乌孙王和乌孙长老们，开通了乌孙通往大宛、康居和塔里木城邦诸国的通商口岸。

解忧公主的努力没有白费，结果乌孙和四邻国家的关系是，两个字：和睦。据说各国民众是这样来赞颂她的：汉家公主的美貌赛过天鹅，爱民如子的美德天下传颂。

也正是因为这样，匈奴对解忧公主恨之入骨，总想除之而后快。汉昭帝元平元年（公元前 74 年），匈奴壶衍鞮单于调遣大军，以车师国为跳板，长驱直入乌孙腹地，先后吞并乌孙东部恶师（今新疆乌苏市一带）、车延（今新疆沙湾县一带）等大片乌孙国土，大肆掳掠民众和畜产；并且派出特使到乌孙国，威逼乌孙王背叛汉朝，交出解忧公主方能罢兵。

当时前方的战事已经十分吃紧，随时都有亡国的威胁，王廷内部的亲匈奴派也大肆活动，煽风点火，蛊惑人心，主张满足匈奴单于的要求，赶快把解忧公主交出去，否则乌孙的命运如同危巢之卵，时刻都有倾亡覆灭的危险。王廷内部人心惶惶，有人主战，有人主降，乌孙王翁归靡一时也左右为难。

谁能力挽狂澜呢？解忧公主临危不惧，凭着坚定的信念和政治胆识，做了两件事：

一、首先由解忧公主上疏，奏明乌孙国的危难情势，向汉朝请求支援，力陈乌汉联手、两面夹击匈奴的退敌之策。

二、说服翁归靡不要做“囚王”，团结乌孙贵族，调动一切积极力量，给战马加料催膘，扩军备战，奋力抗击匈奴的侵略，使匈奴大军始终不能进入伊犁河谷。

解忧公主原本以为，凭她为汉朝所做的努力，“娘家人”自然不会放任她不管。她的书信一到，汉朝肯定会派兵来为她撑腰，打退匈奴。然而，希望越大失望越大，她左等右等，盼星星盼月亮，等到花儿也谢了，就是不见娘家有人来。

她哪里知道，此时的大汉正值多事之秋，自己的事都忙不过来，哪里有空来管这个“嫁出去的公主，泼出去的水”呢？

原因是汉昭帝驾崩了。

第二十一章　人生无常

废帝

元平元年（公元前 74 年）正值仲春时节，原本晴空万里的天空突然出现一颗足有月亮般大小的星星，由东渐渐向西飘去，后面追随着无数的小星星，场面煞是壮观。据占卜高手分析：天下将有大事发生。

果然，同年四月，年仅二十一岁的汉昭帝就因病医治无效，猝死于未央宫。汉昭帝在位一共十三年，自十八岁举行成人冠礼，正式执政只有短短的三年时间，这期间西域的问题就让他有的受。但好在有个为他分忧解愁的霍光，因此，他这个皇帝虽然命太短，但在位时却无大的动乱。

后有人作诗总结其一生为：

未央少主临天下，
九五之尊愁不尽。
泪洒龙位伤母薨，
霍氏专权汉室凶。
少年睿智系苍生，
百姓充实四夷平。
雄才大略尚未展，
英年早逝葬平陵。
昭贤圣名后世传，
只叹天不假其生。

汉昭帝死了，谁来继承皇位成了一个难题。如果按照刘邦当年定下来的惯例，肯定是汉昭帝的儿子来做皇帝了。可问题是，直到汉昭帝死，上官皇后还没有满十五岁，没有能力为汉昭帝怀上龙种。其他的妃嫔也都是中看不中用的“花瓶”，总之，用一句来说就是：汉昭帝有后（皇后）无后（儿女）。

汉昭帝既然无后，那么皇位的继承人选自然得从汉武帝的儿子里再选“贤君”了。随着燕王刘旦自作孽不可活被迫自杀，汉武帝的儿子就只剩下广陵王刘胥了。

按理说这种场面最好了，直接把刘胥推上皇帝的宝座，省时省力又省心。但霍光并没有因此而感到轻松，相反他眉头紧锁，心有千千结，却找不到倾诉的人。

终于有一个很识相的郎官站出来说话了：“广陵王不适合当皇帝啊。”只一句，就把霍光心里想要说的话说出来了，理由如下：汉武帝当年早早便把他排除在皇帝人选之外，现在怎么可以再立他为皇帝呢？

霍光等的就是有人站出来，然后说出这样的话来。于是乎，广陵王刘胥被彻底打入冷宫。既然汉昭帝没有儿子，汉武帝的儿子死的死，硕果仅存的又不能“用”，那么现在的办法就只有一个了，皇帝的人选从汉武帝的孙子辈也就是说从汉昭帝的“侄子”中来选了。

刘贺是霍光的首选，刘贺是汉武帝第五个儿子昌邑王刘髆的儿子，刘髆因为命太薄，年纪轻轻就“无寿自终”，结果刘贺继袭了其封号。霍光之所以把刘贺列为首选，原因有三：一是刘贺正好以汉昭帝“继子”的身份继承皇位；二是这样他的外孙女便可以顺理成章地做皇太后了；三是刘贺年纪轻威望低，便于驾驭。

总之，对于霍光来说，正是需要这样有点儿嫩的“人才”。那么，刘贺究竟又是什么样的人呢？

如果只用一句话来形容刘贺，就是：一个胸无大志且好色的庸才。他的“胸无大志”表现在：

一、是喜欢游玩和打猎。中尉王吉多次对他进行“忠告”：游玩有害前途。但刘贺练就了左耳进右耳出的本事，只当耳边风来听，话到他那里就变了：游玩有利健康。

二、是重小人亲小人。郎中令龚遂也多次进行“忠告”：近小人就是远前途。刘贺不以为意，依然整天和一些阿谀逢迎的人嬉戏游乐，并美其名曰：人生得意须尽欢，莫使金樽空对月。

话说霍光认定刘贺为皇帝的最佳人选后，派出四大使者去请刘贺，他们是：少府史乐成、宗正刘德、光禄大夫丙吉、中郎将利汉。四人接到火速请刘贺入京的命令，不敢怠慢，马不停蹄地赶到刘贺的封地，对刘贺说：请上路。

“上什么路?”刘贺丈二和尚摸不着头脑。

“不是让你上黄泉路，是皇帝路。”随后四大使者说出了请刘贺上京当皇帝的事。

面对天上掉馅饼的好事，刘贺自然欢喜得不得了，马上准备行李上京去。临行前，王吉怕刘贺“误事”，特送给他一个锦囊，上面只有一句话：不轻易说话，不随便做事，凡事三思而后行。

刘贺看了锦囊，不置可否地笑了笑，便把它扔了，锦囊飘散在风中。你不让我说话，我偏要说；你不让我动，我偏要动。刚出了封地，他便展示了自己“乱动”的风格，一个人策马狂奔，把四大使者及随行的几百随从抛在身后，当真是天高任鸟飞，海阔任鱼跃。

“抢跑”之后，接下来该轮到他露出“玩物丧志”这个毛病的时候了。当走到济阳时，刘贺突然对那里的土特产长鸣鸡和积竹杖感兴趣起来，于是，他停下前进的脚步，叫人对这“两件宝”进行收购，一只两只长鸣鸡根本满足不了他的欲望，他叫人统统买下，结果，刘贺在半路就成功进行了身份的改造，由“贵公子”变成了名副其实的“鸡贩子”。

非但如此，到了下一站弘农时，“鸡贩子”刘贺瞧见路上有很多穿着花艳、打扮入时的美少女，他心花怒放，好色的本性就此展现无遗。于是他把一大袋金银珠宝交给他的“管家婆”——大善奴。在他的金钱诱惑和强买强卖下，只要长得有几分姿色的，恭喜你，请上车吧。结果，刘贺马上就进行了身份的转变，由“鸡贩子”变成了“人贩子”。不过他这个人贩子不是组织民女去卖淫，而是仅供自己“寻欢作乐”。

如此张狂地在四大使者的眼皮底下“放肆”，史乐成代表四大使者说话了：见过无法无天的，没见过这般无法无天的。

刘贺听了这才意识到事态的严重性，但人证物证俱在，他想抵赖也是“没有理由可言”。关键时刻，还是看龚遂的了。他站出来，说了这样的一句话：我们大王是无辜的。然后替刘贺找了个替死鬼，恭喜管家婆，你光荣地成了替罪羔羊，龚遂给他安排的罪名是：招摇撞骗。

牺牲了管家婆，保全了刘贺，就这样，刘贺一路总算有惊无险地来到了长安。霍光马上以上官皇后的名义对刘贺下达了上任通知书，内容很简单：立刘贺为皇太子，择日登基。

霍光这样是想安刘贺的心，然后选择“良辰吉日”迎接这位新皇帝的上任。然而，就在择日期间，一切又都改变了。改变这一切的不是别人，而是刘贺自己。连他自己都不会知道，到最后，他这个“内定”的皇帝会有这样一个名号——“废帝”。原因是刘贺认为一切都已成定局后，可以无忧无虑，可以享受了。于是，他的两大“致命弱点”又展现出来了。一是游山玩水，长安城里山美水美，一切都是那么的新鲜和壮观，走不完看不够也摸不够；二是花天酒地，皇宫里有喝不完的美酒佳肴，有享不尽的美女，总之是温柔帐里乐不思蜀，石榴裙下醉生梦死。

他的亲信龚遂看在眼里急在心头，可是就连他也见不到刘贺的面，更别说进行“劝告”了。若要人不知，除非己莫为，刘贺的荒淫无道，霍光看在眼里，急在心头。他找来大司农田延年和车骑将军张安世进行了商议，三人商量的结果是，八个字：废此昏君，另立贤君。

霍光决定的事，自然没有悬念了，他马上召集了朝中二千石以上的重要官员来开会，先是回顾汉武帝对他托孤的事，众人听得昏昏欲睡时，霍光这才提到废帝的事上来，众人只听说过废后，没听说废帝，毕竟废帝不比废后，皇帝岂是说废就能废的？就在众人迟疑时，田延年突然唰的一声拔出寒气逼人的宝剑，厉声道：“先帝把幼子托付给大将军，现在刘贺不能胜任皇帝一职，众人如果不服大将军‘废帝’之命，就休怪我手下无情了。”说着手起剑落，把橡木桌角砍为两半。

众人这才知道霍光是要玩真的，眼看不答应，就要血溅当场了，纷纷表态，一个字：服。霍光这才拿出早就准备好的“废帝书”，让众人签血书。众人哪里敢有拒签的。

搞定了朝中大臣，接下来就到上官皇后去逼宫了。结果毫无悬念，只有十五岁的小皇后，有什么主见呢？她见了众人的联名上书，再加上霍光的威逼，结果自然是：答应也得答应，不答应也得答应。

事情到这里，大局已定，霍光也不再客气了，直接把刘贺请下了“皇帝”的宝座。然后发配他到昌邑去当一方之王。

废了“昏庸荒淫”的刘贺，看来汉武帝的孙子辈也是“后继无人”了，接下来，就只能从汉武帝的曾孙子辈来选了。这时，霍光充分发挥了民主的做法，进行了“海选”，意在选出一个“有德有道”的贤君。

就是这个“海选”，使一个叫刘病已的人浮出了水面。

推荐刘病已的是光禄大夫丙吉和杜延年。推荐原因是德才兼备。霍光再征询朝中众人的意见时，众人都没有一个人出来反对。霍光见众人以全票通过，马上把人选向皇后进行了汇报。

其实这只是个过场而已，事实上，刘病已入选已经是板上钉钉的事了。

草根皇帝刘病已

大家也许对刘病已这个名字还比较陌生，如果我告诉大家他就是戾太子刘据的孙子，相信大家一定会很好奇：罪臣刘据的孙子也有资格继承皇位吗？

答案是肯定的。

当年戾太子刘据有个妾叫史良娣，生下了皇孙刘进。刘据共有三个儿子，为了加以区别，就以其外祖母家姓称刘进为史皇孙。史皇孙长大成人后，娶妻王翁须，生下了儿子刘病已。数月后，也就是汉武帝征和二年（公元前91年），“巫蛊门”爆发，戾太子、史良娣、史皇孙、王夫人和这一家族的其他人先后遇害，只有嗷嗷待哺的婴儿刘病已保留了一条活命，被送进了监狱。

典狱官邴吉知道太子刘据比窦娥还冤，又见刘病已可怜，于是特地将刘病已留着没有杀。非但如此，邴吉还在狱中挑选两位女囚做他的奶娘。

再后来有人说长安狱中有天子气，汉武帝命令处死所有犯人。结果只为汉武帝这一句话，内谒者郭穰深夜带兵去监狱执行格杀勿论的命令。但邴吉在这个生死存亡的紧急关头，却给了郭穰一个“闭门羹”，理由是：没有犯死罪的人就不应该判死刑，再说牢中还关有皇上的亲曾孙，你怎么能轻举妄动呢？

结果双方僵持了一个晚上，郭穰只好悻悻回去向汉武帝将邴吉的军了，满以为汉武帝一定会为他做主，还他一个公道。然而，汉武帝听了，竟然长长地叹了一口气：“罢了，罢了，这就是天意，天命不可违。”于是，清醒过来的汉武帝撤销了“格杀勿论”的命令。就这样，刘病已奇迹般又躲过了一劫。

光阴似箭，等戾太子刘据一案平反后，刘病已已有五岁了，邴吉再一次把他抱上了自己的车座，送到了鲁国他的祖母史良娣家族寄居。史良娣的母亲贞君对这个可怜的孩子非常疼爱，不顾年老体衰亲自照料他的生活。邴吉还及时将刘病已已被赦免的消息上报给了掖庭宫廷官署。从此，刘病已的名字被记在了宗室的族谱上，他的生活费用也全由朝廷提供。这时的掖庭令张贺，原来曾当过戾太子刘据的家吏，顾念主人的旧恩，对这位皇曾孙关怀备至。他用自家的私钱供刘病已上学。

刘病已虽是汉武帝的曾孙，但来自地地道道的民间，他身世坎坷，为人本分，忠厚仁义，因此，他一经提名，众人皆称是。而霍光因为刘病已根基薄弱，易于操纵的原因，也是举双手赞成。

就这样，刘病已苦尽甘来，终于守得云开见月明。元平元年（公元前74年）七月，十七岁的刘病已改名刘询，被立为皇帝，是为汉宣帝。汉宣帝也是中国历史上唯一一位在即位前受过牢狱之苦的皇帝。他上任后“政教明，法令行，边境安，四夷清，单于款塞，天下殷富，百姓康乐，其治过于太宗（汉文帝）之时”。他与前任汉昭帝刘弗陵的统治被并称为“昭宣中兴”。

有诗为证：

汉宣中兴几朝功，筑阁麒麟臣列中。
囹圄拘身亡太子，长安赦罪悼秋风。
祸连巫蛊愁云淡，兵起宫闱血污红。
辅弼霍光忠社稷，公孙病立告先翁。